新时代图书馆
少儿服务创新研究

周虹利 著

辽海出版社

图书出版编目（CIP）数据

新时代图书馆少儿服务创新研究/周虹利著.--沈阳：辽海出版社，2018.12

ISBN 978-7-5451-5054-4

Ⅰ.①新… Ⅱ.①周… Ⅲ.①图书馆服务—研究 Ⅳ.①G252

中国版本图书馆 CIP 数据核字 (2018) 第 281233 号

责任编辑：丁　凡　高东妮
责任校对：丁　雁

北方联合出版传媒（集团）股份有限公司
辽海出版社出版发行
（辽宁省沈阳市和平区十一纬路 25 号 辽海出版社　邮政编码：110003）
北京市天河印刷厂印刷　　　全国新华书店经销
开本：710mm×1000mm　1/16　印张：16.75　字数：240 千字
2020 年 1 月第 1 版　2020 年 1 月第 1 次印刷
定价：70.00 元

前 言

阅读不仅是人们日常生活中的一种精神活动，更是传承人类精神文化和延续民族文明的一种重要途径，而少年儿童是一个国家的未来，少儿教育培养工作关系到国家的未来和民族的命运，教育的水平直接影响一个国家的前途和命运。我国在图书馆少儿读者服务方面一直存在着起步晚、发展缓等问题。随着社会经济发展，人们生活水平不断提高，文化需求也在日益增长，这就促使了图书馆事业特别是图书馆少儿服务事业的发展。事实上，越早进行与少儿智力发育息息相关的阅读兴趣、阅读习惯的培养，越有利于少儿教育的进行。少儿阅读还关系到少儿教育、终身阅读、终身学习等重要的学习观念养成和落实。作为公共文化事业的一部分，图书馆承担着启发带领少儿认识社会、获取知识的责任，使他们通过阅读开阔眼界，翱翔在知识的海洋。新时代如何充分发挥图书馆在未成年人素质教育中的积极作用是本书撰写的初衷。

本书是针对图书馆少儿服务来写的，书中分为七个章节。对图书馆少儿服务管理基本理论进行了详细介绍，主要内容有图书馆的类型功能、图书馆少儿服务管理模式。对少年儿童阅读进行了研究，主要有少儿阅读、少儿心理的分析以及图书馆少儿服务的创新思考，另外，也对国外图书馆少儿服务进行了比较研究。对新时代图书馆少儿服务的发展做了阐述。

本书由内蒙古自治区图书馆周虹利著，在著作过程中，笔者通过多年工作实践积累总结并查阅了大量的文献资料，在此对领导同事的帮助及相关文献的作者表示诚挚的感谢。另外，由于笔者的时间和精力所限，书中难免存在不足之处，望广大读者和各位同行给予批评和指正。

作者简介

周虹利

女，（1978，3-）汉族，2000年本科毕业于内蒙古师范大学计算机科学与教育专业，2006年取得武汉大学信息管理学院管理学硕士学位，副研究馆员。2000年进入内蒙古自治区图书馆工作，从事图书馆数字信息、图书馆创新服务、儿童阅读推广工作至今。发表学术论文多篇，参与的数字文化走进蒙古包项目获得文化部科技创新奖并入选草原英才创新团队。

目 录

第一章　图书馆及少儿服务管理概述 … 1
　第一节　图书馆介绍 … 1
　第二节　图书馆的类型和功能 … 9
　第三节　图书馆的功能组成 … 17
　第四节　图书馆少儿服务管理模式 … 25

第二章　少儿阅读分析 … 35
　第一节　少儿心理发展特点 … 35
　第二节　少儿阅读现状 … 42
　第三节　少儿阅读指导 … 50
　第四节　少儿阅读的重要意义 … 60
　第五节　少儿阅读的发展与思考 … 68

第三章　图书馆少儿读物选择 … 79
　第一节　少儿图书的分类 … 79
　第二节　少儿图书流通 … 86
　第三节　少儿读物的出版现状与市场分析 … 94

第四章　图书馆少儿服务实践与探索 … 105
　第一节　图书馆少儿服务工作的内涵及特点 … 105
　第二节　图书馆少儿服务工作的责任 … 112
　第三节　图书馆少儿服务的影响因素 … 121
　第四节　图书馆少儿服务的创新思考 … 126

第五章 国内外图书馆少儿服务理论与实践 137
第一节 国内外图书馆少儿服务方式 137
第二节 国外图书馆少儿服务分析 146
第三节 图书馆少儿服务发展方向 152
第四节 国外少儿图书馆服务启示 161

第六章 新时代图书馆少儿阅读推广 169
第一节 少儿阅读需求分析 169
第二节 图书馆少儿阅读推广的现状 173
第三节 图书馆少儿阅读推广策略 183
第四节 图书馆少儿阅读推广服务目标 193

第七章 新时代图书馆少儿服务的发展 205
第一节 亲子阅读模式 205
第二节 少儿活动的多元化创新实践 214
第三节 图书馆少儿活动品牌创设 221
第四节 充分利用互联网及智能化等新科技开展服务 226
第五节 图书馆少儿服务管理创新 235
第六节 图书馆少儿服务新理念 246

参考文献 257

第一章 图书馆及少儿服务管理概述

第一节 图书馆介绍

一、图书馆

（一）知识的公共性

信息是事物再现的差异，以数据、编码等形式存在，是用来消除不确定性的东西，具有共享性、可感性、可传输性等特点。知识与信息密切相关，是经过筛选、整理之后的信息，知识所构成的期刊、图书、视频等文献是图书馆信息资源最主要的来源。知识的公共性、信息的共享性共同决定了图书馆信息资源的公共品性质，从而也决定了图书馆为大众服务的定位。

（二）图书馆的概念及其公共性质

图书馆是面向社会和公众开放的图书馆，一般由政府提供财政支持，为大众提供免费的服务。2001年第67届国际图联波士顿大会上，国际图联、联合国教科文组织正式出版发行《公共图书馆服务发展指南》，其中对公共图书馆所做的定义是，公共图书馆是由社区，如地方、地区或国家政府，或者一些其他社区组织支持和资助的机构，它通过提供一系列的信息资源和服务满足人们对信息、知识和图形思维作品的需要，社区里所有成员都有享受公共图书馆服务的权利，并且这个权利不受国籍、种族、性别、年龄、宗教信仰、能力、语言和经济水平、就业状况或者受教育程度的限制。公共图书馆是人们追求知识，提高自身文化水平和接受终身教育的基本条件，关乎个人与社会的长远发展。公共图书馆的建立起源于平等与公平的理念，它是人类文明不断发展的产物，是公众对信息权利平等的切身要求，是维护信息公平的公共产品。

我国古代，图书馆主要是以藏书楼的形式存在，为上层阶级提供服务，保存文献的目的仅仅是为了维护皇权的需要，这样形式的"图书馆"并没有体现其公共性质，从根本上说属于私人所有。随着社会文明的发展、文化的进步，公共图书馆的建设也得到了快速的发展。从公共图书馆产生，到公共图书馆的不断发展，其目的就是为了满足人们的文化需求，提高国家的文化实力，而公共性就是其最本质的特征。公共图书馆的公共性服务，能够使图书馆发挥最大的社会效益，使公共图书馆真正成为"公众共同"的图书馆。

（三）图书馆的服务

保障和满足公民的基本文化需求是公共图书馆服务最基本的宗旨，具体包括文献借阅服务、信息咨询服务、组织阅读推广活动、科技查新、信息资源导航以及其他延伸服务。公共图书馆服务最主要的目的是资源共享，通过总分馆的形式，以达到资源的最佳利用效率。随着信息社会的到来，文献尤其是非纸质文献的数量迅猛增长，给公众利用信息资源带来了较大困难，这就需要公共图书馆充分发挥作用，对信息资源进行导航，指导用户查找所需要的信息。公共图书馆服务最主要的目的是促进全民阅读，构建和谐社会，使服务向基层延伸，让广大基层民众感受到书香社会的氛围，共享国家文化繁荣发展的成果。

二、图书馆现状概况

我国公共图书馆诞生于一百多年前，1908年清政府颁布《京师及各省图书馆通行章程》，使公共图书馆的建设有法可依。随着京师及各省图书馆建立并且对公众开放，我国的图书馆事业完成了从封建藏书楼到近代图书馆的艰难跨越。

中华人民共和国成立后，公共图书馆事业得到了普及与发展，我国公共图书馆的数量、馆藏数量都得到了极大的发展。近年来，中央和地方各级政府不断加大对公共图书馆建设的支持力度，目标是建立覆盖全社会的公共文化服务体系，把保障群众的基本文化权益作为着力点，进一步推进了图书馆事业的发展。

在各级文化行政部门和全国图书馆界的共同努力下，图书馆新馆建设成绩斐然。基本实现了各个县区都有图书馆的目标，县级以上公共图书馆服务网络基本形成；公共图书馆文献资源日益丰富，服务理念不断创新，实现向社会公众免费开放；24小时自助图书馆、手机图书馆、电视图书馆等新的服务形式发展迅速；各级图书馆在文化信息资源共享工程、数字图书馆推广工程、中华古籍保护计划、公共电子阅览室建设计划、民国时期文献保护计划等重大文化工程项目的建设中发挥了重要作用。

近年来，各地探索实施了公共图书馆总分馆制、公共图书馆服务一体化、图书馆联盟、通借通还、流动服务车、自助图书馆服务等模式，在完善服务网络方面成效显著。但公共图书馆作为公共文化服务体系的重要组成部分，事业发展仍是存在着一些问题，如经费不足、设施网络不完善、布局不合理、区域发展不平衡、服务尚未实现全覆盖、服务效能有待提高、资源共建共享水平不高、弱势群体和偏远地区服务相对薄弱等问题。资源建设服务不仅与现在网络技术、新媒体技术的发展有较大距离，也与人们的需求有较大距离。

图书馆是公民的终身学校，其社会职能包括保存人类文化遗产、传播先进文化、开展社会教育等，在推动经济社会发展中发挥着重要作用。图书馆事业发展水平是一个国家、一个地区文明程度的重要标志，是保障公民基本文化权益的重要途径之一。

未来，图书馆将通过与传统图书馆进行全流程业务整合，包括馆藏统筹建设、资源一体化揭示、服务整合，实现实体文献与数字文献资源之间的无缝连接，实现到馆服务与网络服务的互补，打破地域和行业的限制，建设跨行业、互联互通、共建共享的图书馆服务体系。

三、图书馆与社会

（一）图书馆与社会发展

图书馆是一个档案型机构，以藏书为主体，与社会之间的关联度一直很小。有学者通过引文统计发现，在人文学科中，图书馆、情报和档案学的学科被引自引率（92.53%）和施引被引率（84.64%）都最高，这说明这些学科的知识较封闭，其特点是信息在固定渠道内传播和流动，对周边学科产生的辐射和影响较小，由此认为，图书馆、情报和档案学在这方面"非常典型"。自我封闭是传统图书馆的特征，即使在数字图书馆阶段，图书馆仍习惯于采用实体型、孤岛化的数字战略。

20世纪末，随着信息化社会的到来，人们开始质疑图书馆只收藏纸质书的生存价值，有的甚至提出图书馆应该退出历史舞台，这些都促使图书馆进行对自身存在价值的反思。于是一些图书馆开始探索与社会之间的关系，如不列颠图书馆发布的1993年至2000年战略规划中，将以前的"图书馆协作"章节改为"领导、伙伴和协作"，突出了"合作"的主题。国际图联于2003年提出社会、专业和会员"三大支柱"理念。

2005—2007年，国际图联主席在其主席宣言中直接提出"通过合作推进图书情报服务"。2013年8月，国际图联发表《图书馆与社会发展宣言》，旗帜鲜明地表明图书馆的社会功能和职业价值。当时的背景是联合国"千年发展计划"到2015年底到期，联合国发起"后2015年发展议程"的讨论，各国及国际组织都积极争取在该议程中拥有更多话语权，以此为契机，国际图联多次参加国际会议以表明自己的立场。《图书馆与社会发展宣言》强调图书馆要在社会发展的参与中实现自身的价值，从关注图书馆与阅读，到更强调与社会发展之间的关联。

2015年9月联合国发展峰会上通过的《变革我们的世界——2030年可持续发展议程》，汇集了来自图书馆界的意见，内容包括获取信息、提升素养、保护文化遗产等。为此，国际图联在其网站上开设栏目，征集各国活动案例。2016年6月，国际图联发布了题为"所有人的渠道和机遇"的手册和题为"图书馆可以推进全部联合国2030年议程"的海报。该手册提出图书馆要在以下方面助力实现可持续发展目标：在专业人员的帮助下，提升包括数字、媒体、信息素养和技能在内的文化素养；缩小信息获取的差距，并帮助政府、民间团体和企业更好地认识当地的信息需求；提供可网上获取政府项目和服务的场所；通过使用信息通信技术普及数字化；充当科研和学术团体的核心；保护并提供利用世界文化和遗产的机会等。该手册中包含了中国国家图书馆和京港地铁合作的地铁移动图书馆案例。2017年3月，国际图联又发起征集第二批案例活动。在国际图联的推动下，各国开始制订与此相应的行动计划。例如，2017年2月2日，芬兰图书馆协会发布了全国行动计划，内容包括与国家层面可持续发展委员会合作，参与国内非政府组织举办的各类相关活动等。该协会理事长表示该计划将有助于确立公共图书馆在促进公民权、文化多样性和民主主义方面的地位和作用。另外，国际图联抓住一切机会在国际场合宣传图书馆的社会作用，并把宣传推广作为一项重要战略。

由此可见，图书馆只有在变革中重塑自己，增加与社会发展之间的关联度，才能凸显自身的职业价值。

（二）影响图书馆发展潜力的因素

1. 社会文化需求

从外部环境来看，公众日益增长的文化需求，是图书馆持续发展的原动力。据第十三次全国国民阅读调查数据显示，2015年我国成年国民综合阅读率为79.6%，较2014年上升1.0个百分点；人均纸质图书阅读量为4.58本，比2014年增加0.02本。从调查数据可知，无论阅读者使用哪种媒介方式作为阅读工具，公众的读书需求不断增长，阅读量持续上升，全民阅读的趋势正在形成。

2. 读者需求

面对海量信息资源，读者需求也表现出了不同的特点。一方面，用户资源获取便捷性和自身信息辨别能力的提高使得读者对信息内容和类型有了更多元的需求，也对公共图书馆的服务方式和范围有了更高的期待，对其专业知识服务能力提出了更高的要求；另一方面，网络阅读模式产生的搜索式阅读、标题式阅读也引起了实体阅读方式、阅读内容的转变。据中国互联网络信息中心发布的《第39次中国互联网络发展状况统计报告》显示，截至2016年12月，我国网民规模达7.31亿，手机网民规模达6.95亿，增长率连续三年超过 10%，互联网普及率达 53.2%，超过全球平均水平 3.1 个百分点，超过亚洲平均水平 7.6 个百分点，全年共计新增网民 4299 万人，增长率为 6.2%。新兴媒体的大肆增长，阅读媒介的多样化，在给阅读者提供大量信息的同时，也对传统的纸质阅读产生了巨大的冲击。相较于电子出版物，纸质出版物具有存储空间有限，出版发行成本高，不易携带、保管，出版周期长，不利于节能环保等劣势。因此，大量电子文献的涌现对纸质文献产生了很大的冲击，文献替代率提升。

3. 竞争环境

公共图书馆在面对信息化、网络化、知识化和虚拟化等新环境时，其发展过程出现了变化与压力，使得图书馆的外部环境充满了竞争与挑战。各大搜索引擎纷纷推出了快捷信息检索服务，例如，中国知网、万方等数据知识服务平台开展的数字图书馆服务，其资源内容涵盖中外文文献、期刊、报纸、年鉴、会议、统计数据、专利等形式，实现一站式检索、阅读、下载服务，用户可以轻松、快速地开展数字化学习与研究，以及数字图书馆、移动图书馆和智慧图书馆等新概念的诞生与发展，这些创新的出现对公共图书馆传统的管理产生了一定的冲击，是图书馆服务模式的新挑战。

4. 服务能力

信息技术的发展为公共图书馆的个性化、智能化服务提供了技术支撑，新技术和新环境使得用户需求从简单的文献获取和信息服务向知识服务转变，公共图书馆服务内容和模式也随之变化。服务内容从传统的流通借阅、科技查新、定题等服务向大数据的挖掘、分析、提供科研创新数据、可视化呈现等方面扩展，服务模式从传统的文献采编、整理与提供利用向更具深度、广度的数据分析、科研创新合作发展。

5. 管理能力

随着信息技术的发展，公共图书馆通过内部的数据、用户数据和业务数据，对用户有了更多的了解。例如，公共图书馆在服务过程中产生的大量书目数据、借阅数据、检索数据、社交网络数据与网页浏览数据等。如果结合各类数据进行关联分析，公共图书馆就可以掌握文献流通、电子文献阅览、用户使用变化的整体趋势，从而分析出当前热点与关注度高的资源，有指向性地来开展阅读推广活动，提高文献利用率；又或者对这些数据进行深度地挖掘和分析，从而了解用户群体间各异的信息行为，这样一方面可以实时了解读者感兴趣的资源类型，有针对地进行资源采购、更新工作，另一方面也便于公共图书馆评估其馆藏资源的使用情况和需求状况。

（三）图书馆的发展

图书馆是社会公益性组织，是提供社会公共信息的重要机构，它的发展走向关系着人类文化遗产的保存与继承、全民文化素养的提高以及社会"信息鸿沟"的缩小。

1. 资源建设：重视知识管理

图书馆作为知识存储和传播的组织机构，不仅要对与知识有关的各种资源和无形资产进行管理，还需要不断地捕捉新知识，让网络信息成为读者的重要信息来源，成为新经济发展中不可缺少的重要知识资源，通过知识组织和网络共享实现知识创新。

图书馆的知识管理可视为一种资源管理，对此，柯平认为图书馆学研究由信息资源管理发展到知识资源管理，进而提出图书馆知识资源管理的概念，认为图书馆在知识资源管理方面更具优势，或者说，知识资源管理更值得图书馆学进行深入的探索。冯月梅、何伟强探讨了知识资源管理在数字图书馆的实施，提出实现图书馆知识资源共享的若干服务目标。罗娟华认为图书馆应该充分重视对知识资源的管理，要充分利用显性知识，设法挖掘、获取、转化和储存所有对读者和图书馆有用的隐性知识，使图书馆员由简单的管理图书向管理知识转化，使其能够顺应时代潮流，成为真正的知识导航员。图书馆实施知识资源管理能有效发挥虚拟馆藏和数字化信息的社会作用，文献的知识资源化和读者获取知识资源的智能化等工作必将是图书馆的工作重点。

2. 机构成长：建设学习型组织

图书馆作为"知识信息中心"，在构建学习型社会活动中扮演着重要角色。建设学习型组织是图书馆适应环境变化，寻求自身发展，提高读者与馆员满意度的一种组织发展趋势。图书馆要为适应生存而学习，采纳适应自身发展的管理模式和管理方法，积极吸收国内外的先进经验。为了使图书馆得到全面可持续发展，要注重进行创造性学习。盛小平和肖碧云认为，建立学习型图书馆有助于迎接知识经济的挑战、实现知识管理、促进长远发展，进而有助于建设"学习型社会"。柯平主张将学习型组织理论应用于图书馆，把图书馆作为学习型组织来研究，将学习型组织三个重要理念应用于图书馆，提高其学习能力，发挥团队精神。

学习型组织是一种全新的组织构建趋势。学者们对其总结出3个特点：终身学习、不断创新的学习理念；开放、顺畅、共享的文化氛围；馆员参与、民主公平的管理机制。学习型图书馆的构建首先要建立图书馆发展的共同愿景，树立先进的学习理念，其次是营造学习的氛围，然后是建立完善学习机制，学习型图书馆建立过程中对组织结构与内部管理机制的改革与创新至关重要。

3. 行业创新：推进联盟协作

图书馆联盟是近年来在我国图书馆界比较热门的话题。为了实现资源共建共享，若干图书馆实体联合起来，通过一定信息传递机制，开展一项或多项基于物理空间或虚拟网络的合作。保存人类的知识和重建信息网络时代的学习环境已经成为发展的主旋律，各类图书馆联盟形成规模是未来的发展趋势，个体图书馆可以加入一个或多个联盟中，全方位地共享资源。

从总体来看，图书馆联盟历史沿革分为4个阶段：19世纪初开展的合作编目为早期形式，半个世纪后开展了地区性文献资源共享，20世纪90年代开始远程共享、跨地域合作，21世纪开始蓬勃发展。但不容忽视的是，我国图书馆联盟在发展过程中仍存在一定的问题，如服务理念不一致，沟通与协调不顺畅，资源共享效率低下，不同系统、不同地域之间的图书馆联盟构建差距过大，全国性和区域中的多元协作还有待进一步完善。

第二节　图书馆的类型和功能

图书馆分类问题是图书馆学中的一个基础问题，图书馆的类型则是图书馆分类问题的直接结果。国际图书馆统计标准中将图书馆分为六种类型：国际图书馆、高等院校图书馆、学校图书馆、专门图书馆、公共图书馆、其他主要的非专门图书馆。

国内图书馆学专著中对图书馆的分类更为详细，我国图书馆由于隶属单位的不同而具有不同的任务，而不同的任务又决定了图书馆不同的性质和不同的类型，主要包括国家图书馆、公共图书馆、学校图书馆、科学图书馆、专业图书馆、技术图书馆、工会图书馆、军事图书馆、少儿图书馆等九种类型，另外，加上盲人图书馆和少数民族图书馆，则图书馆可以分为十一种类型。这种分类方法的基础是图书馆服务的覆盖范围，主要依据是图书馆的归属部门和服务对象。

一、国家图书馆

百度百科对"国家图书馆"词条的解释是"国家建立的负责收集和保存本国出版物，担负国家总书库职能的图书馆，是一个国家图书馆事业的推动者，是面向全国的中心图书馆，既是全国的藏书中心、馆际互借中心、国际书刊交换中心，也是全国的书目和图书馆学研究的中心。"可见，国家图书馆在整个国家的图书馆体系中处于独特的中心地位，尤其在信息时代，国家图书馆在整个图书馆领域中将扮演着主导者和协调者的重要地位。

我国国家图书馆对自身的定义和职能描述为：国家图书馆是综合性研究型图书馆，是国家总书库，履行搜集、加工、存储、研究、利用和传播知识信息的职责。国家图书馆是图书馆信息网络中心、全国书目中心，研究和采用现代技术,在全国图书馆规范化、标准化、数字化、网络化建设中起骨干作用,承担着为中央国家领导机关、重点科研、教育、生产单位和社会公众服务的重任,负责全国图书馆业务辅导,开展图书馆学研究,代表国家执行有关对外文化协定,开展与国内外图书馆界的交流与合作。

国家图书馆的职能形象是指读者和公众对其履行社会职能范围、水平、质量的一种评价,也是图书馆功能在国内及国际社会上的印象。作为国家级文化机构,国家图书馆首先要履行其一般职能,包括保存人类文化遗产、开展社会教育、传递科学知识、提供文化娱乐和开发智力资源等,同时还需要和国家层面的服务需求相结合,履行其特殊性职能,如指导下级图书馆建设,为下级图书馆培训业务人员,开展图书馆相关理论研究,制订图书馆相关标准等。从范围上看,职能形象涉及面广,因为建筑、基础设施、资源、服务、馆员、管理、文化等都直接或间接地保障或反映图书馆职能的履行,也就是说,职能形象是最具综合性、最具体的一种形象,但因它很大程度上直接来源于服务,因此和服务形象具有最密切的内在联系。

国家图书馆文化形象涉及图书馆文化内涵的三个层面:一是图书馆是特定文化的产物;二是图书馆本身构成一种文化现象;三是图书馆对文化有反向建构能力。

第一,国家图书馆是一个国家特定文化的产物,是搜集、保存、传递国家民族文化、社会文化、区域文化等内容的最高组织机构。由于国家的民族结构、发展历史、社会文化、价值观等的不同,造就各具特色的国家图书馆馆藏内容、服务方式等文化形象。我国国家图书馆收藏的古代四库全书是我国历史特有的古代文化,是我国历史文化的传承。

第二,图书馆自身构成一种文化现象。国家图书馆是人类文明不断发展及社会生产力进步的产物,它承载着人类文明发展的成果,是民族文化积累、存储、整理、传承、散发的重要平台。一个国家的图书馆文化是在各自国家图书馆事业发展进程中沉淀和创造出来的、具有国家个性特征的精神财富和物质财富的综合,是一种客观存在的文化现象。

第三，图书馆对文化有反向构建能力，国家图书馆的文化反向构建能力更为明显，这种反向构建能力体现了其社会文化构建担当上的文化形象。作为一个国家的资源主体，国家图书馆提供服务的对象通常包括国家行政、大型企事业单位，而这些主体在一个国家社会文化构建过程中起着指导的关键性作用，因此，国家图书馆在其所处国家社会文化建设中起着更为关键的作用。国家图书馆的文化构建作用主要通过图书馆资源搜集的内容范围、资源序化方式、服务提供方式等途径，对主体接收范围、效率等的影响体现出来，不同国家图书馆履行其职责时传递着不同的文化态度、经验爱好、认知取向、价值观念，从而参与社会文化的构建进程，这种参与及影响形成其特有的社会文化形象。例如，在文献推荐及利用环节上，将哪些书摆在最醒目的位置、哪些书开放、开放的时间规定等，都将影响用户对馆藏文化的利用，进而参与一个国家社会文化的重构。

二、公共图书馆

公共图书馆是由国家中央或地方政府管理、资助和支持的、免费为社会公众服务的图书馆。公共图书馆的服务对象是所有的普通居民，它的范围包括少儿到成人，其提供图书（包括通俗读物、期刊和参考书籍）、公共信息、互联网的连接及图书馆教育。

公共图书馆也会收集与当地地方特色有关的书籍和资讯，并提供社区活动的场所。公共图书馆的主要特点是收藏学科广泛，读者成分多样。另外，其主要特征是向所有居民开放，经费来源于地方行政机构的税收，其设立和经营必须有法律依据。

构建和谐社会是解决当前社会主要矛盾的思想武器和促进经济建设与人民生活水平提高的有力工具。构建和谐社会的过程是漫长的，不会是一蹴而就的。公共图书馆在此过程中将起到重要的作用，这是由公共图书馆的特有性质与职能所决定的。历史上，公共图书馆主要是指公共性的图书馆，它是针对私人图书馆而言的。从私人图书馆的樊篱中脱颖而出的公共图书馆直击仅供个人使用的私人图书馆，使读者能够不受任限制地、自由平等地利用图书馆。公民自由地使用公共性的图书馆，是对公民在社会中基本权利实行保障的一种手段。

三、学校图书馆

高校图书馆是学校的文献资源中心，是大学生课堂以外知识营养的主要提供者，可以说图书馆与大学生的文化修养和知识结构有密切的关系，因此，大学图书馆在校园文化建设中的重要使命是提高文献资源的数量和质量，为大学生学习科学知识、提高人文素养提供文献保证，努力打造大学生成才的精神环境。

高校图书馆藏书和其他文献资源质量的好坏，不仅直接关系到大学生知识的获得，而且直接影响着大学生的成长。一所好的大学图书馆不仅应该注重所藏文献的学科知识的涵盖面，而且应该注意图书馆文献在培养大学生道德情操、审美观念方面的作用。

图书馆是大学生校园生活的重要组成部分。作为学校大学生学习文化知识、交流思想感情的重要社区，高校图书馆对校园文化的建设起到一定的作用，优秀的校园文化对于形成大学生良好的行为习惯和高尚的道德水准起到积极的作用。图书馆作为校园的公共社区，应该有安静的环境、良好的秩序，这样对于培养大学生的公共道德，建立人与人之间互相尊重、互相理解的良好关系都将起到很好的作用。

四、科学图书馆

科学图书馆是一种以收藏科学文献为基础，以专业科学工作者为主要服务对象，以科学研究和生产建设服务为重点，以传递一体化科技情报为职能，拥有科学的业务方法和较高素质图书情报工作人员的图书馆。科学图书馆的特点是补充图书面广，这要靠接受呈缴本、购置国内图书和取得各学科的国外出版物来保证。对科学图书馆而言，最重要的是要有完整配套的期刊、连续的出版物和多卷集。

五、专业图书馆

专业图书馆的服务对象是该馆所属机构的工作人员。专业图书馆的职责是为所属组织机构达成工作目标提供文献保障。因此，专业图书馆的用户需求受图书馆所属组织正在开展的工作的制约。多数专业图书馆受理的咨询主题明确，且多为调查研究类咨询。

专业图书馆受理的咨询中，调查咨询这类复杂的问题较多，图书馆员要进行文献调查等专业调查以后才能答复用户，相比较其他类型图书馆，专业图书馆能更好地为用户提供个性化服务。专业图书馆的用户多为长期在该专业领域从事研究工作的人，所以，不需图书馆提供用户教育，而专业图书馆的服务重点应该在信息提供。

六、技术图书馆

技术图书馆主要是指工厂、矿山、公司及其他企业单位所属的技术资料图书馆。与工会图书馆不同，技术图书馆是直接面向经济建设，开展技术交流与文献资料档案工作的机构。技术图书馆一般归厂、矿技术部门领导。

七、工会图书馆

工会图书馆是工会组织举办的群众文化事业，是图书馆中十分重要的系统类别，对于提高广大职工的思想、科学文化水平起着重要的作用。工会图书馆是向职工进行思想教育的重要阵地，也是职工学习政治、学习科学文化知识的场所。它包括工人文化宫、俱乐部的图书馆，各产业工会图书馆，厂、矿、企业、机关、事业单位工会所办的图书馆（室）。

工会图书馆以面向基层，为广大职工权重服务，为社会主义服务，提高职工素质，培育"四有"职工队伍为方针。其主要任务是通过图书报刊对职工进行政治理论、时事形势教育，帮助职工学习马列主义、毛泽东思想、邓小平理论和党与政府的方针政策，对职工进行共产主义思想、信念、道德的教育，进行主人翁劳动态度和革命纪律教育，进行法制教育、职业道德教育、爱国主义和国际主义教育、社会发展史、中国近代史和革命史教育，使职工成为有理想、有道德、有文化、有纪律的劳动者。

工会图书馆运用图书、报刊、资料对职工进行科学文化知识的教育，宣传推广新技术，不断提高广大职工的文化、科学、技术和知识水平。在为职工提供优秀文艺读物的同时，引导职工多读书、读好书，培养职工的阅读习惯，提高阅读能力，丰富职工业余文化生活，培养高尚的审美观念，陶冶良好的道德情操，尽可能满足职工家属学习文化和阅读文艺作品的需要。随着社会的发展，工会图书馆作为我国社会主义教育、文化、科学事业的重要组成部分，正在发挥着越来越重要的作用。

八、军事图书馆

图书馆管理体制的确立，是关系到图书馆方针任务的贯彻执行和图书馆社会效益的根本性问题。我国图书馆的现行体制，是一种以行政隶属关系为主的管理体制，而军事院校图书馆又是有自己独特管理体制和特殊服务方式的院校图书馆。

军事院校图书馆是附属于某一军事领导机关的文献管理机构。军事部门的强化命令，直接影响到军事院校的文献服务机构。从领导体制到工作方法，都要受到上级机关的监督检查，而且往往是不可逆的指令，要求图书馆执行，可见，军事院校图书馆工作受行政隶属关系的影响更大一些。军事图书馆的业务分工具有一定的不确定性。院校机关的统筹规划，往往不能兼顾图书馆工作连续性的基本要求，从而造成业务工作的间断，给读者利用馆藏文献带来了一定的困难。

军事院校图书馆的人员结构有自己特定的层次性。在一些军事院校图书馆里，具有中专以上文化程度的人员占有一定的比例，但其中受过图书馆学、情报学专业教育的人员不多，而受过大专图书馆学（情报学）专业教育的人更是极少数，他们当中大多数是有一定军事经验，经过一定军事锻炼的人员。由于文献服务机构的专门性质，它不仅需要懂军事的专门人才，更需要一定数量的了解文献知识的专门人才，两者之间要有适当的比例。军事院校图书馆首先应遵循的方针是藏书结构专业性的要求。

军事院校本身就是比较专门的院校，其教学和科研具有很强的专业性，所以，藏书需要专业突出。但是，军事科学又是与许多学科联系较密切的学科。例如，历史学、地理学以及一些科学技术方面的学科知识等。因此，要适当地协调好专业性和全面性，在保证藏书专业性的同时，又要考虑全面、系统的问题。而目前的情况是或者求专失全，或者顾全失专，没有很好地解决这个问题。军事院校图书馆的服务性表现得较为突出，除了一般的采购、分编、典藏、出借等业务工作外，还必须完成一些与图书馆业务工作没有联系的工作。例如，个人订户的期刊、报纸的订阅及分发等工作。因此，工作量也相应地增多、增大。

军事院校图书馆的读者比较单一、集中，基本是军事院校的教学、科研人员，以及本系统的各级领导和一般学员。地方院校或其他系统的图书馆读者极少对军事院校提出要求，不过，军事院校系统的图书馆读者，他们的文献知识不多，再加上图书馆阅读辅导不力，使文献的利用率受到影响。

九、少儿图书馆

少儿图书馆作为少儿学习成长的第二课堂，是少儿学习求知的摇篮、素质教育的基地、健康成长的乐园、精神文明的窗口。少儿图书馆是公共社会文化教育机构，它不同于成人图书馆和其他少儿校外活动场所。少儿图书馆应对少儿加强教育，开展读书导向、导航。它不是搞单纯的娱乐活动，而是紧紧围绕图书，宣传推荐图书，帮助少儿多读书、读好书，促进他们的身心健康。在我国图书馆事业发展中，少儿图书馆事业得到了快速地发展，它影响着少儿思想道德建设、综合素质提高、科普知识学习等方面。

十、盲人图书馆

盲人作为弱势群体,应受到社会各界人士的广泛关注,特别是其本身在日常生活中。面临多方面的压力,加强盲人文化建设,为盲人提供良好的文化服务迫在眉睫。盲人图书馆能切实满足盲人对知识的追求,使盲人变得更加乐观自信,树立积极思想,使盲人更好地面对生活。然而,目前盲人图书馆数量较少,受出版社限制,盲文更新较慢,难以取得实质性进展,也不能满足当前盲人知识方面的追求。近年来,随着计算机技术逐渐得到应用及推广,盲人图书馆建设有了新的方向。

十一、少数民族图书馆

少数民族图书馆作为民族地区的服务机构,是一种公益性文化,是现代公共文化服务体系的重要基点,同时是我国图书馆事业不可分割的重要组成部分。少数民族图书馆社会责任应基于民族地区的现状,凸显民族性和地域性特征,研究少数民族图书馆的社会责任,可为其发展拓展思路并寻找新的路径,进而促进其可持续发展。

少数民族图书馆就其涵盖的范围来讲,主要包括以下三个方面:一是馆名含有"民族"字样的,如中国民族图书馆;二是我国各类民族院校图书馆;三是指我国划定的民族自治区、自治州、自治县(旗)所辖的各级各类图书馆。少数民族图书馆的社会责任是指少数民族地区图书馆顺应民族地区发展需求,基于自身特质帮助解决少数民族地区社会问题的主动作为,是对社会需求的一种积极回应。其社会责任是与少数民族地区的经济文化发展及民众需求密不可分的。探索多种途径,加强民族文化的保护与传承;拓宽服务渠道,保障民族地区民众平等的文化权利;引导阅读行为,提高民族地区民众的整体素质;缩小数字鸿沟,促进少数民族地区信息公平等都是少数民族图书馆社会责任涵盖的内容。

第三节　图书馆的功能组成

图书馆是社会文明的标志，是文献信息情报的服务中心，是用科学的方法，搜集、整理、储存和传播文献信息的机构。图书馆的主要功能是收集保存文献，供社会利用，其蕴藏了人类丰富的文化遗产，是人类取之不尽、用之不竭的知识源泉。随着现代社会科学技术的突飞猛进，高新技术应用于图书馆，促使图书馆工作向着自动化、信息化和网络化的方向发展，图书馆发挥了更大的作用和功能。随着社会科学技术的发展，图书馆的功能发生了变化，从古代图书馆单一的保存文献的功能发展到今天多功能型的当代图书馆，其服务方式和对象发生了很大的变化。

一、图书馆功能

（一）图书馆功能定位

图书馆作为公民生活中的"第三空间"，需要有效地发挥图书馆作为信息共享空间、学习空间、文化交流空间的作用，通过给公民提供平等享有文化的权利，使其主动地走进这个"集体书房"，轻松享受阅读，体验休闲文化，提高生活质量，以改变图书馆惯有的严肃、安静、死板形象，突破资源条件的限制，让活力、人气型的图书馆走入公众视野，有效推动良好社会文化氛围的营造。

1. 信息共享空间

南希·克雷尼希认为，信息共享空间是允许任何人都可以最大限度地自由存取和利用的社会公共设施。它在一定程度上能够促进信息的自由流动、提高公民的参与意识、社会的多样化发展，构建一个公开、免费、扁平化、点对点的服务网络环境，鼓励人们在民主的氛围中讨论、学习、思考和实践。公共图书馆的资源丰富，作为信息资源的集散地，为公民提供各类型的资源获取途径，通过信息的提供帮助用户解决生活、学习、工作中的困惑。公众通过浏览、阅读、查找、索取、咨询、参观等行为获得所需信息。

2. 学习空间

学习空间支持公民的学习、写作、研究活动，提供个人学习空间、小组协作空间、课堂教学等提升公民的学习能力、深化学习内容、改善学习方法。公共图书馆丰富的阅读资料、宽敞的空间为公民提供了再教育的机会，公民通过自学、课程学习、远程学习、协作学习等方式丰富自身的知识体系，以适应未来的社会发展需要。

3. 文化交流空间

文化交流空间旨在以图书馆的"用户"为中心，形成稳定的图书馆社区，公众可以任意交流观点与看法，进行话题讨论与问题咨询。公共图书馆良好的文化氛围、共同学习与资源共享的空间，汇聚了具有相同兴趣、追求精神层面需求的公民，图书馆通过搭建交流平台，方便广大公众之间进行讨论与交流。

（二）图书馆功能特征

图书馆功能科学地划分，一是要充分揭示图书馆的本质与特征；二是体现时代发展对图书馆功能产生的影响；三是要预测未来图书馆的发展趋势。为此，图书馆功能特征体现为以下几种：

1. 基本性——体现图书馆功能的同一性特征

根据图书馆的功能定义，收集、整理保存资料和服务是其基本功能。而且图书馆最常见、常说的是服务功能，但又不是一般意义上的服务，是一种文化、一种教育，其目的都是为了保存人类文化遗产，服务社会；开展社会教育，提高全人类科学文化水平；为社会传递知识与科学信息，开发全人类智力；健全大众文化生活。由于图书馆类型的不同、规模的不同、条件的差别，因而每项具体内容可能有所区别，如服务内容有的多、有的少等，各种功能因素在图书馆的主导地位有的高、有的低，但不会偏离图书馆的基本功能定位与发展宗旨。

2. 专属性——体现图书馆功能多元化特征

图书馆功能是在读者服务工作中形成的理论观念、制度行为规范、活动准则与技术架构等人、事、物对社会产生影响的总和。纵向上看，随着科技的发展、社会节奏的加快，图书馆的功能定义不断流变，传统图书馆功能与现代数字图书馆的功能是不一样的；横向上看，在当今图书馆实践中，每一个图书馆的功能都有其自己专属的特点和存在的价值，所以不能强求其他所有的图书馆都按照某一个馆的功能模式来铸造，给其他馆来定位、决策。如果坚持后者，即每个馆都是独一无二的，就排除了它们之间的共性和一般性特征，可能成为各馆之间文化经验交流的障碍。

二、图书馆功能的多元化源于其价值的多元化

在社会发展的不同时期，作为人们认识的图书馆价值观，由于社会意识和图书馆发挥作用的差异而不尽相同。图书馆价值观作为人们的主观认识，在不同社会时期的变化是易于理解的，各种价值观皆有其出现的合理性。重要的是，应当加强对某一时期社会主导价值观的认识，以使图书馆功能的拓展和延伸与社会发展趋同，而获得更好的发展。

图书馆价值的多元存在反映在两个方面，一方面是图书馆发展过程中，不同历史时期有不同的价值观；另一方面是在同一阶段并存有若干图书馆价值观。在社会转型期由于人的价值观念的深刻变化，新的价值观念往往成为起主导作用的价值观，这种主导价值观在价值冲突中起重要作用。

图书馆价值观冲突主要表现在：随着社会发展和图书馆自身的发展，新的社会主导价值影响图书馆社会功能的拓展，新的图书馆价值观与原有图书馆功能之间产生矛盾和冲突。例如，近年来知识自由（图书馆自由）图书馆价值观与原来的图书馆教育教化的价值观之间的冲突。知识自由是近年来国际图书馆界倡导的一种新的图书馆价值观。

美国图书馆协会对知识自由内涵的阐述为："人人享有不受限制地寻求与接收各种观点的信息权利，应提供对各种思想所有表达的自由获取，从而

可以发现某个问题、动机或运动的任何或所有方面。知识自由包括以下三个部分：知识持有的自由、知识接收的自由与知识发布（传播）的自由。显然，知识自由与图书馆教育教化的价值取向在某些方面是有矛盾和冲突的。教育教化的图书馆价值观强调的是图书馆和图书馆员作为"教师"的作用，图书馆的此种功能甚至成为一种"图书馆信仰"。我国在改革开放以前，图书馆的教育教化职能尤为突出。

人类和谐的价值目标包括三个方面，即人与自然的和谐、人与人之间的和谐、人与自身的和谐。而和谐的基础在于社会公平，图书馆作为社会大家庭成员，其核心价值观应与和谐公平的社会主导价值观一致。图书馆核心价值观的简要表述可以是：以人为本，坚持开放、平等、免费服务的公益原则，关注社会弱势群体，消除数字鸿沟，建立一个信息公平、信息自由和信息保障的制度。

三、正确理解图书馆社会功能的地位

图书馆各种社会功能是随着社会的进步、需求的变化而在图书馆的发展过程中不断形成并逐渐凸显的。不同的社会功能在图书馆的发展过程中所扮演的角色、所处的地位各不相同，几种社会功能间相互联系、相互补充，共同推动图书馆事业的发展。

（一）最基础的社会功能：保存人类文化遗产

保存人类文化遗产的社会功能是图书馆区别于其他信息部门的重要特点之一，是图书馆最基础的社会功能。文献是保存人类文化遗产的重要载体，在各种社会机构中，只有图书馆担负着保存人类文化典籍的任务。图书馆的基本功能是保存功能，文献出现伊始便是为了记录，而这些记录下来的信息则作为某种文化线索，将各个年代串联起来，在进行知识传递的同时，也使文明得以保存、文化得以传承。

（二）最首要的社会功能：提供信息服务

提供信息服务功能是图书馆最首要的社会功能。作为社会的信息传播与

交流中心、重要的信息枢纽和网络节点，图书馆应当将提供信息服务的功能作为其首要的社会功能，无论图书馆经历过还是将要经历怎样的发展，这一点都不会改变。虽然，把提供信息服务视为图书馆唯一的社会功能的唯信息服务论是错误的，需要警惕，但是，提供信息服务功能在图书馆发展过程中的首要地位是明确的，需要坚持。图书馆的日常工作以及开展的很多活动都是对提供信息服务功能的体现，如图书借阅、馆际互借、文献传递等。

（三）最核心的社会功能：开展社会教育

虽然图书馆最首要的社会功能是提供信息服务，但正如上文所述，我们要警惕唯信息服务论，图书馆的社会功能是多种多样的，其中最核心的社会功能是开展社会教育。作为社会教育系统中的一个子系统，图书馆从古至今都起着育人、兴国、繁荣传统文化的作用。我国图书馆的社会教育实践历史悠久，始创于唐、盛行于宋的"书院教育"便是其集大成者。图书馆教育功能并非是指具体的读书内容、读书方法等方面的细节教育，而是针对整个社会而言，是指图书馆在社会系统中的教育功能。作为社会教育系统中的一部分，图书馆是人类知识的聚集地，它为读者提供良好的阅读、学习环境，举办读者活动，通过对读者潜移默化的影响达到其开展社会教育的目的。

（四）最具竞争力的社会功能：营造公共文化空间

营造公共文化空间的功能是图书馆最具竞争力的社会功能，其可以提高图书馆的核心竞争力。与咖啡馆、电影院等娱乐性质的公共空间相比，图书馆在自由、开放的基础上更具文化特性。图书馆不仅是自由交流、休闲放松的场所，更是一个自由的文化空间。读者在这里不仅可以看书，还可以通过图书馆提供的各种形态的文化活动分享知识、交流思想，这就是图书馆作为公共文化空间的社会功能的体现。

图书馆是一个生长着的有机体，作为一种社会组织和社会机制，其社会功能并不是一成不变的，图书馆社会功能的变化反映了社会对图书馆需求的变化，而关于其社会功能的研究与认识是随着人们实践的积累与认识的深化而不断发展变化的，从而更加彰显出图书馆的社会核心价值。

四、功能拓展：图书馆发展的关键

（一）图书馆功能拓展的有利条件

新型文化体制和机制的建立为图书馆功能拓展提供了广阔的制度空间和政策空间，消除了许多不合理的制度性硬约束和观念性软约束，它创造了一个开放、竞争的文化市场，焕发出文化市场前所未有的活力。市场经济焕发出巨大的生产力，为图书馆等文化事业提供了强大的物质基础，同时焕发出人们的主体精神、服务意识、发展欲望、交换观念。在现代社会环境下，网络化、数字化、信息化给图书馆的发展提出了挑战，同时，也提供了崭新的技术基础，其快捷性、泛在性使图书馆能够满足更遥远、更多读者的需求，提供更及时和个性化、多样化的服务。

（二）内涵拓展

所谓内涵拓展就是提升服务层次和水平，增加科技和文化含量。在内涵拓展中最重要的是增强图书馆的创新功能。国际图联曾就现代图书馆的社会职能达成如下的共识：保存人类文化遗产、开展社会教育、传递科学情报、开发智力资源。我国的学者、专家和图书馆工作者对图书馆功能做过很多研究，有多种说法，但大体与国际图联的认识相吻合。不过，近年来，随着图书馆生存和发展遇到的挑战以及图书馆服务形式的转变，国内外研究者对图书馆的新功能也做了探讨，提出了图书馆应具备文化交流中心、公民教育中心、数字鸿沟黏合剂功能，应具备休闲娱乐功能，特别是注意到了图书馆应该具有一定的创新功能。

但是从总体来说，对图书馆的创新功能认识存在不足，正是在对图书馆创新功能的忽视中，图书馆一直处于边缘状态、辅助地位。现在需要重新认识图书馆的功能，对图书馆功能进行内涵上的拓展。图书馆作为信息、知识搜集、储藏、交流中心的功能不能变，但已经远远不够。适应创新型国家和学习型社会的要求，图书馆也应该在支持创新方面发挥自己的优势。

（三）外延拓展

所谓外延拓展，主要指扩展服务项目和范围。在传统的文化管理体制中，图书馆的服务项目和范围定得比较死，人们也缺少动力去不断扩展图书馆的业务范围和服务项目。经过文化体制改革，这种状况已经在相当大程度上得到改变。各种文化、学术交流活动加强了图书馆的学术功能和色彩，公共图书馆正在成为城市文化中心。图书馆的活动丰富多彩，吸引力日益增强。

外延拓展应该包括两个方面，一个是主业方面的扩展和延伸；另一个是辅助业务的扩展和延伸。前者包括信息加工和知识营销、各类读书活动、阅读推广、搜索服务、社区服务等。后者包括开发各类相关休闲娱乐活动、联谊活动等。

五、网络环境中图书馆功能的演化及其定位

国际互联网提供了较传统图书馆更为有效、便捷的信息存取与传输方式，日益成为信息管理、储存与交流的主要途径。为了谋求与网络化相适应的生存方式，图书馆的各项既有功能必须依照网络技术规则进行重新整合与改造。具体地讲，在网络环境中，图书馆的功能定位将呈现出以下特征：

第一，图书馆行业已不可能沿袭以单个图书馆规模的扩大及数量的增加作为事业发展标志的模式，数字图书馆工程的启动意味着一个全球性的信息资源体系即将形成。

第二，信息资源的高度共享，必需借助于以较低的传输成本进行高效、快速的信息传输网络。宽带网的建设，使海量信息得以在互联网上高速传输，信息服务功能依然是图书馆的核心功能，但已不是图书馆所特有的功能。网络作为公共信息环境，绝非是图书馆的独有领地，其他信息机构将借助网络大量繁衍，这些与图书馆具有相同功能的信息服务机构，将产生对图书馆的信息服务功能的替代作用，并对图书馆的生存构成威胁。

第三，在传统图书馆模式下，图书馆对文献的加工、管理等各项业务的分工是在一个特定的图书馆之内进行的，网络则提供了将分工转移到整个行业中进行的技术条件。网络能将单个图书馆的文献加工功能剥离，其方式为

依赖于网络技术向图书馆以外转移,这就是已成为图书馆行业新动向的业务外包现象。

六、发挥图书馆功能的新思考

文化发展新格局既给图书馆带来新的挑战,又带来新的发展机遇。面对新形势,作为国家公共文化服务体系重要组成部分的图书馆,应紧紧抓住兴起社会主义文化建设新高潮这一重要战略机遇,适时地调整工作思路和工作重点,拓展服务功能、创新服务模式,重塑图书馆形象。

(一)创新理念

图书馆要在文化建设新高潮中有所作为,首要的任务就是树立与时代发展相符的新思想新观念。一是主动参与意识。应努力克服长期形成的一种惰性和封闭性,将图书馆建设与发展融入文化发展大视野中,主动适应、主动参与到社会主义文化建设实践中去。二是开放意识。图书馆属公益性组织机构,具有公共性质,这种性质决定了图书馆的开放性,有义务为社会各阶层开放和服务。三是以人为本的理念。图书馆面对的社会全体成员,应从满足人民群众的文化需要、方便人民群众的文化生活、改善人民群众的文化生活质量着眼,创新图书馆服务机制,改进图书馆服务方式,提高图书馆服务能力,解决好人民群众最关心、最直接、最现实的文化信息获取的权益问题。四是多样化服务理念。随着经济持续快速发展和人民生活水平不断提高,我国进入了文化消费的快速增长期,人们的精神文化需求更加旺盛,文化消费的多层次特征更加明显,大众阅读需求呈多样化的增长态势。图书馆应敏锐地把握大众多元的阅读需要,拓宽服务视野、开展服务功能,满足大众的多样化文化需求。

(二)创新机制

图书馆作为公共信息服务机构,应为创造一个公平的信息环境发挥应有的作用。为此,应创新图书馆服务的运行机制,积极探索图书馆服务普及化模式，尽可能地将图书馆服务向基层、向信息贫困群体延伸，完善图书馆服务体系，扩大图书馆的影响和覆盖面，提升服务普及率。

（三）创新方式

面对公众日益增长的多样化精神文化需求和追求"休闲生活"的发展趋势，图书馆服务也应是多层次和多元化的。现代图书馆要满足人们三方面的需求：一是大众阅读需求。这是人们最基本的文化需求，图书馆应采取图书推荐、读书活动、书评、征文、专题图片展、书展、讲座等形式引导阅读，培养读者的阅读兴趣。应积极发展和建立流动图书馆、社区图书馆和图书馆外流通点，给公众以最大的阅读方便。二是科研需求。图书馆应采取专题信息服务、查新服务、定题研究、情报调研、现实与虚拟参考咨询服务、信息导航、跟踪服务等形式，为研究型读者提供全方位、全程式的信息服务。三是文化娱乐和休闲的需求。现代社会，读者到图书馆就是要享受文化、获取文化，满足自身对文化的心理需求。因此，图书馆要想满足读者的文化需求，必须改进服务方式，以多元化作为服务的主要特点。倡导全民阅读，提高市民的阅读素养、提高市民的知识水平，这是全社会各界都应该积极努力而为之奋斗的目标。

第四节　图书馆少儿服务管理模式

图书馆少儿服务是指图书馆为少儿提供各种服务的活动。图书馆作为公益性服务机构，是社会知识、信息保存和传递的重要场所之一，有教育社会大众的功能。少儿作为国家的生力军，在其成长过程中，公共图书馆应该发挥重要作用，而且应从小孩子开始抓起，让他们从小就成为图书馆的忠实读者，培养成图书馆的终身用户。公共图书馆在其民众心中的地位高。由于我国社会大环境的影响以及长期形成的习惯，民众图书馆意识淡薄，图书馆的少儿服务很多都流于形式，公共图书馆服务少儿能力也参差不齐，虽然图书馆想尽力改变这种现状，但是仅凭一己之力显然难以实现，需要多方合作共同出谋划策。

一、图书馆少儿服务管理

（一）图书馆少儿服务特点

1. 阶段性

图书馆少儿服务的特点是由其服务对象的特点决定的，相对于成年人而言，少儿处于不断发展变化之中，每个年龄段的表现都不一样，具有明显的阶段性特征。一个30岁的读者可以阅读一个50岁读者的图书，但是我们不能奢望一个3岁的孩子去阅读12岁孩子的图书，因为孩子处于生长之中，不同年龄阶段掌握的技能、关注的重点都不一样，所以图书馆可以针对不同年龄阶段的孩子提供不同的服务。

2. 广泛性

图书馆少儿服务具有广泛性的特点，这主要是由服务对象来决定的，除了少儿这类群体，还要将一切与少儿相关的人员包含进来，尤其是针对低幼少儿的服务，更离不开家长的配合。公共图书馆作为公共场所，安全问题始终需要高度重视，家长作为直接监护人需要参与到图书馆的活动中去，对自己的孩子负责。虽然公共图书馆的少儿服务以少儿和青少年为主，但是由于孩子自身还不具备独立自主的能力，一定程度上需要家长的看管和照顾，因此又不得不将一些成年人包含进来。

3. 引导性

图书馆的少儿服务具有引导性的特点，这主要是因为少儿的辨别能力还比较差，在阅读图书的选择上有很大的盲目性，他们常常存在着不知道阅读什么的困惑，需要图书馆员积极主动的引导。馆员在帮助少儿制定适合他们的阅读计划时，可以通过新书推荐、阅读辅导等形式。与成年人不同，孩子在阅读中往往目的性比较差，没有方向，很容易迷失，从而失去阅读兴趣。

因此，为了使未成年读者拥有愉悦的阅读经历，馆员要做好引导，将优秀的图书介绍给孩子们。

4．趣味性

与图书馆的成人服务相比，图书馆的少儿服务更强调活动的趣味性，因为孩子的注意力一般较差，易受外界环境影响，还有自身控制能力较差，所以想要活动顺利开展，一定要增强活动对少儿的吸引力，让他们沉浸在活动的快乐氛围中，从小建立起与图书馆之间的良好感情，以便未来成为图书馆的忠实读者。

另外，趣味性还是公共图书馆区别于学校正规教育的重要方面，公共图书馆希望孩子能够在阅读中感到快乐，将图书馆作为一个放松休闲的场所，而不是课堂阅读的延续。因为馆员与教师扮演着不同角色，教师教授孩子如何阅读，馆员则主要推广阅读，教师确保孩子具备阅读能力，而馆员确保孩子是否在阅读，是否体会到阅读的乐趣，而不是将阅读作为一件具有挑战性的乏味事情，应该让孩子享受阅读、爱上阅读。

（二）图书馆少儿服务功能

1．少儿阅览室服务发展现状

如今各级公共图书馆都已经开设了少儿阅览室，因读者年龄的特殊性，管理难度大。再加上公共图书馆属于公益事业单位，一些读者就认为图书馆的服务应该无止境地满足读者的要求，并未考虑到图书馆对孩子成长的教育意义，大部分图书馆的少儿工作仅局限于少儿阅览室内，根据少儿年龄段和兴趣特长爱好开展的服务相对较少。以传统服务为主，如借书、还书、整理书架、咨询等，服务模式和方法单一，无法满足各个层次的少儿读者日益增多的精神文化需求，更新服务理念迫在眉睫。

2．少儿阅览室服务发展对策

（1）研究分析读者需求以定位读者群体

据统计，少儿阅览室接待的读者数量为每日到馆读者数量的3%左右，周末及节假日少儿阅览室接待的读者数量为每日到馆读者数量的37.5%左右。

其中，少儿阅览室的3%接待读者中，有65%的读者为成人读者；周末及节假日少儿阅览室接待的37.5%读者中，有35%的读者为成人读者。通过此数据与实际数字相结合发现，平时到馆的读者多数为来图书馆学习、玩耍的1个或N个家长携带的低幼少儿，以及少数下午放学后到馆学习的小朋友。因此，这就形成了少儿阅览室读者类似大杂烩的现状。

（2）引导读者阅览并纠正读者不良行为

图书馆不光要有一流的馆舍、一流的资源，还应该培养出一流的读者，在以人为本工作的前提下，要注意培养部分家长及小读者良好的阅读习惯。首先，家长必须抛弃来阅览室仅仅是为了图谋阅览室环境好、混时间、像餐馆酒店般随意等的错误思想。遇到小读者有不文明的行为时，要耐心细致地和小读者交流沟通。例如，小朋友取十几本书，堆在桌子上的时候，家长觉得这是理所当然的，这时我们就要告诉家长要让孩子从小养成文明阅读的好习惯。阅览室资源有限，一个孩子占用太多书籍，其他的孩子就享受不到图书馆的资源了，好的东西要大家分享，一次只取一本书，读完再取。遇到类似的情况，我们需要对同行的家长进行正确的引导，从而达到纠正读者不良行为的目的。

（3）开展读书活动以提高读者整体素质

"少年智则国智，少年强则国强"，青少年是祖国的未来，是民族的希望。少儿阅览室可以利用便捷的读者资源，开展多样性的活动，不光让小读者们参与活动，还可以让孩子在活动的策划、主持、编排、总结等各个环节中自己做主、自己想办法，让读者的主人翁精神得到启发，帮助孩子学会独立思考，锻炼孩子的应对、沟通、交流等各项能力，真正做到开发其智力、锻炼其身体、提高其素质、陶冶其情操，为祖国的建设培养高素质的人才。

（三）图书馆少儿外借服务

图书馆是一个地区文化的标志，担任着传播教育文化的角色。图书馆的外借服务是最传统的服务中的一种。在新的科技发展飞速的时代，由于外界带来的压力，图书馆的读者群体受到了一定程度的影响，为了抵抗外界带来的影响，提高图书馆文化的竞争力，这也就需要图书馆转变自我服务形式、提升服务水准。

图书馆的少儿外借服务就是图书馆提升自身服务质量的一项工作，根据少儿不同的年龄阶层，在外借的服务过程中要做到人性化和特性化，尽可能地达到少儿的要求，提高少儿阅读的满意程度，为图书馆今后开展更多的少儿外借服务迈出正确的一步。图书馆少儿外借服务工作有两个关键点：始终将少儿放在工作环节的第一位；对图书馆中的藏书结构要进行实时的优化。

1. 始终将少儿放在工作环节的第一位

图书馆的第一要务就是读者服务，读者服务是图书馆永恒的主题，更是图书馆的核心。若是没有了读者，图书馆也就失去了它的价值和意义，其价值和意义只有通过读者才能体现出来。

少儿外借服务是图书馆十分重要的服务之一，在服务过程当中，工作人员要做到读者第一的服务态度，对身边的少儿读者始终要做到关心他们、尊重他们，用积极热情的服务态度来提高外界工作的服务质量。在日常生活中，工作人员除了要衣着举止大方之外，还要开启微笑服务和人性化特色化服务，另外，要着重注意自身和少儿说话的语气、态度，要做到有问、有答、有送的服务形式。在工作过程中，要用心与少儿读者进行交流，做到人性化的特色化外借服务。

2. 对图书馆中的藏书结构要进行实时的优化

第一，要将公共图书馆划分为少儿馆和成人馆。少儿和成年人在阅读领域方面有极其大的差异，且少儿阅读有一种从属性，所以要将图书馆划分开来，提高少儿的阅读兴趣，更大程度上吸引少儿读者进行阅读。

第二，对文化环境的营造加强重视。少儿正处于一种懵懂的状态，对自身周围的环境特别敏感，良好的阅读环境会使少儿养成良好的阅读习惯，并会提升他们的阅读兴趣，也就可以相应地提升书籍的流量和利用率。针对少儿不同年龄阶段的性格特征，阅读室也可以细分为低龄少儿阅读室和高龄少儿阅读室，这是一种科学布局，对少儿兴趣的提升极为有利。

第三，设置专业性的功能性场所。少儿的借阅时间大多是课后，较为集中，所以座位爆满、少儿排队的现象经常出现，在表面意义上的调整座位会对少儿的阅读习惯产生一定程度的影响。针对这种问题，个人建议要设置文化展览，这样可以拓展少儿的空间，扩展少儿外借的服务，更大地满足了少儿读者的各种需求。

第四，建设完整的阅读网络。图书馆的少儿外借服务要利用自身的文化教育阵地，对学校、少年宫、文化宫的联系要紧密起来，并要建立相关的图书室，提升书籍的利用率，尽可能将图书馆工作向外拓展，覆盖少儿读者的各个活动中心，保证少儿读者可以随时看到自己想看的书籍。与此同时，图书馆的相关部门也要定时开展送书到家的活动，更好地提供相应服务质量。并且充分运用网络阅读平台，将网络技术、媒体技术作为载体，用图文、声像结合的形式，做好外借服务，加强少儿多样化发展工作的进程。

二、少儿图书馆服务管理

（一）少儿图书馆

1. 少儿图书馆服务工作的主要特点

少儿图书馆服务工作主要包括三个方面，即服务的读者群、服务的内容和服务的方式、手段。

（1）把握服务读者群的特点

少儿图书馆服务的读者群的特点，一是少儿读者。少儿是少儿图书馆的主要读者，是少儿图书馆的主要服务对象。二是教师与家长。教师与家长对少儿的成长有着举足轻重的作用。三是社会潜在用户。凡是与少儿有关的政府机关、企事业单位、社会团体、少儿工作者都是少儿图书馆服务的潜在用户。

（2）明确少儿图书馆服务内容的特点

一是知识性与趣味性结合，二是实践性与导向性结合。在提供服务内容上，一要显示服务的特色化，让孩子在快乐中学到知识，充分调动小读者的积极性；二要注重提供高质、高效服务，提供精品，将对于少儿成长的导向性内容与孩子的实践参与度相结合，做到孩子动手的同时又动脑；三要充分发挥潜在成人读者群中具有的业务知识和工作特质，结合他们的优势，在专业上狠下功夫，提供专业化的读者服务。

（3）强化少儿图书馆服务工作方式

在做好阵地服务和开展好特色读书活动的同时，开发二次文献，建立少儿特色的数据库，对纸质文献信息和网络信息精心筛选、加工梳理，建立具有少儿特色的网站。

2. 少儿图书馆人格化管理

（1）在少儿图书馆氛围与环境的建设中融入人格化管理

提到图书馆，映入大家眼帘的就是整齐的书架、宽敞的大厅，在浓厚的人文气息中又充满悠然的静谧。图书馆品味的高低，也能从建筑中得到体现。在少儿图书馆的环境建筑中，不论是场地布置、基础设施还是室内结构与建筑外观，都必须从少儿的角度出发，将少儿的身体特征与心理特征完美结合共同融入馆内的布置、采购、设计当中，要让少儿产生愉悦感，并且能在图书馆中进行安静舒服的阅读和学习。再就是图书馆的工作人员，他们必须将少儿作为服务的主体，从人文情怀的角度出发，和少儿形成良好的交往，要做到互相尊重并成为良师益友；还有就是对少儿图书馆中益智玩具、音像设备等设施的添置，满足了不同年龄段孩子们的需求，能够让他们完成更好的学习。

（2）在少儿图书馆文献资源管理中融入人格化管理

图书馆发展的一切基础就是文献资源，它是少儿认识世界、学习知识的重要基础。

在人格化建设中"以人为本"的思想指导背景下，图书馆的相关工作人员就要和少儿的父母进行沟通和交流，让图书馆了解孩子们对图书资源的需求取向，然后再进行图书的采购，这样图书馆内图书的实用性就会大大提高，少儿对读书的需求也会得到满足。不仅如此，在进行图书文献的管理中也要注意人性化的融入，对于图书布置、摆放以及分类一定要以孩子的视角为基础，这样一来不仅能提高孩子们的阅读效率，也能充分发挥少儿图书馆的教育阵地功能。

（3）将人格化管理贯彻于整个少儿图书馆工作中

在少儿图书馆的工作中主要包括：保存并整理文献资源以及制定图书馆的各项任务、进行业务管理等。说到底，这些工作也是离不开"人"的。所以对人格化管理的融入也变得十分必要，只有这样，才能进一步促进少儿图书馆未来的可持续发展。

（二）少儿图书馆人本服务理念

1. 树立人本服务理念

要做好人本服务首先要树立人本服务的理念，就是一切以读者为中心，最大限度地满足不同读者用户的要求，主动服务、平等服务、尊重人性、崇尚自然。

少儿读者工作以少儿为根本，因此，要不断地分析他们的特点、研究他们的需求，尊重小读者的阅读习惯和特点，理解他们在各个不同年龄阶段的人格发展过程中形成不同的思维方式、兴趣和爱好。要树立平等的观念，给读者平等利用图书馆的权利。读者不分大小、本地外地、城市还是农村，只要有需求，都可以随时到馆，享受免费的文献资料阅览服务。对于残疾少儿、失足少年等特殊的读者，更要以平等的心态去对待他们，提供更加方便的服务，让他们能够和正常的孩子一样充分在图书馆公共文化资源中受益。树立以人为本的理念还表现在日常工作中，采取一切可以采取的措施，给读者提供方便。

2. 全面提升工作人员的整体素质

图书馆少儿部的工作人员，既是少儿部的管理人员，又是广大少儿的教育者；既肩负着图书借阅服务工作，还担任了读者辅导的重任。由于身份特殊，其言行、仪表、文化修养、专业技能等都直接影响着孩子，所以，少儿部的工作人员必须要提升自身的整体素质。其包括政治思想素质和专业技能素质。

首先，在政治思想素质方面必须具备良好的思想道德品质，热爱图书馆事业，有事业心、责任感和团结协作的精神，坚持"读者第一，服务至上"的宗旨，树立全心全意为读者服务的思想，以良好的职业形象、文明礼貌的语言、主动热情的态度为读者提供优质服务。

其次，在专业技能素质方面，除了要有过硬的图书馆专业知识和管理技能，还要懂得一些少儿心理学、社会学、教育学等，掌握小读者的心理特性及阅读倾向等综合知识，才能为广大少儿提供方便、快速服务。在信息化的今天，社会日新月异，资信发达，面对全新载体的文献、全新观念的小读者、全新的学科知识，要求工作人员成为符合现代化需求的复合型人才，能够熟练掌握电子计算机技术，运用现代信息管理手段和创新型的服务方式为小读者利用好这一社会公共文化资源。

总之，只有不断地更新知识才能提高人本服务的本领，只有提高自身素质才能为少儿读者提供高质量的服务。

3. 加强图书馆员与读者的协调互动

少儿读者服务工作中，包含了读者和图书馆员。因此，要实现馆员与读者之间的协调互动，对做好少儿图书工作具有重要的意义。要将传统的"被动"服务转变为以人为本的"主动"服务，通过热情友好的微笑和问候、亲切温柔的交谈，缩短和消除双方的心理距离。要主动跟读者沟通，了解小读者的喜好、欣赏习惯、阅读水平，增强相互之间的亲密度和亲切感，给小读者一个亲切友好的空间，让他们有一种到家的感觉。另外，在与读者交谈过程中，需将图书馆的服务项目、馆藏补充、书目推荐、借书期限、规章制度等对读者进行介绍，以便于读者借阅。这样，图书馆员与读者之间就很自然地共同营造了一个"以人为本"的温馨和谐的氛围，使小读者能心情愉快地学习，图书馆员心情舒畅地工作，达到最佳的服务效果。

第二章 少儿阅读分析

阅读对少儿来说至关重要。英国哲学家培根说："读书可以陶冶个性，每一种心理缺陷，都可以通过聪明的阅读来弥补。"苏联作家高尔基说："书籍是青年人不可分离的生活伴侣和导师。"台湾科学院学者曾志郎说："阅读是教育的灵魂。"因此，少儿阅读不仅是提升少儿阅读学习能力、开发智力、培养科学精神和完整人格的重要手段，更是消弭教育鸿沟、紧密家庭关系、传承民族文化、帮助少儿了解和适应社会的重要渠道。

第一节 少儿心理发展特点

少儿是祖国的未来和希望，是社会主义现代化建设的后备力量，做好对少儿的教育培养，是至关重要的工作。少儿图书馆作为学校教育的延伸，对少儿的身心发展、素质培养有着不可推卸的责任。那么，要想开展好少儿读者服务工作，充分发挥少儿图书馆的社会教育职能，就必须明确了解少儿的心理健康特征，有针对性地发展读者服务。

少儿正处于身心快速发展的重要阶段，他们利用图书馆的目的较为单纯：一是获取知识，二是满足阅读需求。他们既不像成人有明确的阅读目的和倾向，也没有良好的理解力和长时间的集中注意力，他们在很大程度上还需要有益的引导。所以要培养少儿的读者阅读兴趣，就必须抓住他们的心理，了解他们的兴趣所在，以便采用小读者乐于接受的服务方式。

一、少儿心理发展

（一）幼儿言语的发展

1. 词汇的发展

幼儿期是人生中词汇量增加最快的阶段，根据我国学者的研究，发现幼儿在1岁到1岁半的时候，能够掌握大约100个单词，1岁半到3岁是少儿积极的言语活动阶段，在这个阶段内少儿对于模仿成人说话有着强烈的好奇心和积极性，在此期间，他们能说出的词汇会迅速增加。据研究，3岁少儿已能掌握1000个左右的词汇，3岁至7岁为少儿词汇数量和质量不断迅速增加的阶段，在此期间，词汇量可以达到2500~3000个。词汇量的迅速增加，对于少儿说话能力的发展有很大的影响。

2. 口语表达能力的发展

从幼儿交际的方式而言，口语可分为对话式和独白式两种。对话是在两个人之间相互交谈，独白则是一个人独自向听者讲述。3岁前的婴儿大多是在成人的陪伴下进行活动，所以交际多用对话形式。3岁后，进入幼儿期，这种对话语言进一步发展，而且幼儿与成人、同伴之间不但能回答问题或提出问题和要求，还会在协调行动中进行商议性对话。

从言语的发展顺序而言，主要是情境性言语发展和连贯性言语的产生。情境性言语是指幼儿在独自叙述时，口语表达不连贯、不完整，并伴有各种手势和表情，听者需要结合当时的情境，审察手势、表情，边听边猜才能懂得言语的内容。连贯性言语是指幼儿的口语能力进一步提升，可以表达连贯完整的句子，使读者在听的时候可以理解句子含义。

（二）幼儿智力的发展

1. 记忆力的培养

培养幼儿的记忆力，需要按照记忆的特点，在幼儿期，一方面加强幼儿的机械记忆，另一方面培养幼儿有意识的记忆。幼儿记忆力水平的高低，直接反映了幼儿智力水平的高低，幼儿的记忆力是从自身无意识到有意识的过程，在幼儿早期加强机械记忆能够锻炼幼儿的记忆能力，在随后的有意识记忆中幼儿就能够更加得心应手。

现在的很多教材、早教机构为了培养幼儿的早期记忆能力，通常利用幼儿的记忆特点来进行培训。所以在阅读选书方面，我们可以给这个时期的幼儿选择一些机械记忆性比较强的书，比如《唐诗三百首》《三字经》《弟子规》等一些朗朗上口、容易记忆的书。

2. 观察力的培养

观察力是表现幼儿智力的一个重要方面，具备观察能力的孩子在生活、工作中会比别人有更多的机会，有了观察力，才会有想象力和创造力。培养观察力需要父母和学校在幼儿的日常生活中善于引导幼儿，要因地制宜地为幼儿创造丰富多彩的生活环境和自然环境，为幼儿提供观察的条件。要利用自然界千变万化的特点，随时引导少儿注意周围事物的变化，培养自觉观察、认真观察的兴趣和能力。

在选书方面，可以为孩子选择一些关于培养观察力的书籍，比如《寻找不同》，也可以选择关于动植物生长过程的书籍等，这些书籍可以引导孩子在看书的过程中培养观察能力。

3. 想象力的培养

鼓励幼儿积极追求，而不是消极活动。看书、画画、运动都是积极追求的过程，对想象力有帮助的活动；而像看电视则是消极被动的，在看电视的过程中，幼儿只会被动接受电视内容，不会产生自己的想象。另外，可以给幼儿提供各种条件，比如，让幼儿独立完成一些事情，父母不要过多干涉。只有这样，幼儿才会有发展想象力的空间。培养幼儿的想象能力，需要其进行大量的阅读，因为，幼儿在阅读图书的过程中，主要是靠听故事来培养想象力，在听的过程中，会把自己看不到的世界变成自己内心世界的形象，这一能力的实现就是靠想象力。

二、少儿读者的心理和阅读心理特点

（一）少儿的想象、幻想心理

少儿对现实生活和自然界总是充满想象和幻想，对于他们不懂、不理解的事物，常常按照自己的幻想和想象去解释、去理解，因此，少儿读物必须具有幻想的特点。神话故事中的夸张和童话故事里的幻想成分正好满足了少儿的这一特殊要求，这类读物是他们最喜爱的书种。人类历来就崇尚想象，没有想象就没有创造。少儿读物汇集了现代信息知识，具有创造想象力，除了给少儿以强烈的娱乐感外，还能给少儿想象空间，从而激发他们的创造性。少儿是未来的希望，他们今天的异想天开或许就是明天的创造发明，他们今天的幻想或许就是明天的现实。

（二）少儿的游戏、娱乐心理

少儿在生活中总是喜欢追逐、嬉戏、打闹、捉迷藏、模仿大人做的事情，有时还搞一些恶作剧，这都是少儿的游戏和娱乐心理。他们不喜欢一本正经，不喜欢板着面孔一味说教、枯燥乏味的读物，而喜欢富于幽默感、内容斑斓多彩的读物。我国的少儿自出生以来，就不断受到家长、老师、书本的"正面教育"，在接受大量知识的同时，也给自己的大脑套上了各种条条框框。而国外的少儿就没有太多条条框框的限制，他们在游戏、娱乐中领悟美与丑、是与非，例如《埃及王子》是一部不足50分钟的读物，取材于严肃题材《圣经·出埃及记》，该书中没有任何说教，贯穿始终的是轻松、嬉戏、娱乐，英俊的埃及王子与尖嘴猴腮的法老的斗争，是用蝗虫、青蛙、洪水、鲍鱼来体现的，但有一点少儿们肯定会记住，好人总是可爱的，坏人总是可恨的。

（三）少儿对英雄人物的向往、崇拜心理

对英雄人物的仰慕、崇敬是人类一种高尚的心理状态，它可以引导人们通过对英雄人物的熟悉、了解来净化心灵，提高精神境界。少儿正处于长知识阶段，他们的崇拜心理比成人更甚。因此，他们喜欢读物中塑造的一个个值得崇拜仰慕的英雄形象。例如，聪明的一休、与邪恶做斗争的孙悟空、克难奋进的大力水手等虚构的英雄形象，深受少儿的欢迎。

（四）少儿强烈的参与及好胜心理

少儿初生牛犊，什么事情都想干，就是看读物也把自己当作了主人翁，做对了兴高采烈，失败了垂头丧气，这是少儿爱参与的心理天性。少儿的好胜心理是他们自尊、自强、活泼上进的反映，也是日常生活中长期潜移默化造成的，比如，父母、老师总是表扬优胜者，批评失败者、差者。根据少儿的这种心理，少儿读物应尽可能给读者身临其境的感受，有克敌制胜的历险、历经曲折挽救人类的科幻等。

三、幼儿与阅读相关的心理发展

婴幼儿对阅读内容的理解，受其思维发展水平的制约。从出生到青春期，婴幼儿心理发展是一个不断渐变与质变的过程，是生理、认知、社会文化相互作用的过程。在不同的年龄，婴幼儿会在动作、感觉、知觉、语言、思维、注意力与记忆力等方面表现出不同的阶段性特征，这些特征因素影响着早期的阅读活动。

（一）动作发展的阶段性特征

俗话说：三翻六坐、七骨碌、八爬、九打滚。少儿动作发展遵循一定的顺序，在阅读的动作发展方面，一次一页的翻书动作依靠拇指和食指夹住极其薄的纸张，有70%的孩子在28.3月龄以上才能做到一次一页地翻书。在书写方面，2～6岁的婴幼儿是迅速发展握笔动作技能的时期，一般说来，26.9月龄的孩子会模仿画直线，35.4月龄的孩子会模仿画"O"形，7岁以上的学龄少儿手更加稳定，能够用铅笔书写正常大小的字。

（二）感知觉发展的阶段性特征

少儿的视觉一直处于不断发展的过程中。1～2岁的少儿视力为0.5～0.6，达到成人正常水平。3岁的少儿视力可达1.0，但对于颜色的明度与饱和度不敏感。4～5岁时，大多数少儿的眼部肌肉已得到充分发展，能够有效地进行眼睛转动，扫视一连串文字，与视觉相关的大小知觉、形状知觉、方位知觉也都随年龄增长而提高。

一般来说，3～7岁幼儿辨认形状时配对最容易，指认次之，命名最难。掌握8种形状自易到难的次序为：圆形、正方形、三角形、长方形、半圆形、梯形、菱形和平行四边形。2岁半到3岁幼儿判别平面图形大小的能力急剧发展，3岁幼儿一般已能判别图形大小。方位知觉的发展是幼儿掌握方位词的基础，掌握方位又是幼儿读写算的前提。3岁少儿已能辨别上下方位，4

岁少儿已能辨别前后方位，5岁开始能以自身为中心辨别左右方位，6岁少儿能够正确地辨别上、下、左、右4个方位，但以自身为中心的左右方位辨别能力尚未发展完善。

（三）语言发展的阶段性特征

婴幼儿是口头语言发展的重要阶段，借助成人的帮助幼儿开始萌生出对书面语言的兴趣。大约在10～15个月，婴儿说出的第一个词是语言发展的里程碑。从说出第一词的半年里，婴儿的词汇量陡增。18～24个月时，幼儿学会使用双语词。3～4岁前的幼儿学习哪种民族的语言发音都比较容易。之后学习新的语音相对来说比较困难。

3～6岁是孩子语言飞速发展的阶段，一是基本掌握了本民族的全部语音；二是词汇量不断增加，对词义的理解由具象到抽象逐步明确加深，4～5岁是词汇量增长的活跃期。三是语音表达能力不断提高，从对话语言过渡到独白语言，从情境性言语过渡到连贯性言语，语言表达的逻辑性也逐渐提高。

（四）注意和记忆与思维的阶段性特征

语言与注意力、记忆的关系密切。1岁之后，婴儿逐渐学会说话，能对父母的话做出相应反应。当婴儿听到父母说某个词语时，便会注意相应的物体元素，这就使得婴儿能够逐步注意看书、看图片、听儿歌、听故事、看电影、看电视等，这是早期阅读的基础。婴幼儿的注意力以无意注意为主，记忆力以无意记忆为主。注意是记忆的前提。幼儿的注意时间是非常短暂的，3岁幼儿能够集中注意3～5分钟，4岁幼儿能够集中注意10分钟，5～6岁的幼儿能够集中注意15分钟。另外，为了提高幼儿的注意力和记忆力，可通过游戏的方式调动幼儿的多种感官参与。

四、心理学理论对少儿图书馆工作的具体指导意义

（一）少儿期（1.5～3岁）

儿童期是自主与害羞和怀疑的冲突，这一时期，少儿掌握了大量的类似爬、走、说话等活动技能。这时候父母与子女的冲突很激烈，也就是第一个

反抗期的出现，而这个时期的少儿由于还没有进入幼儿园接受比较系统和有规律的教育，而他们的抚养者很多都会选择把他们带来少儿图书馆看书或者玩耍，可以说是我们少儿馆亲子室的主要读者。3岁以前的孩子作为游戏的观察者，处于分享行为的萌芽阶段。

少儿心理学的研究表明，3岁以前的孩子大多还是喜欢自己一个人玩，在有别的孩子在一旁玩的时候，他们更多的是观察者，而不是参与者。这个时期的宝宝自我意识开始萌芽，表现为自我中心性，所以会出现这样的行为。在宝宝和别的小朋友玩的时候，图书馆员有时也可以参与进去，引导少儿和其他小朋友分享玩具来培养他们的交往能力和互助意识。由于该年龄段的少儿已经开始有了自主感，他们学会了坚持或者放弃，他们更想自己决定做什么或者不做什么，而成人必须承担起控制少儿行为使之符合社会规范的任务，使其养成良好的习惯。

因此，这个时候的父母与孩子的冲突激烈，也是人生中的第一个反抗期。我们馆员就需要更多的耐心，不能听之任之又不可过于严厉，避免伤害少儿的自主感和自我控制感，要把握适度原则，这样才有利于少儿形成较好的意志品质。

（二）学龄初期（3～5岁）

学龄初期是主动对内疚的冲突，在这一时期的少儿如果表现出的主动探究行为受到鼓励，就会形成主动性，这为他将来成为一个有责任感、有创造力的人奠定了基础。反之，若其独创行为和想象力被成人讥笑，那么他们就会逐渐失去自信心，缺乏自己开创幸福生活的主动性。

小孩子在图书馆时可能会对很多东西都很好奇，会到处摸摸碰碰，或者也会把椅子搬的到处都是，这时候我们馆员切忌简单粗暴地制止或批评，要尽量以小孩子的角度和语言方式去沟通交流，告诉他们什么可以做什么，不能做什么。有时候他们还会有很多各种各样的奇思妙想，而且会迫切地需要和他分享，馆员也不要讥笑其幼稚和荒谬，要用他们的思维方式去理解，并耐心的解释和引导，避免伤害其幼小的自尊心和好奇心。

(三)学龄期(6～12岁)

学龄期是勤奋对自卑的冲突,这一年龄段的少儿都已经上学,一般会在课后或者周末的时候来图书馆。在学校,他们接受各方面有计划的训练来帮助他们适应社会,掌握生活所必需的知识和技能。如果他们能顺利地掌握学校安排的课程,他们就会获得一种勤奋感,这使他们在未来的独立生活和工作中充满信心。反之,就会产生自卑感。所以,对于这个年龄段的孩子,图书馆员要注意规范他们的行为礼貌,让他们懂得图书馆以及其他公共场所同他们的学校一样,需要同等尊重和礼仪,学会一般的社会规范制度等。如阻止他们大声喧哗、追逐打闹等,同时也要适时表扬他们正确的行为,使其获得骄傲感和成就感。

(四)青春期(12～18岁)

青春期是自我同一性和角色混乱的冲突。此年龄段的孩子可能是我们图书馆员最为头痛的读者生理性和社会性等方面的发展都出现了显著的变化,其主要特点是身心发展迅速而又不平衡,生理发育加速,各方面生理指标已逐渐接近成人标准,让他们产生一种成人感。但其心理发展却相对缓慢,使他们处于半成熟半幼稚的状态。成人感使他们的独立意识强烈,有自己的独立自主决定权,这个时期的少儿情绪容易激动,看待事物往往会出现主观片面的情况,容易固执己见。所以,我们图书馆员就需要平心静气和他们交流,要注意他们成人感的需要,切忌以成人自居对他们训斥或批评,这往往会激怒他们,试着把他们当作朋友一样交流,给他们以成人感的角色尊重。

第二节 少儿阅读现状

一、少儿读者阅读现状

(一)阅读时间普遍较短

美国现在正在开展平均每年每人读书达 50 本的计划。而我国的九年义务教育语文课程标准中规定,9年期间学生课外读书量要达到400万字,如果每本书是10万字,9年读书量是40本,平均每人每年读书不足5本,比美国低10倍。

(二)多数少儿没有明确的阅读计划

由于年龄偏小,少儿在自主和自我约束方面能力较弱,信息素质偏低,在阅读方面表现出被动、盲目的阅读状况,大部分孩子不能准确地把符合自己阅读价值的信息资源从浩瀚的信息中挑选出来。据调查显示,未成年读者一般很少有一定的阅读计划,他们利用课余时间进行阅读,都是凭兴趣,随意性较大,有些孩子是家长借什么书,他们就看什么书。面对图书馆浩瀚如烟的图书,有些孩子不知如何选择,于是就什么时髦读什么,什么畅销读什么,从众心理很强。

(三)阅读目的以娱乐消遣为主

在少儿经常阅读的书里漫画类书刊、恐怖、魔幻小说占42%,而文学名著、成语神话故事和科普类读物仅仅占32%。由此我们不难看出未成年读者的阅读倾向正在发生变化。现如今,孩子从上幼儿园开始就面临着升学难的现象,没有好的成绩就无法进入理想的学校,以至于家长、学校、社会等多方面给孩子身心上带来压力。

课堂上布置的作业量超出了孩子的接受范围,课余时间还需要参加各类补习班,如奥数班、作文提高班、乐器班等,孩子们可以自由支配的时间相当有限。于是恐怖魔幻类、漫画类图书便成了孩子们课余时间娱乐、消遣的选择。对于容易接受新鲜事物的青少年来说,恐怖、魔幻、漫画类的小说在很大程度上满足了他们猎奇、虚幻、冒险的心理需要。

(四)网络阅读比例逐年增加

据中国出版科学研究所公布的第五次国民阅读调查显示,在文字媒体中,报纸以74.5%的阅读率位于首位;杂志阅读率为50%,排第二位;互联网阅读率为36.5%,排第三位。比2005年的27.8%提高了8.7%;图书阅读率为34.7%,比2005年的48.7%降低了14%,由此可知,网络阅读首次超过图书阅读。信息时代的发展，越来越多的少儿通过网络媒介进行阅读，网络已经进入到人们的生活当中。

网络阅读扩展了少儿的知识空间，既为青少年课外阅读增添缤纷色彩，也为青少年阅读带来不良影响。减少不健康信息，为少儿网络阅读营造一个安全的网上阅读环境，这对青少年阅读的影响显得尤为重要。

二、当前我国农村少儿阅读状况分析

农村少儿在阅读资源、阅读场所、阅读指导等方面都存在诸多劣势，没钱买书、没地方看书、看不到新书、不知道看什么书，是他们的真实现状。

（一）图书数量严重不足且质量低劣

据我国图书销售和图书阅读有关资料显示，占我国少儿人口半数的城镇少儿，拥有着我国童书资源的为88.9%；而另外一半的乡村少儿，只占有我国童书资源的为11.1%，农村少儿普遍存在"没书看"的问题。农村中小学校图书馆图书资料陈旧，配置不当，教辅、历史、故事类占主位，文学作品、科普、艺术、体育类稀少。在图书种类单一、图书质量低劣的情况下，孩子们想要从书籍中开阔眼界、丰富精神略有些困难。

（二）阅读环境差且公共文化设施不全

农村公共文化设施落后，缺乏专业的阅读场所，难以形成浓郁的阅读氛围。虽然农村中小学校大都建有专业的图书馆，但是这些图书馆不仅规模小，而且设施简陋，向学生开放的时间也不固定。同时，公共图书馆数量不足，且距离农村较远，至于专门的少儿图书馆，对农村少儿来说更是遥远，将近90%的乡镇少儿认为居住地附近的图书馆数量少，无法满足他们的需求。

（三）阅读缺乏指导，开展不了阅读推广

农村少儿阅读缺乏专业人员的指导，农村家长的文化水平较低，平时又忙于生计，没有时间也没有能力去指导少儿阅读；学校语文老师也大多将语文物化，不能自觉进行指导；至于校图书馆和公共文化服务站的人员，大都是非专业人员兼任，也无法有效开展少儿阅读服务。

三、少儿阅读推广中存在的问题

（一）早期阅读的开展相对滞后

在中国家庭教育中，家长对早期阅读重要性和可以开展的年龄认识存在巨大偏差，70%的家长认为阅读行为应在少儿上学之后开始进行。《中国少儿早期阅读现状与对策研究报告》曾指出，西方发达国家少儿在6~9个月时就开始阅读，而我国少儿则普遍要到2~3岁才开始阅读；美国少儿4岁后进入独立的、自主性的大量阅读阶段，而我国的孩子大多数8岁（小学二年级）这个水平。

（二）阅读观念有偏差，过于功利化

12岁之前是培养孩子阅读习惯最重要的时间，决定了孩子一生的阅读力，过于功利化的阅读会影响孩子对阅读的兴趣。早期阅读应该以培养少儿阅读兴趣和阅读习惯为主，让孩子在充满遐思和童趣中充分享受阅读带来的快乐。但是在现实生活中，成人灌输给孩子过多的具体性知识，超出其阅读能力和阅读范围，导致错过了培养孩子阅读兴趣的最佳时机。

（三）应试教育对课外阅读的挤压

高考、中考、小升初的道道门槛儿摆在面前，教辅、补习班挤占了大量课外阅读时间，孩子们被考试、分数、作业等压得喘不过气，阅读兴趣与他们渐行渐远。这一现象，对孩子阅读能力发展的伤害几乎是灾难性的。

（四）网络、游戏等对少儿阅读的冲击

我国社会调查所对北京、广州、武汉等几个大城市对1000名少儿开展的一项调查印证了这点：有50%的被访者每天玩电脑游戏，36%的孩子每周至少有3天玩电脑游戏。还有一些小学生家中的各种磁带、光盘、软件的总数甚至比书本数量还多，造成很多小学生没有阅读书籍的习惯和需求。

（五）国内的少儿精品读物匮乏，阅读资源分布不平衡

国内少儿读物选择性有限，出现中外名著同质化现象严重、启发青少年创新思维的读物较少等现象。很多少儿读物质量良莠不齐：部分读物内容雷同、缺少新意，本土原创题材稀少；个别少儿读物属于盗版印刷、取材低俗，

不利于孩子身心健康。由于城乡二元结构体制的制约，文化资源配置和布局结构的不均衡，很多家庭尤其是农村，没有良好的阅读资源和环境，而有限的少儿图书馆远远不能满足孩子们的需求。

（六）少儿阅读缺乏有效的阅读指导

目前，很多孩子都缺乏自主阅读的能力和有效的阅读指导。在我们日常工作中，常常会碰到这种现象：有些孩子拿着老师开的长长书单，任务式地把书借回家；有些家长干脆自己帮孩子做选择。其实这并不利于孩子的阅读，老师列出的书单不一定都是孩子爱看的书，家长的选择也并不等于孩子的选择，孩子有他自己的喜好，所以图书馆在做好少儿阅读指导的同时，也要做好家长的阅读指导工作，指导家长尊重孩子的选择，做好老师与孩子之间沟通的桥梁，而不是一味地替孩子做决定。

四、当前少儿读者阅读障碍的原因分析

（一）繁重的学业

虽然现在的教育方针越来越由应试型转向素质型，毕竟我国的教育及考评系统还需要慢慢地调整，等到素质型教育体系发展得成熟完善，还是有待时日的。现在的学生们处于应试和素质拓展并重的阶段，身上的担子尤其沉重，小学生都开始追求十八般武艺样样精通，中学生更是无暇顾及看似缥缈虚幻、无实际功用却费时费力的阅读能力了。虽然现在学校和社会对于阅读越来越看重，但学生自己往往是心有余而力不足，而阅读兴趣的培养往往在于量的积累，可是留给课外的时间少得可怜，那么想要从量变到质变，也似乎就遥遥无期了。

（二）家长的选择

青少年挑选书籍时往往会受到来自家长潜移默化的影响，甚至有的学生完全由家长来决定该接触什么样的信息。多数家长教育孩子的重头就在于督促其学习，所以教辅类颇受他们的青睐，和休闲益智类图书相比较，教辅类书籍中关于学习方法及效率探究的深受家长的喜爱。另外，现在多数家长的

工作也非常忙碌，自己也没有时间进行阅读，家庭缺少阅读的氛围，自然会影响到青少年的兴趣、这就是为什么一些来自教师家庭的学生在阅读水平上胜同龄人一筹的原因了。

（三）多元的休闲方式

惰性是人生来固有的，所以，人们一定会选择最方便最轻松的方式来达到休息解压的目的。近年来，纸质媒介的存在价值已经开始受到了质疑，网络的便捷是无可比拟的，原木需要经过好几道工序才能进行传递的信息，如今几秒内就可实现共享，并且更直观，而电视、电影等媒体也可以带来更立体的体验，他们自然也就取代了多数家庭中书籍的位置。阅读是慢节奏生活的代名词，是老年人才喜欢的休闲，这是一个非常令人无奈的结论。

五、培养少儿的阅读兴趣

（一）家庭

第一，提高家长素质。家长的文化水平对子女阅读的影响是显而易见的，父母的文化素养是开展家庭阅读的基础，少儿图书馆应该兼顾起提高家长素质的责任。

第二，倡导"亲子共读"活动。"亲子共读"是一项父母与孩子一起阅读的活动，它不是单方面的，而是由父母引导孩子共同参与的阅读活动，从中满足孩子的一些想法和期望。"亲子共读"能增进亲子间的感情、增加知识、增强孩子的语言能力，培养独立思考的习惯，启发孩子最初的阅读兴趣。

（二）学校

第一，协助学校办好图书馆（室）。针对目前中小学图书普遍存在的规模小、经费少、不规范等现状，少儿图书馆应将业务辅导工作渗透到学校，派专业人员帮助学校图书馆（室）建立规范的图书分类、编目工作，辅导图书管理员学习图书馆基础知识，以及少儿阅读心理等方面知识，使其掌握正确引导学生阅读的方法，更好地服务学生。

第二，配合课堂教学，培养学生的阅读兴趣，编制推荐目录。图书馆要争取工作的主动性，重视和各科教师协作配合，编制课外阅读书目。配合课堂教学进度，根据学校教学情况主动向学生推荐课外读物。

（三）社会

第一，馆内工作。读者为本，以孩子的需求采购图书。图书馆的购书员应该深入流通部门，了解借阅情况，分析少儿读者的阅读取向，同时多收集信息，把握图书市场的动态，以读者的需要为原则进行采购。

第二，馆外工作。在努力做好馆内工作的基础上，少儿图书馆还应与少年宫、科技馆、青少年活动中心、街道社区等机构联合建立图书馆（室），将少儿图书馆的读者服务工作延伸到社会的各个方面，让服务尽量覆盖少儿可能涉足的一切场所，使少儿随时随地都能接触到适合他们的读物，向他们提供更多的阅读机会，建立良好的阅读环境，达到培养少儿阅读兴趣的目的。

六、图书馆推进少儿养成阅读习惯的新举措

阅读习惯的养成，能由内而外地转化个人气质，功效不容小觑。要让少儿养成阅读的习惯，让他们去领略阅读的乐趣，作为图书馆工作者应及时引导少儿正确面对繁杂而又丰富的阅读世界，增强阅读兴趣、养成读书习惯，爱上读书。

（一）鼓励家长配合，引导少儿阅读

家庭是少儿接受教育的第一场所，少儿的成长离不开家庭环境。同样，少儿的阅读更离不开家长的支持和引导。父母是少儿的启蒙老师，家长的阅读指导行为影响着少儿的阅读行为，培养少儿从小养成爱读书的习惯需要图书馆与少儿家长的共同努力。

为了培养少儿的阅读习惯，图书馆可以定期举办阅读知识讲座，宣讲课外阅读的重要性，也可以把星期日设为"亲子阅读日"，要求家长放下手头所有的事陪孩子一起来图书馆阅读，或参加各种家庭趣味活动。这样，既有利于培养少儿的阅读习惯养成，也有利于增强少儿与其家长的合作和亲密感，提高孩子的合作能力。

（二）营造舒适的阅读环境，激发阅读兴趣

图书馆在空间、装饰、布局等方面，需要符合少儿心理和审美特点，创造人性化的阅览环境，让孩子们在精神上亲近书籍。在阅览区配备少儿家具，让孩子们一走进来就有一种家的感觉，温暖而舒适。在选择家具上要注重舒适度、实用性，注重色彩。孩子们在充满童趣的阅览环境中，享受着快乐、温馨、自由的感觉，不知不觉中受阅读的熏陶，引导少儿爱上阅读。同时也要求阅览室的图书管理员必须不断提高自身素质，自始至终保持热情、耐心、细致、周到的良好服务情绪，使小读者愿意与其沟通交流，使其达到阅读的最佳效果。

（三）联合幼儿园、学校及各种培训班开展集体阅读指导

少儿图书馆可利用自身的资源优势、环境优势和地理优势，组织附近幼儿园及各种培训班的同学进行集体阅读活动。对于不方便到馆集体阅读的学校，少儿图书馆可定期送书到校开展专题阅读，通过阅读指导来提高学生的阅读能力和写作，丰富内心情感。少儿的阅读爱好和阅读习惯会随着年龄的增长而不断变化，每个阶段都有其不同的阅读方向和阅读目的。

（四）开展丰富多彩的读书活动

通过举办主题鲜明、形式多样的读书活动，激发少儿的阅读兴趣、享受阅读乐趣，养成良好的阅读习惯。在读书活动中及时鼓励在阅读方面取得成绩或者是阅读习惯良好的小读者，每年评选出优秀的阅读十强小读者，既肯定了少儿的阅读行为，也能提高少儿的阅读积极性，让更多的小读者体验成功的喜悦，更喜爱读书，并从读书中取得乐趣，获得知识和启迪。

（五）拓宽服务范围，关注农村及贫困少儿阅读

图书馆大多坐落在市区中心，农村的学生和在郊区生活的城市务工子女到图书馆来很困难，而贫困学生的图书室藏书量少，不能满足贫困学生的阅读需求。

创建一个人人想读书、人人爱读书的全民阅读社会，保障每个人的阅读权利是图书馆长久以来的出发点，拓宽服务范围，把书送到最渴求阅读的孩

子手中，满足乡村学校同学们的阅读需求。市图书馆可以和农村学校联合举办各种读书活动，如送书下乡、图书捐赠、友谊传递等活动，组织附近郊区的农村少儿到图书馆参观，让他们切身感受图书馆的文化气息。也可以在较偏僻的农村学校建立"图书流通站"，把精心挑选的图书亲自送到孩子们的手中，开展读后感征文活动，让农村少儿充分享受到阅读的乐趣。

第三节 少儿阅读指导

一、阅读的重要性

第一，阅读是少儿获取知识、开阔视野的最佳途径。知识的来源有两个方面：一是自己的经验，二是别人的经验（传承的知识）。从无知到有知、从知少到知多，阅读是人一生中最重要的学习方式，它是搜集处理信息、认识世界、发展思维、获取审美体验的重要途径，使人拥有了思想和智慧，改变了生活质量和命运。

第二，阅读有助于形成良好的道德品质和健全的人格。少儿时期读过的优秀书籍、听过的故事、背诵的古诗词，将影响孩子的一生。阅读是与作者心灵的沟通与对话，是由一个生命进入另一个生命的融合重建过程。少儿的自我认知、文化认同、人际交往、融入社会等问题都可以借助阅读实现。通过阅读可以启迪孩子的心智，使少儿形成正确的世界观、价值观，拥有良好的道德品质和健全的人格。

第三，阅读培养少儿自学思考的能力。人的一生中，自学思考和创新能力是最重要的能力。而创新基于自学和思考，自学和思考又基于视觉语言——阅读能力。培养少儿读书思考的好习惯，提出问题、分析问题、研究解决问题的能力是非常重要的。教育家苏霍林斯基说："积30年之经验，我确信少儿的智慧取决于阅读。"所以要培养孩子从小爱书、读书、爱思考的好习惯，奠定终身学习的基石。

第四，阅读让少儿拥有快乐的童年。一个人的童年只有一次，所以要尊重少儿的选择，让少儿自主阅读。优美的童话、寓言、绘本故事、古诗词等会在少儿幼小的心灵里播下幸福、快乐的种子，开出美丽的花朵。阅读给孩子带来的是生命的快乐和生活的实感，这些会成为吸纳新事物和知识的能力，成为朝向人生目标的一种精神素质。阅读仿佛是一点火种，即使一点点，只要时机适当，也足以点亮孩子心中的那一盏灯，它把一个世界打开在孩子面前，引导他们去感受、去体会，使他们长大后拥有一颗丰富细腻的心灵。

二、阅读指导的重新认识

（一）少儿图书馆"以人为本"，或者以读者为本，最核心的是满足读者的多元化阅读需求

少儿图书馆的基本社会教育职能是让更多的读者走进图书馆、利用图书馆，不断提高他们的阅读水平，不断提高他们的思想道德素质和科学文化素质，培养和造就一大批适应社会主义现代化建设需要的合格的接班人。在具体工作中，牢固树立并坚持少儿读者是图书馆主人的服务理念，在保留传统优势服务模式的基础上不断创新，积极探索服务内涵，更好地适应新的阅读需求，促进少儿全面发展，是少儿图书馆在新的历史条件下的基本服务内涵。

（二）阅读指导是少儿图书馆读者服务工作的基本内容

阅读指导主要包括两个方面：一是阅读能力，即读者的阅读意识、阅读技巧、阅读内容、读书目的及阅读行为等方面辅导；二是图书馆利用方面的辅导，即目录查询、图书馆使用、工具书利用及图书馆推广等方面的辅导。

图书馆中的阅读指导应该体现如下特点：第一，主体性。主体性强调阅读活动中的中心对象是少儿读者，阅读活动中的内容和方式设计应根据他们的阅读需求和现状进行调整，根据少儿的阅读心理和其发展规律策划和实施阅读活动，使其更具针对性；第二，服务性。明确阅读指导首先是一项读者服务工作的基本服务内容，提高少儿读者阅读水平，促进少儿身心全面发展必须通过对少儿读者全程服务来实现；第三，互动性。阅读指导是图书馆与少儿读者共同进行的体验性感知活动，"导"动"读"不动或是"读"多动"导"少动，都不能称其为完整的阅读指导。"导"与"读"二者间应该是对等的多方位的交流与共鸣；第四，社会性。阅读指导不仅要贯穿图书馆读者服务工作始终，更要发挥少儿图书馆在家庭教育、学校教育和社会教育中的桥梁纽带作用，为家庭、学校开展阅读指导提供相关服务，使少儿读者能够得到方便快捷高效的阅读指导。

（三）对少儿阅读活动需要重新认识，这是深化阅读指导服务的前提和基础

阅读是一个认知和言语交际的过程，也是极为复杂的生理、心理过程。其中对阅读成效的影响因素是多种多样的。少儿的智力水平、生理条件、兴趣和个性、社会经济文化背景、语言基础、学习方法等无一不影响着少儿阅读技能的提高。少儿的阅读行为总是在社会环境中进行的，所以社会的差异性会对少儿的阅读行为产生不同的作用。

三、图书馆与少儿阅读指导

（一）图书馆在少儿阅读推广中的优势

1. 提供全免费服务

图书馆作为少儿阅读推广机构之一，属于公益性事业单位，从2012年起，图书馆开始实施全免费、零门槛服务，是各级各类公共图书馆和少儿图书馆是重要阅读推广机构。公共图书馆的宗旨就是"一切为读者，为一切读者"，践行馆藏建设、资源布局、读者服务、行政管理等"一切活动"均体现"以读者为本"的原则，使"一切读者"都可以自由平等地走进图书馆，利用图书馆的各类型产品、资源和服务。这就使图书馆服务工作与当前阅读推广中的商业气息或利益驱动彻底划清了界线。

2. 具有丰富的工作经验优势

在长期的少儿读者服务工作中，图书馆工作人员积累了丰富的少儿阅读推广经验，整理了一套完整的阅读推广机制，具体表现在营造良好的少儿阅

读环境、组织丰富的少儿阅读活动、增强少儿阅读指导等方面。比如，少儿的主要阅读场所是学校、家庭、书店和图书馆，这些阅读活动又各自有各自的特点，而图书馆的特点是阅读具有综合性，阅读伙伴可能每天都在改变，并且有特别强的自主性。为此，在少儿阅览室的装修中，阅览桌椅的选择和布置以及书籍品种等对少儿要有吸引力，符合其生理、心智特点，这属于物理环境建设。配备熟悉少儿教育、对少儿有亲和力、具备少儿读者教育学知识的图书管理员，则是对图书馆人文环境建设的努力。

（二）图书馆开展少儿阅读指导的必要性和重要性

我国国民总体阅读率呈下降趋势，随着信息时代的发展，越来越多的人选择电子阅读书籍，虽然这也是一种阅读方式，但是其缺少仪式感，与在图书馆中阅读相比较而言，随意性较强，所接收到的信息质量是不一样的。所以说，这不能算是真正的阅读。提高国民阅读率已经成为了一项比较紧急的任务、很多专家学者目前都提出了要确立图书馆在市民生活中"第二客厅"的地位，培育市民的图书馆情结。

早在1995年，联合国教科文组织就把每年的4月23日确定为"世界读书日"，并发出宣言："让世界每一个角落的每一个人都能读到书。"培养全民的阅读习惯、营造读书的良好氛围是图书馆的重大责任，而培养习惯的最佳时间就是少儿时代，因此少儿图书馆的作用不可小觑，因为只有阅读能力的提升，才能有整个生命质量的保障。如何开展正确有效的阅读指导工作，找到鼓励中国孩子阅读的各种方法，是当务之急。

阅读是获取外界信息非常重要的渠道之一。尤其对于青少年来说，从阅读中更可以获得跨越时间、空间界限的，在家庭中或学校比较少接触到的信息。从小时候的童话故事中，孩子们懂得分别善恶美丑，建立最基本的道德价值观；从教科书中，学生们懂得了万事万物的潜在规律性，并且明白了什么叫辩证性的发展；成年人更是从阅读的过程中得到了有关生活和心灵各个方面的经验和教训。在这样的几个阅读阶段中，第一个是非常重要的基础阶段，但是，往往不能由我们自己选择阅读的内容，而主要是由家长进行启蒙教育，并且阅读的数量和质量维持在大致相同的水平。但是到了中学阶段，学生对于阅读的兴趣会形成一个高峰，并且是第一个有自主权和选择能力的阅读高峰，他们的阅读口味会受到方方面面的特别是来自周围同伴和社会潮流的影响，这就导致这样一种现象：虽然他们有自主权选择阅读，但是多数人的阅读习惯和喜好是被动养成的，不能进行有效阅读，即无法积极地选择多范围的多类型的读物来扩大自己的知识面或解决问题，而是任由阅读兴趣自由发展，阅读类型单一。因此，少儿图书馆作为青少年阅读教育基地，对他们进行正确的引导性的阅读指导是非常重要而且必要的。

1. 有利于少儿终身学习能力的培养

少儿学习知识固然是重要的，但更重要的是要使其具有独立获取知识的能力，阅读则是少儿独立获取知识的重要途径之一。少儿图书馆利用丰富的馆藏文献资源，通过各种方式，给少儿创造良好的阅读环境，在潜移默化中引导少儿享受阅读的乐趣，培养他们独立阅读的能力，使阅读成为一种习惯，成为其主动获取各种知识的重要手段。因此，少儿在利用图书馆来进行自主学习的同时，也学会了自己制订阅读计划，广泛阅读各种类型的读物，从而逐步培养起探究性阅读和创造性阅读的能力，为他们终身学习打下坚实的基础。

2. 有利于顺应阅读社会的趋势

多读书、读好书不但是每个人陶冶情操和增长知识的有效途径，更是普遍提高公民素质的社会行为。联合国教科文组织早在1982年就向全世界发出走向阅读社会的召唤，要求社会成员人人读书，图书成为生活的必需品，读书成为每个人日常生活不可或缺的一部分。近年来，我国党和政府也一直致力于推动我国阅读社会的建设，号召开展"全民阅读"活动，倡导建立人人热爱读书的阅读社会和书香社会。少儿图书馆则充分提供了适合少儿阅读的文献信息资源，通过加大阅读指导工作的力度，培养少儿从小喜欢阅读的良好习惯。这不仅是培养了未来的阅读爱好者，更促进了社会阅读风气的形成，从而推动阅读社会的建设。

3. 有利于教育职能的发挥

教育职能是少儿图书馆的基本职能之一，阅读指导是少儿图书馆履行其教育职能的重要内容。随着教育改革的深化和素质教育的全面推进，少儿读者从繁重的课业负担中解脱出来，使那些喜欢读书的少儿可以有更多的时间利用图书馆进行课外阅读，这为图书馆充分发挥其教育职能提供了良好的契机。

四、少儿阅读指导工作

（一）少儿图书馆开展阅读指导工作的对策

1. 构建合理的阅读资源

少儿图书馆的读者群体有其自身的特点，低、中、高各个年龄段和年级的学生有不同的阅读倾向、兴趣、心理，应该针对他们的特点在馆藏资源建设中把好文献采购质量关，从源头上制止一些带有不良影响的书刊进入图书馆，尤其要警惕对思想不成熟、价值观正在形成过程的少儿读者带来的危害的书籍。重视馆藏资源的广泛性和学科的完整性，调整优化文献结构，切实建立起一个藏书数量足、质量高、结构合理、各类文献齐全的阅读资源体系。

2. 设计人性化阅读环境，引导孩子爱读书

少儿图书馆在空间、装饰、布局等方面的设计，要符合少儿心理和审美特点，创建人性化的阅读环境，让孩子在精神上亲近书籍。整洁明亮、充满童趣的阅读环境使孩子感到美观、舒适、宽松，让孩子觉得自由、愉快、温馨，拿起一本书或立或坐地阅读，既是一种享受，又在不知不觉中受到阅读的熏陶。

3. 加强人才培养，建立专业化的阅读指导队伍

阅读指导的规划和实施都需要专业化的人才，阅读指导人才除需要了解文献资源分布、具备图书馆学相关专业知识外，还必须懂得少儿心理，掌握良好的沟通技巧，并接受专业化的阅读指导训练，在阅读指导的规划和实施

组织上发挥作用。图书馆应鼓励馆员培养自身多元化的知识结构和阅读兴趣，树立馆员的专业指导形象，为少儿图书馆阅读指导工作奠定坚实的基础。

4. 开展新书好书推荐和导读工作

利用板报、网上推荐等宣传阵地，向少儿推荐新书好书，以扩大新书好书的感染力和吸引力，帮助和引导少儿多读书、读好书。推荐读物应思想内容健康，语言文字规范、知识性兼顾、易被孩子接受的读物。在开展导读服务工作时，要针对少儿年龄特征、心理特点，开展不同层次的导读工作。例如，由于学龄前少儿心智尚未发展成熟，活泼好动是他们的天性，所以在选择书籍方面应该挑选娱乐性较强、色彩艳丽的书籍，吸引少儿的注意力。而中小学生已具备一定的阅读能力，就要推荐中外名著、科普读物、道德文章等优秀作品，教育他们尊重优良传统文化，提高精神境界，使图书馆的推荐和导读服务工作起到引领孩子阅读方向，培养阅读兴趣的主导作用。

5. 积极开展形式多样的阅读活动，弘扬阅读风气

少儿图书馆要大力开展符合少儿心理特点、形式新颖、富有时代气息的阅读活动，激发和培养孩子们的阅读兴趣。透过活动，让少儿感受到阅读的愉悦，而且更能调动他们阅读的积极性。同时，利用孩子们之间的相互推荐、相互交流的特点，将优秀的读物在他们中间传播。

图书馆要有计划、有目的地组织小读者参观图书馆，帮助少儿了解图书馆的各个职能部门、借阅程序、规章制度等，介绍文献检索的基本方法和技巧，目录的种类和使用方法，工具书的作用和使用方法，让小读者了解图书馆，热爱图书馆，掌握一定获取信息的方法与技能，使他们更好地利用图书馆的文献资源。

读书后，总会有一些感受和体会想与人分享。图书馆应多创造机会，如举办书友会等，让少儿读者各抒己见，开展多种形式的讨论、读书笔记的展示等，为小读者搭建一个交流阅读心得的平台，分享彼此的心得和体会。这种做法有助于读者表达能力的提高，更是读者提升思想、净化心灵的过程。

6. 开办家长学校，鼓励亲子阅读

少儿图书馆可聘请少儿教育专家、知名教师、社会知名人士等定期开办讲座，向家长宣传亲子阅读重要性，传授少儿阅读指导的方式方法。父母爱读书、会读书、读好书是对子女最好的阅读指导。少儿现在基本都是独生子女，孩子在父母心中的地位也越来越重要，家长现在也越来越重视对孩子的早期教育。亲子阅读的效果比馆员辅导阅读好，既可以帮助孩子克服对陌生环境的不适应，又可满足他们依恋家长的心理需要，从而喜欢来图书馆阅读。

少儿图书阅览室应该收藏少儿教育学、少儿心理学以及文学名著、科普文史等各门类的优秀书刊，拓宽家长的知识面，也可聘请少儿教育专家、知名教师和社会知名人士来图书馆定期开办讲座、少儿心理咨询等活动，向家长介绍少儿阅读的方法和技巧，宣传亲子阅读的重要性，传授少儿阅读指导的方式方法，让更多的家长了解阅读对孩子的意义。

7. 培养信息利用能力，提高信息素养

在少儿读者的阅读指导中，应注重培养他们的信息能力，提高信息素养。培养信息素养的有效途径就是阅读与网络、影视连接。网络与影视对阅读倾向和阅读兴趣有直接影响，如果将热播的影视作品同步阅读，将取得很好的效果。另外，引导少儿读者健康上网，辅导他们正确地使用网络、辨别正确的信息，教会他们掌握各种浏览器的下载，网络搜索引擎和使用方法，这也是少儿图书馆的阅读指导任务之一。

8. 加强校园图书馆合作，将阅读指导引入课堂

幼儿园和中小学是少儿图书馆最紧密的合作伙伴。阅读指导的内容可直接开设到课堂上，由馆员和教师共同研究少儿阅读心理和阅读行为，一起开展有关阅读指导内容的教学工作。

（二）少儿图书馆分级阅读指导中的策略分析

1. 掌握学龄前的少儿特点，进行分级阅读指导

由于学龄前少儿生性活泼，对外来新鲜事物产生的好奇心大，但是其认知能力相对较低，在对很多事物的喜欢上，完全凭照直观的形象来决定的。

因此，在挑选学龄前少儿书籍时，可以主要以图画、颜色为主，这样能在最大程度上吸引学龄前的少儿产生阅读兴趣。少儿图书馆在对馆内图书进行采购时，可以主要针对学龄前少儿进购一些图文并茂的童话故事，或者看图故事等，符合学龄前少儿整体的认知特点。在阅读的方式上，可以在采取分级阅读指导的同时，有效开展亲子阅读服务，这样不仅能够提高少儿的阅读兴趣，还能增强少儿的阅读能力。

2. 掌握小学时期少儿的特点，进行分级阅读指导

少儿在进入小学以后，就真正地开始了正式的学习。小学时期，少儿的阅读能力有所提升，所以，在选择阅读书刊时更多是有着自己的想法。根据相关调查资料显示，小学低年级时期，课外阅读书籍类别最多的是寓言故事或者童话故事等。所以，少儿图书馆在购买小学阶段图书时可以进购一些关于《十万个为什么》《安徒生童话》《一千零一个故事》等书刊，使小学生在充满惊险、刺激、真、善、美的故事当中获取有价值的阅读经验。

3. 掌握中学生的阅读特点，进行分级阅读指导

由于中学生普遍都是正处于人生、社会价值观的初步形成时期，所以这个时期的学生是人生整个阅读过程当中的关键时期，而处于中学这个时期的学生思维逐渐走向成熟，求知欲也是达到前所未有的旺盛，所以阅读的兴趣相对比较广泛。

有的中学生开始对名著、名人文章感兴趣，也有的学生开始对我国的历史历程产生了兴趣，还有的学生开始喜欢科幻故事、武侠故事等。而对于这个阶段学生的阅读指导，图书馆可以把阅读书刊与中学的教学课程相互结合，这样在很大程度上提升了中学生整体的阅读写作能力，帮助中学生树立正确的阅读目的。

（三）基于"互联网+"思维的图书馆少儿阅读推广方式

受技术条件影响，图书馆传统少儿阅读推广主要局限于馆内、馆外的文献推荐、宣传海报等方式，方式单一，范围有限。现如今，利用互联网技术，

在"互联网+"思维指导下,图书馆进行少儿阅读宣传推广的工具、平台、媒体也随之多样化,覆盖范围更广,受众率更高,宣传效果更明显高效。

1. 微博

如今,微博作为一种通过关注机制分享简短实时信息的广播式的社交网络平台,拥有越来越多的用户群体。据统计,越来越多不同类别和级别的图书馆注册微博账号,通过微博账号进行信息发布、阅读推广、信息宣传等。图书馆可以利用微博平台进行少儿阅读推广活动,如定期向关注用户推荐适宜不同年龄段少儿阅读的书籍,分享电子阅读文献、宣传馆内推广活动等。

2. 微信公众号

自2011年腾讯公司推出微信以来,微信陆续提供公众平台、朋友圈、信息推送等功能,目前已经是亚洲地区最大用户群体的移动即时通信软件。各级图书馆也充分利用微信这一平台,注册自己的公众服务平台,向关注用户介绍馆藏信息、推送阅读资源、解答即时咨询等。在图书馆少儿阅读推广方面,图书馆微信公众平台可以组织少儿或者少儿家长创建用户交流群,给少儿用户提供阅读交流的平台,积极给关注用户提供科学的阅读资源。

3. 慕课平台

慕课平台是大规模开放的在线课程,网络用户可以在慕课平台上自由选择所需课程,对感兴趣的内容进行科学系统地学习。图书馆可以充分利用慕课平台,在慕课平台上开展不同的课程,进行少儿阅读推广。例如,针对幼儿家长,图书馆可以开展幼儿阅读推荐课程,在课程中向家长推荐适合幼儿阅读的资源,帮助幼儿家长对幼儿进行阅读指导。针对可独立完成阅读的学龄少儿,图书馆可以开展文献资源导读课程,在课程中分析阅读资源,帮助少儿深入理解阅读资源,形成良好的阅读习惯。

4. 网络有声化平台

随着互联网技术的发展,越来越多的网络有声化平台走进了人们的生活,如喜马拉雅听书、酷我听书、懒人听书等。在网络有声化平台上,人们转变了传统阅读方式,通过各式各样丰富的阅读方式来获取知识。图书馆进行少儿阅读推广时，可充分利用网络有声化平台，在平台中录制适合少儿阅读的书籍，定时更新，吸引读者前来阅读。同时图书馆也可在馆内组织活动，向少儿征集阅读内容，指导少儿进行书籍阅读录制，使少儿积极参与朗读自己喜欢的内容给其他小朋友听，从而激发少儿阅读兴趣，推广少儿阅读。

第四节　少儿阅读的重要意义

一、中国少儿阅读现状

根据2011年全国国民阅读调查报告显示，9~13周岁少儿是否喜欢阅读的研究结果为：57%的少儿认为"喜欢，经常看"，35.1%的少儿认为"喜欢，但不经常看"，6.9%的少儿认为"不喜欢，基本上不看"，甚至有1%的少儿回答为"说不清"。根据第六次国民阅读调查数据显示，88%的家长认为孩子不读书的原因是"孩子太小还不会读书"。进一步研究数据表明，57.3%的家长认为0~1岁孩子太小不会读书，另外26%和10.6%的家长持有这种观点时，孩子已经分别为2岁，甚至是3岁。可见，少儿的阅读习惯养成和对图书的喜爱程度具有较强的可引导性。

（一）少儿阅读普及率较高，小学中高年级至高中少儿读书最多

我国的少儿第一次接触图书大都在其出生1到3岁之间，比较起英美等发达国家所倡导的从0岁开始阅读，呈现相对的滞后性。导致这一现象的重要原因是由于我国部分家长的认知误区，即认为刚出生的婴儿缺乏对声音、图像等阅读内容的感受和认知能力。

同时，我国0~8周岁少儿的年平均阅读图书数量也远低于英美等国水平。这一方面是由于我国少儿父母大多双方都上班，能与少儿进行引导阅读和共同阅读的时间相对有限；另一方面也是由于父母、幼儿园、出版社、图书馆等对学龄前少儿阅读的重视程度不够。从小学中高年级开始，我国少儿的图书阅读逐渐增多，其中部分原因是少儿在这一阶段开始掌握一定数量的

文字基础，可以开始独立阅读全文字类的图书；更重要的原因是由于课业和学习的需要，应试目的性的教辅教参类图书阅读大大增加。

（二）少儿读物人均拥有量较低且分布不均匀

造成少儿读物人均拥有量较低且分布不均匀现象的原因主要有以下两个方面：

第一，少儿读物出版的不完善。虽然近年来我国专业和非专业少儿读物出版社、编辑室、报刊社不断涌现，但是由于缺乏少儿读物出版经验、国内少儿作家资源有限以及追求短期效益等原因，少儿读物呈现定价昂贵、内容重复陈旧、故事成人化缺乏趣味等缺陷，大大抑制了普通家庭，特别是较为贫困的农村家庭的少儿读物购买能力和欲望。

第二，少儿阅读公共资源的缺乏。随着我国公共图书馆事业的发展，越来越多的少儿图书馆、图书室开始出现。一方面，这些少儿图书馆、图书室主要集中在东部、南部、沿海等较发达城市地区，对农村及中西部欠发达地区的覆盖非常有限；另一方面，这些已有的少儿图书馆、图书室也普遍存在着少儿图书数量较少、更新较慢、排架陈列管理方式不完善等现象。同时，也存在着图书馆用户对少儿阅读室了解和使用较少，图书馆员少儿阅读指导能力经验有限等问题。

（三）功利性阅读和应试阅读占据主要地位，电子阅读、网络阅读等新型阅读方式同样波及少儿阅读

我国少儿文学研究所所长朱自强在采访中曾说："当下青少年阅读的现状：功利性阅读多，情趣性阅读少；'浅阅读'多，'深阅读'少；图像阅读多，文字阅读少。"影响少儿阅读生活和阅读倾向的主要因素和力量包括家庭环境、教育环境和社会环境。就家庭环境来说，当代中国，家庭藏书和家庭阅读氛围的建设尚未全面普及，家长更多的重视少儿的功课学习及特长培养，对少儿阅读，特别是非课辅类阅读持不关注、不重视的态度，有的家长甚至由于认为阅读"闲书"会影响少儿学习从而限制少儿对图书的选择、购买和阅读。

21世纪第一个十年的末尾，网络阅读、手机阅读，以及各种手持电子终端阅读强烈冲击着传统的纸本阅读模式。虽然出于阅读终端的价格、操作的复杂性，以及可能对少儿视力造成的影响等顾虑，少儿阅读仍然以纸质图本为主，但是当手机和电脑成为中小学生的标准配备，这些新型的阅读方式也正逐渐影响着少儿阅读。

二、阅读的意义

（一）少儿阅读的重要意义

1. 开发智力和获得各类知识信息的基本途径

人类通过三种途径获得知识：一是劳动实践，即人类在改造自然、改造社会的活动中直接获得经验知识；二是道听途说，通过人们的言语传递，获得知识；三是阅读，即利用各种类型的文献资料获得知识。比较之下，由于我们不能对每一件事都做到身体力行、通过亲身实践从中求知，而道听途说，又十分容易失真，所以只有阅读这种获取知识的途径，才是我们最经常、最有效、最基本的手段。

既然阅读是获得知识的最佳选择，那么少儿阅读是值得关注的，这是因为它与少儿的智力发展水平息息相关，即随着年龄的增长，随着少儿阅读过程从初级、中级到高级逐渐递增，他们的理解问题、分析问题能力会不断提高，所获知识内容会不断向横向、纵向扩展。由此可见，阅读将伴随人的一生，作为人们不断进取、不断提高的桥梁，而少儿阅读是整个阅读过程的关键期。

目前，少儿读物图文并茂、文字优美、风格多样、富有情趣，通过阅读可激发少儿感官（视觉、听觉、触觉）的敏锐性，促进他们思考和发问，培养少儿对大自然以及周边人和事的观察能力，积累其感性知识和提高少儿的感受力和理解力，并扩展其创造性思维和想象力。

既然好奇心促使少儿在阅读中常常提出"为什么""怎么办"等问题，那么家长和老师应及时捕捉少儿所提出的有价值的问题，指导他们去猜想和假设，支持他们把书中的问题拿到实际操作中去探讨，形成发现问题—提

出猜想 — 付诸实践 — 寻找答案或再次发现新问题的良好探究过程，在验证猜想中理解、掌握书中的结论，培养少儿自学、实践的能力和亲知好学、尊重科学的精神。这一切为少儿可持续性发展奠定了坚实的基础。

2. 培养青少年思想品德、陶冶情操的重要手段

少儿阅读在培养青少年的思想品德、陶冶情操方面的作用是潜移默化的。阅读可以使少儿了解人与自然、人与人、人与世界（民族、家庭、社会）之间的和谐、美好的关系，具有对生命的尊重、关爱与敬畏的情感，从而树立正确的理想、追求和积极进取的人生态度。

3. 提高青少年思维能力与口语表达能力的必要方法

阅读本身是一个相当复杂的心智活动过程，即在阅读的过程中，必须进行分析、理解、抽象、概括等思维活动，而且，当我们深刻地理解了读物的内容后，又会产生表达自己内心感受的强烈愿望，于是便要通过演讲、朗诵以至写作等方式再加以抒发、流露。

4. 增强自信心和成就感

自信是成功的支柱，自信来源于对事物的认知，来源于分析和解决问题的能力。勇敢的孩子常说，"我能行，我真棒""有困难我来帮"。胆怯的孩子常说，"我不行""还是你来吧"。喜欢读书的少儿在阅读中广交朋友，在这一过程中无形地会提高自己各方面能力，促进其自信心的养成。

（二）阅读教育对于少儿健康成长的作用

1. 阅读有利于促进内部言语和思维的发展

在阅读的过程中必须进行分析、理解、抽象、概括等思维活动。而且，在我们通过阅读读懂了书中深层次的含义内容时，又会有想要表现自己内心观后感的想法，这时，可以借助朗诵、写作等途径。经常阅读可以促进孩子思维敏捷和思维发散，帮助提高孩子的口语表达能力，使少儿不仅在写作方面能力较强，同时还能提升演讲能力。

2. 阅读有利于培养学习兴趣

在学习活动中，兴趣起着定向和动力的双重作用。少儿的注意力水平，

是决定学习好坏和心智发展快慢的最基本条件。阅读能有效地培养少儿高度集中的注意力和浓厚的学习兴趣,大量阅读还有利于兴趣的保持,使学习动力定型,使学习兴趣稳定而持久。

3. 阅读能有效培养少儿的自我教育能力

阅读优秀的文章,不但能丰富知识,开阔视野,同时还能有效地进行自我教育,是少儿进行自我教育的有效途径;阅读还能带给少儿快乐和梦想,塑造心灵,构建精神家园。例如,少儿通过阅读历史,从中吸取成功的经验与失败的教训;通过阅读自然科学的图书,可以在前人创造的基础上进一步发明、创造,并用于实践。

(三)亲子阅读对于幼儿身心成长的特殊意义

1. 让幼儿爱上书本,激发其求知欲

幼儿天生就爱听故事,《格林童话故事》《365夜故事》《伊索寓言》等都是他们的最爱,故事里的各类人物造型、动物都会成为他们喜爱的对象。而幼儿园的孩子由于年龄小、认字不多,最喜欢的事情便是听故事了。著名的少儿文学家严吴婵霞老师说过:"很少会有少儿自己爱上书,一定要有人诱导他们进入文字的奇妙世界,给他们指示阅读的途径。"这些都说明在长期亲子阅读的引领下,幼儿会很自然地爱上书。

2. 帮助提高幼儿的阅读理解能力,激发其创造性思维的发展

著名童话作家郑渊洁说过这样一句话:"读书是为了吸取前人的知识,启发自己的灵感,最终利于读书人的创造性思维。"阅读可以使幼儿涉猎多方面的知识,如文学、历史、地理、科学、政治等,增广见闻,对学习大有裨益。我们可以根据幼儿的年龄特点,为他们提供一些适合的书籍,例如,他们都特别喜欢的《365夜故事》《格林童话》等,让这些经典故事润泽幼儿的心灵。少儿可以从书中领悟知识海洋的奥妙,体会阅读的趣味。

亲子阅读看起来是一种很简单的阅读方式,父母讲、幼儿听,其实在共读的过程中幼儿不仅会认识许多汉字,而且能学习到许多词句。幼儿听故事的过程,也是他们学习语言、运用语言的过程,同时会使他们产生许多联想、

疑问，诱发思考。因此，亲子阅读不但可以帮助幼儿积累丰富的知识和美妙的语言，更能激发他们的创造性思维，使他们越发聪明起来。长期坚持亲子阅读的幼儿语言能力特强，大多数口齿伶俐、能言善辩，在听、说、读、写方面远比不爱阅读的幼儿高。

3. 培养幼儿与人的协调沟通能力，提高幼儿的社会交往能力

娇生惯养、自私、自我已经成为当代幼儿的特点，如何让幼儿学会和他人沟通协调，是我们家长和教师需要重视的问题。除了在日常生活中的点滴学习外，我们可以和幼儿一起读一些好书，通过书本的阅览，让幼儿在听故事中学会做人的道理和方法。

4. 帮助幼儿积累词句，为日后写作做铺垫

在和幼儿共同阅读的过程中，家长可以引导他们认识一些经常用的字，帮助他们理解不懂的词语和句子。通过家长的讲解和分析，幼儿很容易理解阅读的内容和要点。这过程不仅可以帮助幼儿增加词汇、理解词义、积累词句，更重要的是为他们进入小学后的写作打下了良好的基础。

5. 培养幼儿独立思考的能力，帮助他们树立自信心

少儿由于年龄较小、生活经验的不足，对很多事情都充满了好奇和挑战，同时，他们也缺乏解决事情的能力。作为家长，在阅读的过程中可以去引导孩子在碰到困难时该如何去做，从书本当中丰富孩子的精神，拓宽孩子的眼界。例如，很多家长都会让幼儿阅读绘本，但是如果只是让他们自己去阅读，特别是对于幼儿园的孩子而言，可能他们很难理解书中的意义。

因此，家长要和幼儿共同阅读、和他们共同讨论，先让幼儿用他的理解来表达自己的看法，然后家长再发表自己的观点和认识，相互讨论，分享各自的心得。在和幼儿共同阅读的过程中，家长可以针对书中的内容，给幼儿提出问题，让幼儿去思考，可以根据自己孩子的发展水平提问，从简单到复杂、从小到大、从易到难，层层深入，循序渐进。家长可以引导幼儿去思考问题，教会他们一些思考问题的方法，幼儿边读边吸收，边分析边理解，逐渐学会

并养成了独立思考的习惯和能力。这样的一个互动过程，是帮助幼儿增强自信心的有利途径。

三、图书馆提高少儿阅读质量措施

（一）丰富公共图书馆的藏书资源

公共图书馆要加强馆藏资源建设，引进内涵丰富的优质阅读资源。例如，经典、传统、名著等图书类型，具体包括《论语》《孟子》《中庸》《三字经》等；丰富类型设置，艺术类包括书法类、绘画类、音乐类、舞蹈类，文学类包括国学启蒙、古汉语、红色教育，教育类包括语文、数学、英语、历史、拼音、识字。据统计，少儿最喜欢的读物类型排名如下：漫画、少儿文学、少儿教育、益智游戏、百科科普。

公共图书馆要定时选购新颖的、带有趣味特性的少儿图书，侧重实际应用、趣味性强、意义深远的图书。另外，公共图书馆要加强部门之间的通力协作，加强与公共教育机构和公共培训机构的协作，共同促进少儿阅读。有教育意义的图书是家长的首选，孩子能从中受到良好的教育，公共图书馆推荐这些书籍，有利于激发少儿的阅读兴趣和阅读动力。

（二）公共图书馆配备专业的少儿馆员

目前，少儿阅读活动从人员配置、经验积累、组织策划方面还有提升的空间，公共图书馆少儿阅读区工作人员要不断提高专业技能。少儿图书馆员应了解少儿心理学，熟悉少儿心理特征、行为能力特征；提高组织策划活动的能力、演讲的能力和主持活动的能力。专业的少儿馆员能够通过引导提高少儿的阅读能力、独立学习能力和独立思考能力，通过启发教育激发少儿的想象能力、思考能力、创造能力、欣赏能力和动手制作能力。

（三）公共图书馆营造浓郁的阅读氛围

浓郁的阅读环境能够促进阅读质量的提高。宁静的阅览区、亲子阅读书房、宽敞的活动室、自由交流的小课堂，都能引起少儿读者的阅读兴趣，让少儿感受到图书馆带来他们的快乐。图书馆建筑本身就是一种文化精神的体现,开放的阅读空间体现了思想自由、文化交流的氛围,流动的设计形式体现了一种灵动的流动感,童话故事具像空间能带领少儿读者走进幻想时空。

动静分离的室内布局,可以营造浓郁的读书氛围和典雅舒适的阅读环境。公共图书馆在阅览室空间布局上要满足少儿的精神需求,设立专员咨询指导,配备阅读指导教师,全面有效地普及语文知识和阅读指导的专业知识,促进少儿阅读习惯的培养和阅读能力的提升,推动图书馆阅读资源与学校教育的融合发展。

(四)公共图书馆开发少儿读者主动阅读的兴趣

公共图书馆要尊重少儿自主选择读物的权利,防止少儿被动阅读,消除逆反心理,逐步提高阅读兴趣。孩子如果被动阅读,只能阅读由家长选出来的书,这会让孩子从一开始就感觉阅读是安排的作业,从而无法调动孩子阅读的积极性。对于孩子的阅读喜好,成人需要进行循序渐进地引导,慢慢达到主动阅读、阅读优质图书的目的,不可强加或过于干预阅读内容的选择。利用图书馆资源、培养少儿读者的阅读兴趣、培养少儿读者阅读的主动性,重点在于培养少儿"读"与"动"的结合,如"读故事、讲故事、谈故事、写故事、演故事、画故事",充分运用技巧来读,充分调动少儿阅读的积极性。

(五)搭建平台,增强少儿阅读自信心

自信是一个人走向成功的最基本的心理条件。一个充满自信的孩子和一个灰心丧气甚至自卑的孩子各自都在阅读,但阅读效果是截然不同的。阅读自信心是孩子成才不可缺少的重要心理品质,唤醒和培养孩子阅读的自信心,已成为少儿图书馆的一种责任。

少儿图书馆在开展各种活动中,应创造条件让孩子亲身体验成功的味道,鼓励孩子发挥主观能动性参与组织活动,适时采用夸赞、鼓励、榜样、欣赏等方法来培养孩子的阅读兴趣和自信心。可根据实际,将少儿参加阅读比赛的获奖作品展示在少儿图书馆里,利用少儿图书馆网站,开设"阅读一得"专栏,为少儿提供一个能充分展现自我的平台,以此提高他们的阅读自信心。广西少儿图书馆在开展的网页制作比赛、绘画比赛等活动时,将获奖作品在馆内、网站上进行展示，给孩子提供了良好的展示平台，使孩子在活动中不断增强自信，促进情感交流，大大提高了阅读兴趣和阅读质量。

第五节　少儿阅读的发展与思考

一、少儿阅读需求特征

（一）少儿阅读需求特征

1. 通俗性

少儿读者有着广泛的阅读需求，除了希望从图书中获取知识外，还希望从图书中获取快乐。少儿读者阅读能力和理解水平不强，还不能够去阅读那些理论性强、层次深的图书，相比较而言，他们更喜欢阅读知识与童趣相交织的图书，如卡通漫画、少儿文学等，这样的图书有着简单易懂的语言、精美生动的图画，在阅读的过程中能够愉悦地汲取知识。比如同样是宣传传统美德的书籍，漫画版会让幼儿读者更喜欢阅读，因为漫画版比其他版本的书籍更具备通俗性，能让少儿读者真正融入图书所描写的世界。

2. 少儿阅读需求的层次性

由于少儿读者的年龄阶段不同，其理解能力、接受能力、消化能力也各不相同，因此，他们的阅读需求也不一样，具有层次性和阶段性。学龄前少儿开始学习汉语拼音，只认识少许汉字，在阅读中会出现比较严重的文字障碍，主要运用形象思维思考问题，想象力丰富。色彩明亮、图画有趣、文字简单、情节生动的以图片为主的图书容易激发他们的阅读积极性；年龄较低的读者已能够熟练使用汉语拼音，掌握不少汉字，在阅读中出现的文字障碍已有所减轻，开始学着运用理性思维思考问题。语言幽默、情节生动、图文并茂的拼音读物容易激发他们的阅读积极性；高学龄少儿读者文字障碍已基本消除，开始拥有自己的阅读兴趣和阅读爱好，可以独立阅读，以文字为主、图画为辅的故事性强的图书容易激发他们的阅读积极性。

3. 少儿阅读需求的从众性

少儿读者由于缺乏独立思考的能力，明辨是非的能力还不完全，容易受到同年龄人群的影响，产生从众心理，也叫作群体效应。少儿读者之间经常会产生心理共振，误把他人的阅读需求当成自己的阅读需求，出现"阅读扎堆"的局面，比如在某一阶段对《喜羊羊与灰太狼》图书的喜爱就可见一斑。

（二）少儿阅读的多元化需求

1. 陪伴分享的需求

分为客观和主观两个方面的需求。一方面，是从客观上保护少儿人身安全角度，需要监护人的陪伴，这种需求与少儿的年龄存在负相关的联系，随着少儿年龄增长而逐渐减弱；另一方面，从少儿主观心理角度，需要监护人共同参与到阅读活动之中。少儿拥有良好的亲子共读体验，对其未来的学习和发展大有益处。监护人（多为父母）进行陪伴阅读，可以通过亲密的感情引导少儿对阅读产生浓厚的兴趣，同时阅读期间的分享和互动又可以增进监护人与少儿之间的感情，形成良性循环。

2. 寓教于乐的需求

由于少儿心智尚未成熟，"有乐趣"的阅读更能激发其阅读兴趣。第一个层次是阅读书籍的形式需要很"有趣"。少儿读者阅读能力和理解水平不强，还不能够阅读那些理论性强、层次深的图书，更喜欢阅读知识与童趣相交织的图书，如卡通漫画、少儿文学等。随着少儿年龄的增长，对书籍形式的需求逐渐降低，对书籍内容的需求逐渐加大。第二个层次是对阅读形式存在"有趣"的需求。可以通过丰富的少儿活动，如举办少儿朗读比赛、专家学者讲座等形式多样的读书活动，让少儿体会到读书的乐趣。少儿在成长的过程中，其每个阶段包括成年之后，如果阅读形式和方法是有趣的，那么会大大提高少儿的阅读积极性，增加其对阅读的兴趣。

3. 甄别选择的需求

少儿阅读时需要对读物进行甄别选择。少儿由于缺乏独立思考和明辨是非的能力，阅读需求易受到他人的干扰，常把他人的阅读需求误作为自己的需求。在少儿无能力进行甄选的时候，作为阅读书籍提供者的公共图书馆和少儿的监护人，就有必要采用合适有效的方式方法来代为甄选。随着少儿年龄的增大，其甄选能力逐渐增强，对借助场馆和家人进行甄选的依赖性逐渐减弱。

二、面向个体读者设计开展阅读活动

阅读是美好的，阅读是快乐的，但是在繁重学业的压力之下，孩子们却难以体会，阅读成了任务，读书成了苦差，于是无聊的电视节目、暴力的电子游戏等成了他们释放压力的选择。如何吸引他们走进图书馆，传统的图书借阅已经远远不够，少儿图书馆还应该开展丰富多彩的读书活动，提倡快乐阅读，在潜移默化中传播阅读的种子。

少儿图书馆的读者群以少儿读者为主，按年龄可分为幼儿、少儿和少年，分别对应学前、小学和中学，还有与少儿息息相关的广大家长。

幼儿主要是培养阅读兴趣，以学习生活的基本常识为主，凭借变化着的色彩、图像、文字或者借助成人形象的读讲来理解读物，关于智力开发、生活常识、趣味图画等色彩鲜艳、构图精美的画册最能吸引他们，稍大一点的已具备一定的言语能力，好奇心极强，开始识字，可看懂以图为主的图书，他们的生活内容以游戏为主。

因此，少儿图书馆应充分考虑幼儿的心理特点，设计适合他们的阅读活动。如讲故事活动，选择合适的图书，让孩子们坐在老师周围，在温暖亲和的环境里，由老师声情并茂地进行读讲表演，适时地创造机会，让孩子们自己看，教会孩子们如何看书。如要一页一页地按顺序阅读，看的时候要仔细，注意看懂画面上有什么人物、事物，他们在做什么，看完后能大概知道故事情节和内容，引发看书的兴趣，围绕图书内容适时适当地进行提问，并鼓励孩子们回答，帮助他们理解故事，促进思维能力的发展。也可以让孩子们自己来讲故事，用他们自己的语言、自己的思维表现他们心目中的世界。

小学期的孩子识字量大增，阅读目的逐渐明确，从随意向自发有目的阅读转变，阅读转向现实生活，阅读涉猎面广，但囫囵吞枣，选择鉴别读物能力较低，还没掌握阅读方法，是阅读的危险期，非常需要引导，要以培养阅读习惯为主，辅以阅读方法的学习。小学生阶段是由以游戏为主到学习各类学科基础的过渡阶段，因此图书馆可以在调查少儿阅读爱好的同时，结合学校教学要求，展开各式各样的阅读活动，不仅可以培养少儿的阅读兴趣，也能为少儿的教育奠定一定的基础。

中学生各方面的能力都日益加强，阅读理解与阅读技巧日臻完善，兴趣日益稳定，并乐于进行思索，但又表现出片面性和表面性，阅读活动应该帮助他们学会有目的、有计划地进行阅读，学会正确地分析、鉴别阅读材料，学会选择运用合适的阅读方法，学会深入思考优化阅读过程，在提高阅读能力的同时提高学习能力。但是中学生的课业负担更重，生活中心紧紧围绕升学考试，与学校学习考试无关的事受到更多的排斥，因而少儿图书馆在策划面向中学生的阅读活动时，必须充分考虑学生的学习需要，考虑他们的时间分配等现实问题，要尽量配合学校的教学，争取学校的支持，将阅读活动和学校的学习计划相结合。

家庭和社会对孩子的影响巨大。社会功利性阅读思想已从成人漫延到少儿。学习成绩不好来到图书馆的少儿也只能阅读教育相关辅导书，孩子想要读课外书也因为家长的指责选择放弃。家长选的书孩子不喜欢，孩子选的书家长认为没用，这是当下的一个阅读现象。所以少儿图书馆阅读指导活动的另一个重点是家长。少儿图书馆应收藏少儿教育学、少儿心理学以及文学名著、科普文史等适合家长阅读的各门类优秀书刊，向家长开放，帮助家长拓宽知识面，培养爱读书的家长；设立亲子阅览室，倡导亲子阅读，让家长参与孩子的阅读，启发孩子最初的阅读兴趣；此外还可以开设家教论坛，举办家长沙龙，邀请支持孩子阅读的家长现身说法，让更多的家长了解阅读对孩子的意义；利用宣传栏、网站、馆刊、媒体等多种渠道，向家长介绍指导少儿阅读的方法和技巧；邀请专家，为家长讲授少儿心理，学会为孩子选书，学会指导孩子阅读。

三、少儿阅读的发展

（一）拓展少儿阅读广度和深度的对策

1. 做好推广，促进少儿阅读

孩子良好阅读习惯的培养源于家庭、社会的有效指导。作为公共图书馆，在这方面应该承担更多的责任，图书馆可以在推广早期阅读上下功夫。比如，做好幼儿发展、家庭教育、早期阅读推广讲座；开展家长指导孩子阅读的经验交流活动；开展以图书馆为载体的少儿影视、音乐家庭欣赏活动；开展丰富多彩的图书馆故事会活动。这一系列活动的开展会给图书馆主题推广、少儿阅读兴趣的养成注入活力。

2. 分类阅读，培养阅读习惯

少儿的阅读习惯并不是一朝一夕养成的，而是日积月累的结果。为了培养少儿的阅读习惯，应根据不同年龄阶段的少儿心理特点实施区别化的阅读指导，这样可以有效地培养少儿的阅读习惯。

3. 主题阅读，挖掘阅读深度

所谓主题阅读，是指通过开展主题阅读活动，激发少儿自主阅读的兴趣，并以此类的活动提高少儿的阅读思考能力。针对年龄阶段较低的少儿读者，可以组织他们共同阅读一本书，阅读完毕后可以根据读后的想法创造一个小故事，故事可以是小朋友奇思妙想或者是天马行空后的想法，当然，这一过程是需要小读者与图书馆指导老师共同合作。其目的就是要少儿在读完之后能够深层次地理解书中所传达的思想情感，这对图书馆的老师也是一个挑战，要求图书馆的老师及时充电、不断地加强自身修养，从而把主题阅读活动组织好，使少儿们能够带着问题去阅读、带着思考去领悟、带着感情去讲述。对于年龄阶段较高的少儿，则应组织讨论式少儿阅读主题活动，图书馆指导老师可以引领少儿在阅读的过程中确立一个值得大家共同讨论的话题，大家的讨论不应该止于为讨论而讨论，不应该追求表面的热闹场景，而应在讨论中锻炼表达能力，提高思辨能力，培养团队精神与相互合作的能力。

4. 活动阅读，拓展阅读广度

在少儿阅读活动中，图书馆是少儿课堂学习的有益补充，是少儿课堂学习的有效延伸。公共图书馆应积极建设少儿馆藏，推荐优良读物，举办阅读推广活动；举办"少儿读书会"类似活动，提升少儿阅读力。这种补充与延伸可以极大地拓展少儿阅读的广度与深度。当然，少儿在图书馆的阅读并不是单一化的阅读行为，而应该是一个多元化活动的阅读行为。形式的多样性可以表现为组织课外阅读兴趣小组、开展读书报告会、读书竞赛、演讲会、故事会等。

在参加课外读书兴趣小组活动中，少儿们可以了解到历代先贤与当代名人是如何读书、如何成才的，所读的书籍能够给予少儿什么启迪作用，从而使少儿受到感染、产生共鸣，并成为自身发展的内在动力。要让少儿清楚地认识到：要想在以后的发展中有所建树，必须从当前的小事做起，就要从阅读做起。据此而言，就应该夯实自己的阅读基础，掌握扎实的阅读技巧，培养良好的阅读习惯。当然，多元化阅读并不仅仅局限于此，还应该通过开展专题讲座和读书会的形式，实现多元化阅读向广度与深度拓展，专题讲座和读书会的开展就是鼓励少儿们在阅读后写出并展示自己的读书心得、专题评论，最后则分期分批地将这些成果汇编成集或小报，使少儿们享受到自己劳动的成果，从而在互相的交流中获得成长的动力。

（二）对少儿经典阅读的思考

1. 研究少儿阅读需求和阅读倾向，有的放矢地开展图书导读

第一，注重导读资源的收集。导读资源的收集，不仅需注重图书、报纸等原导读资源，还需注意收集各种已有的导读成果，比如导读报刊、导读图书、推荐书目以及出版业、书店等相关图书行业的导读活动信息，同时在收集过程中要充分了解各种网络检索工具特点与优势，提高数字型导读资源收集的效率。

第二，组织制订科学合理、符合少儿阅读实际的经典阅读书目，开展新

书推荐、网络书评、经典展示、导读讲座等形式多样的导读活动，全方位宣传、有意识地引导少儿读者多接触经典著作。

第三，建立少儿阅读档案。档案的资料应有助于全面描绘读者的概况，不仅要反映读者的姓名、地址、电话、生日等情况，还应包括读者到馆次数、解答咨询次数、资料供应情况、读书成果反馈等动态信息和数据，档案中所记录的阅读和咨询内容，可基本反映某一读者的性格、爱好、倾向以及阅读后的收获，通过分析这些档案数据，图书馆工作人员不仅能了解少儿小读者的文化水平、兴趣爱好，还可以把握小读者阅读学习的全过程，对不同读者在不同时期的阅读进行有效地分析指导，帮助少儿读者有针对性地制定个人阅读规划，并不断评估导读效果，引导少儿读者不断修正阅读方向，使少儿经典阅读落到实处，取得实效。

2. 加大宣传力度，扩大图书馆对少儿经典阅读的影响

在当前政府全力创建书香型社会，提倡全民阅读的良好氛围下，还有许多读者并不了解图书馆，不知道图书馆是一个公益性的服务机构，大门是向着所有人敞开的，这里的资源都是公益性的。

因此，图书馆应该创新其宣传手段，通过现代媒体的迅速发展，利用电视、报刊、网络、广播等渠道向大众广泛宣传图书馆的特点及活动，还可通过在报刊、广播、电视中设专栏、出专题节目及建设网站等多种方式，揭示馆藏文献资源，宣传本馆特色服务、解答读者咨询，从而扩大图书馆知名度，增强少儿及其家长、教育工作者和全社会的图书馆意识，帮助其学习掌握利用图书馆的方法。在全社会打造经典阅读的氛围之中，为少儿的阅读活动和健康成长创造更加广阔、更加绿色的空间。

3. 拓展思路，更新观念，加强与社会的联系与合作

政府机构、出版商和书店，图书馆、协会和民间机构、传媒机构是当今世界组织读书活动的五大主要力量。图书馆在开展少儿经典阅读的实践活动中，仅靠自身的力量是远远不够的。应顺应时代潮流，体现改革与创新的原

则，逐步改变与现代社会发展不相适应的服务模式，摒弃以往"守株待兔"式的服务方法，借助政府和社会组织的力量，通过与社会各方的合作，获得所需的资源、技术、方法和能量，形成资源、能力的互补。

4. 注重网络经典文化引导，打造经典阅读信息的立体交流平台

网络为人们获取文献信息提供了快捷的途径，网络阅读由于其迅捷、丰富、便利、新奇，受到越来越多的少儿的喜爱。要说经典阅读，网上的免费经典阅读应该是超过了大多数书店和图书馆，经典阅读已不能拒绝网络。作为一种低成本的阅读方式，网络阅读是维护信息公平获取的重要途径。

在这样的环境下，图书馆要重视网络阅读，利用自身拥有的数字化信息优势，扩大网络少儿经典读物的数量，有针对性地开展网上阅读指导。图书馆可收集各种经典阅读活动的经验、反馈，在网上开辟图书馆专用的咨询电子信箱、专家应答系统，解答少儿及家长、教师、少儿工作者有关少儿教育、少儿心理等各种知识与信息咨询，为少儿经典阅读活动提供立体的咨询与服务，把公共图书馆打造成少儿经典阅读信息的服务和交流中心，以现代的数字技术开辟经典阅读的新阵地。

（三）改善贫困地区及农村少儿阅读的思考

农村少儿享有充分的文化权利是社会主义新农村建设的重要内容。有关各方应关注农村少儿阅读，将更多文化教育资源投向我国广大的农村，让阅读走进农村少儿的日常生活。

1. 公共图书馆应大有作为

我国少儿发展纲要（2011—2020年）指出，提升公共图书馆的少儿服务，完善对弱势少儿群体的服务。农村少儿对图书馆不仅在认识上是概念化的，而且在距离上是遥远的。因此，公共图书馆应拓展服务渠道，向广大农村地区倾斜，为最需要阅读服务的农村少儿提供有效服务。

2. 加强校级图书馆建设

学校图书馆是离少儿最近的图书馆，也是少儿在所有可能的阅读场所中选择最多的地方。学校有专业的教育人员，大部分都建有图书馆或一定场所，

只要稍加改造和补充即可,这也是改善农村少儿阅读现状最经济、最有效的方法。

3. 充分利用现代化的网络传播工具

现代化的网络传播工具有辐射面广、传播速度快、资源广泛共享等特点,有利于解决当前城乡公共文化服务体系的差异,实现信息技术下公共文化服务体系的公益性、基本性、均等性、便利性。

4. 加强阅读指导开展阅读推广

在大数据时代,并非开卷都有益,阅读需要慎重地选择,更需要适当地引导。为此相关专业人士应加强对农村少儿的阅读指导,引导他们选择健康优秀的作品,阅读有思想性和艺术性读物,从内容、思想、情感、语言、技巧等方面去理解和发掘美。

5. 完善相关政策并建立相应法律法规

农村少儿现有的图书服务基本是在特定时间、自发性的应景式行为,不是其本质的、日常性的工作。由于没有法律法规等有效约束机制,农村少儿阅读服务缺乏长期性、目标性的规划。通过建立法律法规,规范和保障全民阅读已成全社会的共识。

(四)基于少儿认知规律的少儿图书馆建设思考

1. 依据少儿认知结构,科学布局阅览空间

著名心理学家皮亚杰提出少儿认知发展阶段论,他认为少儿心理是不断由低级向高级发展的,认知也是有阶段性变化的。他将少儿认知发展分为四个主要阶段:感知运动阶段、前运算阶段、具体运算阶段和形式运算阶段。因此,皮亚杰强调认知发展是一个积极主动的建构过程,教育要按照少儿的认知结构来组织教材,调整教法,选择图书。

少儿图书馆作为我国图书馆事业的重要组成部分,是少儿的第二课堂,应根据少儿的不同年龄段的认知水平,牢牢把握少儿各种年龄段的不同特点,不断完善基础建设与软件配套,科学布局少儿阅览空间。

学龄前(0~3岁)阶段的少儿主要通过感知去探索世界,依靠表象来

认识事物。直观、具体、生动、色彩鲜明的形象容易引起这个阶段少儿读者的注意，也容易在他们的脑海中保存。所以图书馆应根据此年龄段孩子的特点，在布置阅览室时，多半要以色彩艳丽、较为直观的图画书为主，摆放一些被公认为少儿早期教育最佳读物的绘本供少儿拿取欣赏。

儿童（4～6岁）阶段的孩子已不再仅仅局限于阅读了，这个阶段的儿童具有了认知运算能力，能够理解客体的基本属性和联系，阅读已上升为学习手段。在此阶段，少儿图书馆应注重少儿动手能力的培养，注重培养少儿的良好阅读习惯，注重他们阅读能力的提升。在少儿室设计布置时需要考虑设置各类活动室，让少儿能够在有益的动手设计过程中增添乐趣、汲取知识，除此以外，还需定期举办亲子读书会、真人书评书荐等活动，以一种潜移默化的方式来提高孩子的阅读素养。

少年（7～15岁）阶段的孩子已发展出抽象思维能力，逻辑思维不再局限于可观察到的事物。因此，少儿图书馆应更多地依托丰富的多学科藏书和信息培养的优势，有目的、有选择地指导他们进行科学阅读，着重培养和提高他们有效查找资料及信息归纳整理的能力。

2. 把握少儿认知兴趣，培养少儿阅读激情

"兴趣是最好的老师"，少儿教育学研究结果表明，少儿时期是人的心理和认知能力极速提升的重要阶段，在其发展过程中，是一个行为能力、心理、心智和阅读能力综合发展的过程，是阅读兴趣和阅读能力培养的关键时期。

在此阶段，少儿对知识的需求覆盖面极广，涉及各个领域，因此少儿图书馆需要针对各类小读者的兴趣特点，提供个性化的服务措施，并在整体布局结构和服务水平上进行优化，不仅要提供给少儿读者一个易于提升阅读兴趣的平台，同时要对少儿读者进行合理引导，帮助他们挖掘和增强阅读乐趣，提升少儿的阅读主动性及连续性，进而养成一种主动阅读和探索知识的良好习惯，使少儿对阅读产生更大的兴趣与激情。

3. 跟随科技发展动态，丰富少儿阅读体验

少儿阶段是培养阅读习惯、开发阅读兴趣的最佳阶段。然而，少儿在成

长的过程中，卡通动漫、电子游戏、科幻等对他们有着说不出的吸引力，这是由少儿身心发展所决定，如果不加以教育，任由其贪玩，那么会对少儿的心理和学习能力发展产生严重的负面影响。

少儿图书馆在这一方面也回避不了这一社会发展现状，应不断调整阅读方式，改善这一局面，顺势引导，从两个方向开展工作。一方面，积极借助新兴多媒体资源，充分利用网络、计算机等新兴知识载体及媒介，将知识阅读同新媒体资源有机结合，探索出更加容易被少儿读者接受的阅读方式。另一方面，根据时代发展的需求，在传统阅读形式的基础上大胆创新，针对少儿读者特点，以寓教于乐的方式开展多样化互动阅读活动，让他们在享受影音、游戏快感的同时也能够接收到知识的教育，养成良好的阅读学习习惯。

第三章　图书馆少儿读物选择

第一节　少儿图书的分类

一、少儿图书的特点

（一）内容广、品种杂

在我国少儿图书内容广泛、品种繁多。少儿是祖国未来的主人，成长中的小读者应当阅读涉及各个知识门类的图书，所以为了满足小读者的阅读需求，图书市场上少儿图书的内容五花八门，从各种角度来吸引少儿的眼球。走进书店，小读者可以从几十种、几百种甚至几千种图书中挑选出自己喜欢的图书。

（二）图文并茂，以图为主，语言浅显易懂

少儿图书，尤其是低幼图书基本上都是以图为主，优美的插图是少儿图书必不可少的一部分。少儿天生是色彩与图画的主人，在识字之前，图画就是他们认知世界的主要手段。

孩子的阅读生涯是从阅读图画故事书开始的。色彩缤纷的图画，从来都是童书中最吸引孩子眼球的部分。而且图画表达的方式符合少儿形象性思维的特点，能激发其想象力。阅读图画故事书对提高少儿想象力、思维能力、艺术审美能力、情感、态度及语言能力都有着非常重要的作用。纯文字图书在年龄稍大的青少年读者中，阅读得比较多一点，但由于少儿读者一般不具备成人的理解能力，因此，少儿图书的语言表达都比较浅显易懂。有些知识性的少儿图书，比如科普图书，如果出现难懂的专业名词和大段的深奥理论，少儿接受就会有困难，图书也不可能达到预期的效果。

二、分类

（一）按照信息符号分类

按信息符号分可以把少儿图书分为单纯的文字图书、图文并茂的图书以及无字图画书，把后两种分别称为桥梁书、图画书（绘本）。而国际少儿图书已经进入了"读图时代"。据博洛尼亚少儿书展组委会提供的数据，每年参展的图书中有 70% 以上的纯图画书或图文并茂的半图画书。因此，不同信息符号组合的图书各有其不同的特点和优势。

图文并茂的图书不仅有内涵丰富的文字做解释，还有颜色艳丽、生动有趣的图画做补充，让少儿读者不会产生视觉疲劳，是深受青少年欢迎的一种形式；无字图画书的好处是可以减少文字的隔阂，可以用来训练少儿看图说故事的能力，其缺点是有些文字上的优美是图画无法演示出来的，并会减少读者接触文字、甚至练习文字的机会；那些以文字为主，图画较少的少儿图书，可以让阅读者接触到文字的优美，有益于提高阅读者的文字运用能力，其缺点是少了许多图画的说明后，其阅读的层次是必须提高的，因而不利于年龄较小的少儿阅读。

（二）按读者的年龄分类

按读者的年龄分类可以把少儿图书分为供 0～2 岁少儿阅读的婴幼儿图书、供 3～6 岁少儿阅读的低幼读物、供 6～9 岁的小学低年级学生阅读的少儿图书、供 9～11 岁的小学高年级学生阅读的少儿图书、供 12～15 岁以及供 15 岁以上的初中、高中生阅读的少儿图书。

（三）按图书的内容分类

1. 少儿文学类图书

少儿文学又称少儿文学，是指专为少儿创作的文学作品，在体裁上包括儿歌、少儿诗、童话、寓言、少儿故事、少儿小说、少儿散文、少儿曲艺、少儿戏剧、少儿影视和少儿科学文艺等。在我国出版界行业中，普遍地认为少儿文学图书和少儿文学图书不是互不相关的，它们在含义和内涵上其实是具有共通性和联系性的。陈伯吹曾说："一个名副其实的少儿文学作品，一定是站在少儿的角度,用适合少儿阅读的文学性的语言创作出的作品。"少儿文学理论家、少儿教育家朱自强在其著作《少儿文学的本质》中认为:"少儿文学是文学创作形式的一种,少儿文学理论是指导少儿文学的方法论,少儿文学图书正是在这两者相互发展、相互作用下诞生的产物。"还有学者认为,少儿文学图书是指"将一切能激发少儿阅读兴趣的文学元素,以文字和图画的形式表现,并集教育性、趣味性和形象性于一体"的图书。

少儿文学类图书是以成长中的少儿为服务对象的文学作品,在传承文化知识的同时,还承载着关怀少儿、教育少儿和滋养少儿的神圣使命。优秀的少儿文学类图书既要能够给少儿描述一个真实的世界,又能够用充满诗意的内容去呵护和滋养童心。根据市场的检验以及少儿文学评论家的总结,优秀的少儿文学类图书应该同时具有三个重要特征:少儿性、文学性和教育性。落实到出版工作中,要策划出好的少儿文学类图书就必须要在各个工作环节中都贯穿这把握好作品的文学性、教育性和少儿性。

少儿文学类图书之所以取得如此好的市场表现,是多重因素综合作用的结果。从作品本身来说,当今市场上畅销的少儿文学类图书多为系列书,系列书本身便具有很好的延续性;从作者资源来说,少儿文学类图书有一批比较成熟的作家,他们深谙少儿的阅读心理;从出版者来说,他们都看到了少儿文学类图书所拥有的巨大的市场潜力,把出版资源更多地向这一块转移;从消费者来说,少儿文学类图书的购买者多为家长,他们已经认识到素质教育的重要性,愿意掏钱为孩子买这类图书,开拓孩子的视野。

我国的文学类少儿图书品种繁多,在排版质量上也鱼龙混杂,大部分都不尽如人意,出版企业似乎更愿意把精力花在封面设计上。而对于封面之内的版式设计却潦草应对,很多粗制滥造的少儿读物几乎不讲究科学排版,只是对文字和图片进行最基本的处理即可,更有甚者在设计的过程中出现图片与文章内容不相符、不匹配等情况,或者由于版面设计者的自身水平有限,造成了诸多的人为失误,从而严重影响了图书内部的整体质量和美观程度,给处于成长和学习中的少儿造成了不良影响。我国的原创少儿文学在近几年来发展迅速，使引进版图书独领风骚的局面大为改观。虽然在数量上突飞猛进，但少儿文学图书的整体质量还是令人担忧，新书多、新作少、选题扎堆等现象依然严峻。少儿出版界应该意识到，如果没有原创少儿文学的真正繁荣作为根基，中国少儿文学的健康发展和少儿阅读的顺利推广都将举步维艰。

2. 低幼启蒙类图书

低幼启蒙类图书是少儿图书中读者年龄段最低的图书，是专门为学龄前少儿、幼儿、婴儿编辑制作的图书。由于读者年龄小，处于蒙童阶段，低幼图书是真正意义上地亲子共读的启蒙读物。同时，低幼图书也是少儿图书中以图为主、图文并茂的图画书，启蒙益智是其主要特点。人们在认识和了解外界事物时，首先最能吸引人眼球的是色彩，色彩会引起人对客观事物的反应和态度，可以说，色彩对视觉刺激非常强烈，是人类反应最快的视觉信息符号。据心理学家的研究表明幼儿在一岁时对色彩明快、对比强烈的颜色更为喜欢。因此，为低年龄段的少儿设计读物时，应更多地使用原色。这样色彩搭配在明度和纯度上符合幼儿少儿的视觉审美要求，通过少儿大量的视觉刺激，来激发幼儿的阅读兴趣，能够很好地吸引孩子的注意力。

目前低幼少儿书籍越来越重视形态设计，虽然低幼少儿启蒙教育阶段图书在形态设计中增加了许多趣味性的元素，但是在低幼启蒙图书的大部分市场份额中，仍然存在着一些问题。首先，少儿图书开本设计单一缺乏趣味性和创意性。形态设计多样化的书籍，既可以使幼儿在阅读中体验阅读的快乐，也能激发他们的感官发展。

但是少儿图书市场上书籍的设计形态大多数是采用正方形或者长方形。这样的书籍外形设计比较符合成人的视觉习惯，对于3岁左右的幼儿来说，缺乏新颖和乐趣，以及启蒙教育的功能。在设计少儿图书形态的图案时，尽量选用活泼、可爱、健康的图片，考虑其是否能够吸引幼儿读者的注意力，起到知识传播的启蒙教育作用，尤其对正处在启蒙教育阶段的低幼少儿而言，书籍对他们而言不论是生活还是健康都起着不可替代的作用，并且可以影响孩子们的一生。启蒙教育阶段是婴幼儿认知、感知不断发展的重要阶段，对幼儿今后认识世界起着重要的作用。

3. 卡通漫画类图书

由于社会的发展和我国巨大的市场需求，动漫产业在我国发展迅速，动漫是动画和漫画的合称，它已经成为21世纪各国争先发展的文化支柱性产业。动漫图书是除了电视、电影媒介以外的一种动漫展示形式。动漫图书的兴起让中国孩子正拥有更多选择、更多精彩。近年来，中国少儿图书出版业在出版规模、图书质量、版权贸易、出版工程等各个方面取得长足发展。

中国少儿图书的质量稳步上升，出现了一批质量上乘的书，其中优秀的动漫图书有上海文艺总社的《话说中国》，接力出版社的《淘气包马小跳》，人民邮电出版社的《哪吒传奇》等。广大少儿是动漫图书的受众主体，考虑到少儿处于成长阶段，具有较强的可塑造性，因此动漫图书不但要具备趣味性和娱乐性，使孩子们享受快乐的阅读过程，还必须要承担一定的社会责任，即动漫图书本身必然带有文化性，必须对少儿的个性发展和品质的形成起到良好的促进作用。动漫图书继承了动漫影视作品的艺术形式，非常适合少儿观赏，深受少儿的喜爱，所以它不可避免地承载着沉重的意识形态和道德说教的重任，从不向纯粹娱乐性让步。

20世纪60年代到80年代，是我国国产动漫创作的高峰期，同时也相应地出现了大量的动漫图书，如《小猫钓鱼》《过猴山》《大闹天宫》《没头脑和不高兴》《小蝌蚪找妈妈》《三个和尚》《黑猫警长》等故事生动、形式优美、内涵丰富、思想深刻，极大地丰富了早期动漫受众的文化生活，并且陶冶了他们的道德情操，在他们脑海中留下了永恒的美的意象。

4. 科普百科类图书

少儿科普读物作为向少儿传播科学知识、进行科学普及的载体，因符合小学生的认知规律备受他们喜爱，例如，优秀科普作品《十万个为什么》，对小学生科学素养的养成发挥了重要作用，究其原因是由科普读物的独特性决定的。少儿科普读物的创作不能毫无科学根据，必须要以一定的科学理论为基础，体现其科学性；但与此同时，又需要以生动、有趣的语言，对现有的科学知识进行装饰和改变，这种装饰应该带有符合少儿色彩的语言，可以吸引少儿的注意，体现其趣味性。科学性和趣味性缺一不可，科学性是趣味性的基础，趣味性是科学性的升华与变形，这两者需要巧妙地结合在一起，这种特性充分满足了少儿的心理发展需求。少儿科普读物通过将科学知识与图画、色彩巧妙地融合，丰富地展现了科学技术的多样性，容易引起少儿的共鸣；读物内容以图片和文字方式平行传播，从而适应了不同学生的需要：即不管其成绩优劣，性格内向还是外向，都能通过读物的阅读掌握科学知识。小学生在课堂中所学的科学知识大多只是简单地提及，因为课时、场所等限制，无法深入探究，缺乏立体感知。而新型科普读物形式越来越先进，配备了立体图画、增强现实技术等高科技，全景式地呈现科学知识，刺激学生感官，给学生不一样的视觉体验，这些独特魅力都可以激发学生的学习兴趣，提高学生的科学素养。

近年来，在"科教兴国"战略、"全民阅读"和"二胎政策"的推动下，国内少儿科普图书的品种不断丰富，涌现出大量生动有趣的科普小说、科普绘本、百科知识、科学故事，极大丰富了少儿的科普阅读世界。与此同时，目前国内少儿科普图书市场上表现出的"进口强、原创弱"局势也引起社会各方力量的关注。少儿科普作品的内容需要通过相应的形式表现出来，而作品的传播媒介即载体是构成少儿科普作品形式的前提和基础。传播媒介包括有文字、声音、图画、影像、模型等，少儿科普图书是以图书作为内容的载体，不同于新闻、广播、电影、视频的多媒体形式，少儿科普图书主要依托图文来表达科普作品的科学内容和科学思想。少儿科普图书利用文字图画作为主要传播媒介，表现图书内容的形式若要"趣味性"则必须要求语言文字通俗易懂、灵活多样，同时借助图文结合的形象化表现方法把复杂严肃的科学概念表达清楚。

5. 游戏益智类图书

目前市场上的益智游戏图书主要包括手工类图书和智力游戏类图书。手工类图书包括折纸、彩泥、制作，当然还包括造型、模型、立体手工、拼图等。手工类图书以让少儿动手操作为主，少儿的手上分布有许多神经，少儿在做手工时，手部神经不停地受到刺激，这种刺激传到大脑，大脑不停地反应，不停地记忆手的运动是很精细的，需要在大脑的支配下，多神经、多肌肉的协调运动做手工不仅使少儿的小肌肉群得到锻炼，小手越来越灵活，反应越来越快，而且能使记忆储量越来越大，记忆力越来越好，所谓"心灵手巧"说的就是这个道理。另外一种就是智力游戏类图书。

益智游戏类图书是以少儿动手制作为主，游戏类的书，也是以少儿活动为主。少儿读益智游戏书时不再是被动地接受，静静地思索、感受，而是要自己说出来、动起来，参与到图书的内容中，完成一个个活动。相比较其他少儿图书，益智游戏类图书深受少儿的喜爱，原因在于其互动性较强，能够开发多元智能，在传统的教育体系中将教育与娱乐融洽地结合在一起。而在阅读其他少儿书籍后，少儿在动手能力、创造能力、适应社会生活、处理人际关系、解决实际问题、心理健康、可持续性发展等方面得不到应有的培养和发展，暴露出比较严重的诸如高分低能、动手能力差等问题，益智游戏类图书正是解决上述问题的良方，所以说其具有重要的作用。

6. 少儿古典类图书

少儿古典类图书是少儿图书板块中传承民族文化、弘扬民族精神的一个重要的图书门类。从目前市场看，供少儿阅读的古典类书籍主要有两大类，其一主要是国学启蒙教材。如《三字经》《百家姓》《千字文》《论语》《孟子》《道德经》等，是孩子们学习国学的必选图书，也是"国学热"的产物。其二是供孩子们阅读的古典文学类图书，如《唐诗三百首》《宋词三百首》《史记》《汉书》《聊斋志异》"四大名著"等。这些少儿古典图书的出版发行，是孩子们了解和认识中国传统文化的有效途径。

少儿读者可作为一个特殊的读者主体，由于年龄较小，经历较少，心智以及阅历都尚未成熟，他们对外面的世界存在着强烈的好奇心，知识需求旺盛，想象力极为丰富，而逻辑思维能力较低。因此，说教式的知识灌输、古板深奥的道理教育、单调贫乏的语言文字是少儿读者厌烦的，这就决定了少儿古典图书必须迎合少儿读者的心理特质，满足少儿读者的成长需求，符合少儿读者的阅读习惯。读者对象的特殊性与古典书籍的独特性，使得少儿古典图书在选题、内容、制作和营销方式等许多方面必须进行创新开拓。如何吸引更多的少儿读者喜爱传统阅读，如何在困境中突围，是许多少儿出版社必须思考的问题。

我国古代传统典籍浩如烟海，其中包蕴着博大而丰富的文化精神。我们在策划少儿古典图书选题时，要力求突破固有的格局，不要仅仅着眼于人们熟悉的古典著作，而要放开眼界，多挖掘一些适应于少儿身心发展需求的佳作，并以此弘扬我国传统文化之精髓。少儿出版社应始终秉承和坚守传承古代经典的出版理念，出高质量的书，出读者欢迎的书，提升书的品位和质量。让孩子们在少儿古典图书的赏读之中，提升精神文化境界。

第二节　少儿图书流通

少儿图书流通站，是指各地各级公共图书馆或者少儿图书馆，在阵地服务的基础上，设立在馆外的图书借阅机构。这是图书馆改革传统服务方式，顺应改革和时代发展需求，广泛开展读书育人工作的一项重要举措。

一、少儿图书馆开展馆外流通点服务的现状

各地少儿图书馆开展馆外流通点服务收到了不少良好的效果，拓宽了服务领域，增加了读者阅读量，提高了藏书利用率，发挥了少儿图书馆的各种职能。但是总体上看，不少少儿图书馆外流通点服务并不尽如人意，甚至原先的一些馆外流通点服务已名存实亡。分析产生这种现象的原因，主要存在以下一些问题：

（一）少儿图书馆馆外流通点服务的形式

由于少儿图书馆和学校的工作重点不同，有的学校领导在思想上对图书

馆工作不重视，使得馆外流通点服务工作困难重重。部分学校当初是为了学校评级等需要，才要求少儿馆到学校设立馆外流通点，过后则热情全无，没多久或取消流通点，或让送去的书籍成为"死书"，没有真正将馆外流通点的书籍利用起来。一部分尚正常的流通点之所以能够顺利运行，主要的原因就是在于校领导的重视关心。

（二）少儿图书馆流通点的不足

1991年国家教委颁发《中小学图书馆（室）规程》以来，中小学图书馆有了很大的发展，各个学校都会动员学生到本校图书馆去借书，但是这些学校的图书馆却存在着许多先天不足。第一，缺乏资金，书籍陈旧，学生不感兴趣；第二，藏书结构不合理，相关设施设备落后，难以吸引学读者到图书馆；第三，工作人员的专业素质不高，大多身兼教师职务。正是因为有这些先天不足的学校图书馆，使得一些学校认为少儿图书馆的馆外流通点可有可无。另外，这些学校没有组织书籍资源共享共建活动，导致各校图书馆的藏书种类大致相同，可以说这是一种教育资源和社会资源的浪费。

（三）少儿图书馆对外影响

在开展馆外流通点服务时，尽管在协议中规定了图书流通的数量和频率，但由于少儿图书馆的人员、经费等条件限制，藏书和人手不足，使得馆外流通点的图书更新困难。第一，图书供给量不足。第二，人力资源投入有限，安排也不尽合理。第三，设备资源投入不足。第四，缺乏必要的活动资金。要搞好馆外流通点服务，就要在中小学组织各种读书活动。可是由于缺乏必要的活动经费（购买宣传用品、奖品等），直接影响了读书活动的开展，因此也影响了馆外流通点的工作成效。

二、少儿图书流通站的作用

（一）流通站是充分发挥图书馆社会教育职能的重要阵地

少儿图书馆是我国图书馆事业的重要组成部分，是以少儿为服务对象的社会教育机构，它是少儿开阔眼界、学习课外知识、学习政治文化的重要场所。而图书流通站正是适应这神服务与职能而建立在广大少儿身边的小小图书馆。它克服了少儿图书馆分布不合理，阅览环境狭窄和广大在校中小学生由于学习任务紧，而无暇到图书馆阅读学习等弊病，主动服务上门，让更多的少儿有机会多读书、读好书、增长知识，培养高尚情操。

（二）流通站是少儿图书馆开拓服务的新领域

近年来，公共图书馆地到馆读者量逐年下降，少儿图书馆也不例外，这里面的因素是多方面的。但是，传统的图书馆服务方式也是造成读者减少的一个重要原因。实践证明，广大少儿思维灵活、求知欲强，关键是要解决看书难、好书少，配合课堂教学的书滥而不精和如何培养他们的阅读兴趣，教会他们阅读方法的问题。建立图书流通站，这种较之阵地服务有着针对性强、实用性强、引导性强的服务方式，能动地发挥了少儿图书馆的服务功能。通过流通站借阅活动为少儿图书馆找到了读者，为学习型的中小学生找到了学习参考资料，补充了课堂教学的不足，扩大少儿的视野。

（三）流通站分馆建设是与学校教育相结合的重要环节

少儿图书馆的服务对象主要是 6～15 岁的少儿，大都分布在各小学，直接为学校教学服务的学校图书馆（室），目前无论是在数量上还是在质量上都还处于低水平区，少儿图书管理所应当担负起配合学校教育的任务。而图书流通站则成为少儿图书馆加强与学校联系，了解教师和学生的教学需要，配合教学内容，推荐图书，了解学生对课外读物的需要和他们的社会活动情况，配合学校政治思想教育的桥梁和纽带，同时建立在各中小学的图书馆流通站又是学校图书馆事业的支持和补充。目前，各中小学图书馆藏书大部分以教学辅导参考资料为主，文学小说类寥寥无几，这就使一部分学习精力过剩或学习积极性不高的少儿走向社会书摊，借阅一些言情、武打、凶杀等格调低、内涵浅甚至是不健康的书籍，给他们的身心健康带来了不利影响，而图书流通站却可以为这部分人提供大量的有益的文艺读物。

把图书流通到农村小学去，为农村少儿服务，有下列几个有利条件：

第一，农村居住大都分散，目前学龄少儿全部入学，大都小学是少儿集中的地方，把它作为图书流通的据点，是一个便于多数农村少儿借阅图书的好场所。

第二，有的大队离镇较远，少儿除上学外，还有课外作业以及一些家庭副业和家务劳动，上镇费时误事。如果就近在小学里就能借到图书看，不但学生们高兴，家长们也是支持的。

第三，把小学作为图书流通据点，图书可以配合教学，开展多种多样的读书活动，老师们可以辅导学生多读书、读好书；学校可以积累管理图书的经验，逐步地为建立小学图书馆打下基础。

第四，幼儿园的幼教老师，学校少先队辅导员都是理想的图书管理员。因为前者是本大队推荐的喜爱少儿工作的社员，没有批改学生作业的任务，教学负担较轻；后者可以把图书借阅工作和少先队工作紧密结合起来，互相促进，从而可以丰富少先队员的文化生活。

第五，选送图书，可以有一个分工。少儿读物分为低幼读物（学龄前少儿读物）和少儿读物两大类。据了解从去年秋季起，教育局规定每个小学生和幼儿可享受图书购置费一角三分，如《看图识字》《童话世界》等可由学校配备；内容深一些的读物就向县图书馆或公社图书馆借阅，要有借有还，这样，就可以合理使用图书经费，更好地满足少儿的阅读需要。

第六，把图书送到农村小学，不仅为少儿服务，也要为学校的老师们服务，为他们提供教学参考资料，以及为老师们自学、进修所需要的政治、文化、科学知识读物和文艺作品。

三、图书流通站推送服务模式

由于公共图书馆采集的藏书种类相对于学校图书馆更为灵活、宽泛，所以在美国，有的公共图书馆少儿馆员会定期访问学校，把一车新书直接推入教室，而学生可以在"书话会"之后当场把书借走。除了由于负责推送服务的少儿馆员素质良好、了解熟悉少儿文学外，这种图书流通站推送服务模式深受学生欢迎，还因为少儿馆员更了解青少年的阅读兴趣、掌握吸引阅读的小秘诀——带着巧克力进教室，由此也体现了图书馆服务的人性化色彩。

我国少儿图书馆也不乏令人感动的推送服务事例，如金华市少儿图书馆是继杭州少儿图书馆、温州少儿图书馆后浙江省第3个独立建制的少儿图书馆。该馆本着踏实的工作态度，印发了《金华市中小学图书馆（室）建设情况调查表》，基于科学的调研后，首先帮助离市区最远的革命老区塔石乡小学建立了图书流通站，打破了传统的服务模式。目前，图书流通站进入社区、学校的服务模式正悄然在图书馆界盛行，而业界也开始思考如何延伸服务，使远离城市的小朋友也能真正享受到平等的图书馆知识与信息服务。

由于我国少儿图书馆数量不足、布局不合理，图书馆如何延伸服务是个大课题，尚需积极有效地探索和实践。比如，少儿图书馆可以在规模较大的社区或学校建立流通点，定期到点提供借阅服务；为行动不方便的残疾读者改善服务，使其可以方便快速地借阅图书，或者送书上门；为智力有障碍的少儿提供特殊的服务；把读者扩大到家长、教师及与少儿密切相关的其他人群，发展潜在的读者对象。总之，少儿图书馆应主动利用丰富的馆藏资源和检索优势提供最好的服务。

此外，开展图书漂流活动的推送模式可以让更多的书籍得到更多人的阅读，让更多的人分享阅读的愉悦，创造更大的价值；阅读疗法推送模式可以通过设立阅读心理咨询中心，对于存在阅读障碍的少儿读者有针对性地进行心理辅导，逐步消除其阅读障碍，使之能够拥有和保持最佳的阅读心理；信息素养教育推送模式有利于少儿读者的信息知识、计算机知识、网络知识的教育与培训。同样，也可以寻求开设家长学校、走进学校课堂、走进社区等多种推送模式。

四、农村图书流动站存在的问题

（一）设施简陋，人才匮乏

绝大部分农村小学都没有设专门的图书馆（室），有少数的学校临时设置了图书馆，然而大部分图书馆缺少书架等基本设施，条件稍好一些的学校，把图书放在柜子里保管，很多学校甚至只能将图书打捆堆在地上。学校图书馆本身形同虚设，自藏的图书数量很少，内容陈旧，根本无法满足学生扩大知识面、汲取与时代同步的新信息的需求。学校图书馆没有专门负责的人员进行管理，严重影响了图书馆书籍的使用情况，学校虽然有配备人员，但其大都不具备图书管理专业知识，缺乏图书管理经验和流通知识。

（二）管理混乱，利用率低

在建立图书流动站的数十所学校中，有读者借阅记录的只有两所小学，有的学校图书馆甚至在少儿图书馆去换书时，上一次送的书又原封不动地拿回来。农村少儿的阅读需求与图书的实际使用会出现如此之大的反差呢，分析其原因，主要表现在以下几方面：

第一，开放程度低，多数成为"面子工程"。有些图书馆常年上锁，送去的图书不予流通，流动回馆的图书有的都已发霉。课外阅读开展得好些的学校，能利用午休时间开放，有的只是老师偶尔带领全班开展一次集体阅读活动，常年坚持定期向孩子开放的图书馆少之又少。

第二，家庭负担重，缺少自由支配时间。绝大多数农村少儿家庭负担较重，买书对他们来说几乎是一种奢侈。很多农村孩子每天完成作业后，还要参加适当的农业劳动和家务劳动，几乎没有课余阅读时间。

第三，宣传力度不够，未能形成良好阅读习惯。农村孩子除了学校配套的教辅材料外几乎看不到其他课外读物，更不知图书馆为何物，一直存在着"图书馆就是卖书的地方"这样的误解。农村少儿的家长也同样对图书馆的理解少之甚少，对图书馆的作用认知程度较低，只看重孩子在校的学习成绩，忽略了课外阅读的重要性，这种情况的出现与少儿图书馆和各学校缺乏必要的宣传和引导不无关系。长此以往，致使农村少儿难以养成良好的阅读习惯，导致孩子们对课外知识的求知欲低下，图书馆藏书利用率低也就在所难免。

第四，图书陈旧过时，缺乏足够的吸引力。少儿图书馆投入图书流动站的图书大多数内容陈旧，破损严重。有的工作人员存有偏见，认为新书首先要满足城市少儿读者的阅读需求，流通一轮之后才将图书调拨到农村图书流动站。这样，很难激发起孩子们的阅读兴致。

（三）资金短缺，物流不畅

图书馆每年购书经费有限。经济欠发达地区的图书馆购书经费没有保障，或有或无，即便有也多年不见增加，加上近年图书价格飞涨，要满足本馆阵地服务都有难度，很难再有余力分流一部分新书到各图书流动点，导致农村的孩子只能看到一小部分新书，或者是只能看城里孩子已经读过的旧书。另外，一般地（市）级独立的少儿图书馆大多为科级单位，没有能力配备图书流动车，致使图书在流动站流通的时间过长，不能及时满足农村孩子渴求新知的需求。

（四）文献类型单一，服务层次较低

图书馆把图书送到图书流动站，后续的服务仅仅是对负责管理图书的老师进行简单的管理及借阅方面培训，建立图书利用档案等业务方面的指导，而面对广大农村少儿则缺乏必要的宣传和定期的导读服务。另外，所送文献基本上限于图书，期刊、报纸、多媒体文献等这些时效性强、阅读形式新颖的文献却很少能和农村孩子见面。单一的文献类型，简单的"送书"服务，难以形成理想的阅读氛围。

五、做好少儿图书流通工作的对策

（一）加强导读宣传工作

少儿阅览室工作人员要熟悉馆藏的各种少儿图书种类、内容和特点，加强少儿读者服务工作，为少儿读者提供多样化、个性化服务，努力营造宽松舒适、适合少儿特点的阅读环境，让小读者感受浓郁的读书氛围。少儿读者进入图书馆，面对书架上琳琅满目的书籍，会出现无从下手、不知所措的现象。这些少儿读者大多不明白图书的分类标准及方法，不清楚排架的规律，以至于不知道该如何查找和借阅。因此，工作人员一方面要加强对小读者的宣传导读，介绍少儿阅览室的藏书布局、图书分类以及排架等知识，使小读

者能够方便快捷地找到自己喜欢的图书；另一方面要充分利用少儿阅览室现有的馆藏资源，引导少儿读者进行广泛阅读，帮助小读者利用图书，向小读者推荐好的图书，真正做到"为小读者找好书，为好书找小读者"。此外，少儿阅览室工作人员在工作中要注意收集小读者喜爱的图书或想借阅的图书情况等信息，同时注意加强巡视，发现小读者需要帮助时要主动上前，及时解决小读者在利用图书馆中遇到的难题，热情为小读者服务。

（二）加强藏书管理和提高图书流通率

少儿阅览室实行开架借阅，小读者可以自由地从书架上选取自己需要的图书进行随意浏览或借阅，这种开架借阅的方式在方便读者的同时，也不可避免地带来了一些问题，如图书乱架、图书破损等现象。这些问题的存在一定程度上影响了少儿阅览室图书的流通率。为减少乱架现象的发生，少儿阅览室要合理排架，方便小读者利用，在书架上要有明显的标志，使各类图书一目了然，便于小读者查找和借阅。同时工作人员要经常巡视书库，加强对排架顺架的检查，发现图书错位，要及时归架。

小读者生性活泼好动，有的对图书不太爱惜，由此造成少儿阅览室的图书破损较为严重，另外，流通率较高的少儿图书其破损率也较高。图书的破损严重制约了图书的流通，因此，少儿阅览室要加强对破损图书的修补工作，对破损严重的，要及时下架或剔除，以提高图书的流通率。

六、公共少儿图书馆如何建立馆外流通点

公共少儿图书馆要建立好馆外流通点，以最好的状态保证馆外流通点的顺利运行，主要做好以下两方面的工作：

第一，馆校配合，是建立馆外流通点的前提条件。建立好馆外流通点，首先就是要得到馆校领导的重视和配合。如果校领导不重视馆外流通点，不仅建立困难，就是建立了也是流于形式，疏于利用。而馆领导如果没有及时地提供好所需的书籍资源和工作人员，那馆外流通点也就形同虚设。因此馆校领导要重视建立馆外流通点工作，互相配合，并制定合作协议。明确双方

的责任和义务，在资金、设备、图书、人员分配、投入等方面，都要有一个明确的约定，并相互监督执行，使得以后的流通点工作有章可循。

第二，充分的资源投入，是建立馆外流通站的基础。公共少儿图书馆一定要根据自己的性质、任务和服务对象的特点，组织馆藏文献资源，要有目的、有计划、有系统、有选择地入藏图书，用有限的经费去购买适合小读者们的信息资源，以满足各个流通点上读者们的需求。具有必要的设备。要运送到流通点一定数量的书籍，就要配备流动汽车。如果流通点较远，那设备资源的重要性就不言而喻了，否则服务无法到位，影响少儿的阅读情况。

第三。人力资源。每次到流通点展开工作就需要相当的工作人员，这样才能保证流通点工作的顺利完成。图书馆工作人员是图书馆工作的灵魂，要建立好馆外流通点，公共少儿图书馆需要高素质的工作人员。图书馆工作人员首先应具备强烈的职业意识以及做好工作的进取心，热爱自己的工作，有事业心和责任感，热爱图书、热爱读者，还应具备较高的文化素质。图书馆是知识资源的中心，有科学文化知识才可以将图书馆的知识很好地提供给读者，也是掌握其他学科的重要条件。同时，工作人员应具备较强的专业知识和理论研究素质，这样才能将图书馆科学理论运用于实际工作之中，以提高工作质量，还可以更好地指导各个中小学校的图书管理员，使馆外流通点的工作顺利运行。

第三节　少儿读物的出版现状与市场分析

一、少儿图书出版现状分析

（一）少儿出版领域的现状

1. 少儿出版事业空前繁荣

社会和家长对教育的重视使得少儿出版物市场发展迅猛，少儿出版行业迅速壮大。少儿图书出版码洋已经超过了出版市场的10%，在书店，少儿图书往往占很大的面积，也是选购者最多的地方。近年来，除了"中少""上少"等传统的专业大社外，浙江少儿出版社异军突起进入前三名，第二阵营的有接力出版社、21世纪出版社、明天少儿出版社、江苏少儿出版社、安徽少儿出版社、北京少儿出版社、四川少儿出版社等。这些专业的少儿出版社正在不断细分出版市场，形成自己的优势领域和特色。例如"中少"的主打板块是人文知识类图书，"上少"的主打板块是科普读物，"浙少"的少儿文学，接力社的卡通读物均是业内的强项。除了专业的少儿出版社外，其他的综合出版社也觉察到了少儿出版领域的巨大发展空间，纷纷推出自己的少儿图书，努力争取市场空间，2008年共有560多家出版社参与了少儿类图书市场的竞争。

2. 产品种类多，分类齐全

少儿图书根据功能可分为课本、教辅、课外读物、家长用书、教师用书等，课本和教师用书虽然刚性需求大，是指定印刷并由教育主管部门统一配送的，出版份额竞争主要集中在教辅和课外读物领域。课外读物又可分为少儿文学、历史人文、科普、游戏益智、少儿古典、早期教育、卡片挂图、卡通动漫等；按照年龄层次的划分更是体贴入微，从胎儿到不同年龄段的少儿均有为其量身定做的全方位图书，许多课外读物已经按年级划分，与教科书匹配使用，很方便。

3. 精装多、简装少，套书多、单本少

书店一般在摆放方面有着自己的经营方法，精装套书、装帧豪书、印刷精良的书往往摆在书店的显眼位置，其价格不菲，动辄一套十几册，价格数百元的成套书籍比比皆是。对于出版社而言，精装书较简装书并未付出额外的策划、编辑成本，利润又比简装书高，这些现实情况造成了出版社更愿意出版精装套书，读者很难在书店找到质量一流、价格不贵的平装书也就不足为奇了。

盲目跟风同质化现象屡见不鲜，重复出版现象严重。2009年，在世界金融危机愈演愈烈的背景下，少儿文学出版不仅没有受到冲击和影响，反而呈现出逆势而上的趋势，在这方面的投资越来越多：重视少儿文学板块的出版社加大了投资的力度；那些不重视少儿文学出版的出版社，现在也把目光转向了少儿文学的出版；随着出版转企的力度加大，不少出版社内部的机制也变得灵活起来，不少行业出版社也开始涉足少儿文学图书的出版，如海洋出版社、化工社、轻工社等。不仅如此，他们内部还成立了少儿分社，加大了少儿文学图书出版的力度。在20世纪就有人提出"泡沫出版"的说法，指出了出版界无效供给的大量存在，这种情况同样大量存在于少儿图书出版中。

经过几年的调整和发展，这种现象没有达到预期的效果，也没有得到良好的改善，依然存在问题，并且变本加厉，逐渐严重，导致大量无效供给存在的原因是多方面的，盲目跟风和重复出版是其主要原因。尤其在经济利益的驱动下，透视历年来的图书出版热点，盲目跟风现象屡见不鲜。虽然近年来涌现出《草房子》《男生日记》《女生日记》《淘气包马小跳》系列等深受少儿喜爱的读物，但平庸、克隆之作和翻、编、抄、凑的少儿图书比比皆是。

许多出版社的编辑队伍缺少专家和专业的团队队伍，甚至缺乏对少儿问题的研究，没有对少儿图书的内容进行开发和策划，缺乏原创性，不仅从包装、封面等形式上模仿畅销的少儿图书，更重要的是从内容上模仿，只是把封面、书名稍做变动，内容掐头去尾，就变成了另外一本书，特别是童话和百科全书类已经到了泛滥的程度。例如，2001年上海人民出版社推出畅销书《我为歌狂》，总销量达万册，连续数月居全国畅销书榜前列，形成了青春读物品牌。这之后，"狂"风刮起，出现了《我为画狂》《我为歌狂终结本》《我为蝶狂》《我为球狂》《我为武狂》《我为书狂》等紧跟之作，一片"狂"舞景象。2006年曹文轩的《草房子》问世后，很快，《小房子》《一座小房子》《小蜗牛的新房子》等也都以最快的速度"建"了起来，让人眼花缭乱。

另外，重复出版也很严重，根据北京开卷图书市场研究所统计，《安徒生童话》就有不同出版社出版的349个版本，《十万个为什么》也有200多个版本，这种相同类型选题的图书大量出现导致的重复出版，使大批读者在雷同的图书面前手足无措，不知该如何选择。四大名著、中外名人故事、中外著名童话、成语谚语、唐诗宋词几乎是每个出版社的常备品种。因为这些经典图书的版权已经进入公共领域，不存在支付版权税的问题，而且出版这类图书的门槛较低，所以许多出版社就把目光投向这一块，造成选题撞车，雷同书籍大量存在于市场，导致资源的严重浪费。

（二）少儿图书出版受消费主义影响

我国社会文化越来越受到消费主义的深刻影响，并形成了中国消费主义文化。消费主义在社会文化领域的多向度扩展，一方面给我国社会文化的发展带来了诸多消极影响；另一方面也为当代审美活动提供了许多崭新的内容，极大地改变了人们的审美价值观念与价值取向。少儿图书出版作为文化产业置身其中，也开始更多地体现出一种消费文化的特征。

1. 明显追求消费主义和享乐主义的倾向

在大众文化背景下，大众的主体意识越来越鲜明，也越来越需要一种新的文化形态来表达自己的思想意识和价值观念，大众不再追求历史意义与价值深度，而是寻求能够直接满足当下享乐的内容与形式，以轻松娱乐的艺术形式消除现代人在工作和生活中的紧张、压抑，缓解人们的心理压力。一直以来图书出版作为一种艺术创作，它强调与现实生活保持一定的距离。作为一种有深度的创作，出版者、艺术家担负着道德批判、人文关怀、精神指引的社会责任。现如今，在消费主义文化的影响下，出版者和艺术家的观念发生了改变，他们可能不再像从前那样追求社会的责任感和集体主义的道德观念，在文学和出版的创作过程中出现了世俗化的观念。

2. 文化与金钱结合日益走向商业化、产业化等特征

不可否认，少儿图书的出版促使艺术的传播性和复制性得到了加强，在一定意义上实现了文化的普及和共享。这也使得市场化的规律渗透进少儿图书创作与出版的审美艺术之中，文化走向了产业化。产业化使少儿图书出版速度和效率大大提高，满足了更多少儿读者消费的要求。然而文化艺术与商业紧密结合使得它们具有了商品的形式和特性，少儿图书作为一种文化产品的生产和接受受到价值规律的控制。它的商品化趋势使得大多数作品的价值

取决于是否可以销售出去并获得利益，文化艺术为了追求经济效益的最大化而被大批量的复制和生产，这种从标准化的"流水线"上流出的艺术的复制品的泛滥使得艺术的自主性和创造性被扼杀，培养的是大众审美趣味的共同性，只会钝化大众的审美感触，降低审美趣味。

3. 文化消费从深度走向平面

这也正体现了消费主义时代大众流行文化的特征之一。大众文化是对传统精英文化的消解，它趋向于娱乐化、时尚化、快餐化和平面化。这与消费时代读者的阅读心态不无关系。

在纸质媒体一统天下的时代，阅读文字是我们获得信息和欣赏文学作品的唯一途径。然而随着科技的进步和大众传媒的发展，今天我们的阅读方式再也不只是书本文字的线性阅读，更多的是电视、电影、网络上的"图形阅读"。"读图时代"的来临，使得我们更愿意接受那些肤浅的、平面的、不需要动脑筋就能获得知识或享受的文本。人们开始有了浮躁的情绪，在对待文化和阅读的态度上也显得有些急功近利，开始将阅读视为短期行为，迅速地掌握某种知识、获得某种技术或得到某种娱乐，而对精神发展的长期性缺乏应有的耐心，从而，消费时代的阅读从深度模式走向了平面模式。

4. 童年文化生态的破坏相当严重

近来，随着美国学者尼尔·波兹曼于1982年出版的《童年的消逝——对教育和文化的警告》一书介绍到我国，"童年消逝"问题开始受到关注。英国学者大卫·帕金翰进一步提出，在电子媒体时代成长的少儿，"童年的公共空间，不管是玩耍的现实空间还是传播的虚拟空间，不是逐渐衰落，便是被商业市场所征服。这样一个不可避免的后果是少儿的社会与媒体的世界变得越来越不平等。"从少儿文化以及童年生态的层面和角度看，童年的生态正遭到破坏不是为了"存在"而学习，而是为了学习而"活着"，学习不是为了给生命带来精神充实和快乐，而是将生命变成了学习的机器。

（三）当下少儿读物带来的教育隐忧

从理论上讲，近年来，我国少儿读物出版已稳步迈入一个欣欣向荣、持续发展的新时期，但少儿读物勃兴背后仍然存在不少值得警惕的问题，如重复出版严重、价格虚高、质量低下、原创性缺失、市场竞争混乱、内容过度成人化等，特别是一些含有色情、暴力、恐怖、迷信等内容的图书仍占有一定份额，一些非法出版物也在大行其道，这些都对青少年的身心健康产生着不良影响，对青少年的教育带来了隐忧，凡此种种必须引起我们的关注。

1. 文艺类图书的"盛产"与"滥制"有加重学生课外负担之虞

说到少儿读物，除了教辅读物外，不得不提到专门为少儿"量身定制"的文艺类图书，如《小学生十万个为什么》《唐诗三百首》等。在当今社会的应试教育背景下，这类图书能够在学习之余帮助孩子增长见识、弥补课堂上所学知识的不足。从每年寒暑假期间，学校给低年级布置阅读课外文物作业的这种现象就可以看出，家长及学校都认为这类书籍与少儿课业内容息息相关，因此，优秀的课外文艺读物深受欢迎，其销量不可小觑。

然而细加分析就不难发现，这类专门为学生定制的文艺类图书具有四低三高（出版准入门槛低、出版成本低、发行折扣低、风险低，定价高、利润高、需求高）的特征，这就引得出版单位对此趋之若鹜。据统计，全国每年少儿文艺类书籍的出版数量都在一万种以上。在全国 580 家出版社中，出版少儿文艺类图书的占绝大多数，另有为数不少的民营图书公司也靠经营教辅和少儿文艺类图书生存。

2. 庸俗出版物有碍少儿接受正确知识和辨别是非

好的少儿读物对青少年的思维观念和学习知识形成较强的引导作用，而一些标榜为"开发少儿智力和思维方式"的图书非但不能开发孩子的智力，而且"颠覆历史常识、反常规性"的内容反倒会阻碍少儿接受正确的教育，也会使孩子尚未定型的道德观发生歪曲，最终误入歧途。前几年书商在推销跟风出版的《脑筋急转弯》一书时，宣称"对开发孩子的智力，丰富他们的想象力，陶冶他们的情操，磨炼他们的意志等都深具奇效"。表面看来《脑筋急转弯》一书中的答案虽然能达到令人捧腹的效果，但其涉及的"智力问答"不仅违背科学常识和历史事实，让孩子产生误解。

二、少儿读物市场分析

（一）少儿图书市场现状

1. 产品内涵挖掘不足

在少儿图书市场营销过程中，图书产品是销售的中心，而内容是图书产品的核心。尽管少儿图书出版行业了解读物产品内容的重要性，但在实际的管理和创作、营销过程中往往忽视了图书内容的意义。

2. 广告宣传策划不足

图书促销策略，指的是出版发行单位运用人员或非人员方式向受众传递与图书相关的信息，并使受众持续关注该图书产品或书业企业的相关服务，最终产生购买行为的一种经营销售活动。书业企业想要顺利实现销售目标，可以将广告促销、公关宣传、营业推广等基本策略相结合，实施组合促销的策略。在传统媒体环境下，童书出版由于受到发行渠道的约束，在宣传促销方面也存在不足。

（二）少儿图书市场营销策略新思考

1. 丰富产品内容

少儿图书出版应当把少儿的健康发展放在首位，面对少儿图书市场上出现的内容粗制滥造、过度同质化的问题，应及时采取应对措施。首先，出版社应该打造一支专业的创作编辑团队，为少儿图书精品佳作的输出提供保障。其次，要重视图书品质，出品牌、出精品。

2016年，全国少儿图书交易会以"互联网+·务实·共赢"为论坛主题，强调我国是一个发展中的童书出版大国，各出版社需要整合全产业链的力量，创新产品及产品内容。在"互联网+"时代，童书出版的融合发展已经成为常态，与邻近产业相互渗透、共同进步是大趋势。少儿图书的繁荣发展离不开产业化的运作，针对少儿图书多元产品开发不足，与玩具、影视、游戏等领域互动不充分的现状，出版企业可以考虑与其他文化产业跨界合作、融合发展，打造"童书+创意"模式，如"童书+电影""童书+动漫"等。

2. 拓展销售渠道

按照菲利普·科特勒的观点，在某一商品或者劳务从生产者流向消费者的过程中，获得该商品或者劳务的所有权，或者是协助转移它的所有权的所有企业或个人称为营销渠道。读者深受互联网的影响，其在购买行为和购买习惯上发生了改变，不仅如此，交易方式、工作方式、生活形态也都随着互联网的变化而变化。对此，少儿图书出版企业应当开拓新渠道以适应市场的变化。

在互联网的推动下，在线营销渠道成为少儿图书传统销售渠道的有力补充，并快速兴起和发展。无论是京东、当当、亚马逊等电商，还是童书出版机构，都纷纷转战互联网平台。以京东童书营销为例，其网络营销策略之一就是选择与大V合作。

跨界营销指的是跳出原有的渠道和行业，探寻新的、潜在的销售机遇。跨界营销在图书方面的成功案例有很多，如比较火的少儿有声书微信公众号"凯叔讲故事""童话口袋""钱儿爸讲故事"等。

3. 创新营销方式

传统的营销观念将目标受众视为理性的决策者，忽视了感性因素在客户购买与消费过程中的意义。体验式营销以受众的体验为关注点，重视理性，更重视感性，注重企业与客户之间的沟通，挖掘客户内心的想法，从客户体验的角度增加感情、认知、感官、行为等相关价值。

社会化媒体，指的是能够为用户提供多种不同形式来表达和分享个人观点和信息的新型在线媒体。互联网时代，少儿图书出版企业可以尝试各种新媒体营销方式，如虚拟社群营销、视频营销、微博营销、微信营销等，充分发挥新媒体营销的优势，促进少儿图书出版行业发展。

三、促进我国少儿图书出版发展的建设性思路

少儿图书市场的竞争越来越激烈，也将面临越来越多的问题。现如今国民消费水平大大提高，对少儿读物的品相、品质要求也越来越高。同时，随

着非专业社、民营社和外资越来越多地进入少儿图书市场，会使得大家在资源、销售网络上的竞争越来越激烈。在大力提倡加强少儿思想道德建设的今天，净化少儿图书出版市场，打造优质作品已成当务之急。

（一）提高图书质量，加强对少儿图书出版的管理与监督

保证出版质量，打造健康向上的好书是少儿图书出版最根本的标准。图书质量是出版单位生存和发展的基础，图书质量出现问题，一方面会给读者带来精神和物质上的损失，少儿读者就像一张白纸，没有较深的生活阅历，在小时候形成的观念和行为习惯很有可能会影响其一生；另一方面对出版单位自身的影响也是很大的，容易损害企业形象，减少经济收入，严重的还会阻碍社会发展，最终被社会淘汰。因此，少儿图书质量的提高需要作者、出版社、政府监管部门及社会各界的共同参与。

（二）改变出版理念，协调好引进版与原创作品的关系

随着实践的深入和市场的高度发展，传统的出版思维定式带来的图书结构失衡，以及滞后的出版意识造成的体制和机制老化的问题已经越来越明显了，各涉足少儿出版的出版社必须从生存与发展的战略高度，调整思路、转变观念，以形成新的出版理念。目前，原创和引进版是各大出版社在少儿图书市场上竞争的重点，所以，一定要处理好少儿图书引进和原创的和谐关系，促进少儿图书出版文化的发展。原创图书要在引进图书的包围中坚持走精品路线，与引进版形成互动，争取做大引进版市场，树立原创品牌。

（三）加快我国少儿图书出版的市场化进程

1. 实行多样化的营销手段

缺少成熟的营销策略是我国少儿图书销量不大的主要原因。要解决这个问题，必须进行少儿图书营销方式的变革，现在的销售模式出现了多渠道渗透的局面，而非传统过分依赖店销的单一模式，所以，紧跟时代潮流，创新营销手段是保证少儿图书销量的前提。

2. 必须进行市场细化

为了在未来的少儿图书市场立足，日益细化的市场是少儿图书市场良性

发展的催化剂，是企业发展的机会，也是企业与企业间的分水岭。

3．少儿图书出版应该树立品牌意识，创建自己的品牌优势

少儿图书出版在建立自己的品牌过程中具有独特的优势。因为少儿图书经常有一些成系列的图书热销，从而能够让读者在不断购买和阅读时，有更多机会记得出版社。另外出版社可以随着孩子的成长，在孩子的不同时期推出他们需要的不同的图书，把产品的品牌要素传递出去，从而在孩子和家长心中，建立起更加可信和青睐的品牌形象，让读者保持持续不断的购买。

（四）引导少儿健康阅读，培养少儿读者的阅读兴趣

扩大少儿的知识面和眼界，提高修养和内涵，培养良好的生活习惯和素质是少儿图书出版的目的所在。当少儿具备了一定的阅读经验后，会有较强的阅读能力和浓厚的阅读兴趣，自然会对图书的选择和需求提出自己的要求，这样就会给少儿图书市场带来更多的机遇，同时也会起到积极的促进作用，促使少儿图书出版不断走向繁荣。

第四章 图书馆少儿服务实践与探索

第一节 图书馆少儿服务工作的内涵及特点

一、图书馆少儿服务工作的内涵

公共图书馆的服务对象面向社会的每一个成员，服务对象广泛。而少儿图书馆的服务对象是少儿，是有针对性的，图书馆少儿服务意识、兴趣和能力的培养，关系到青少年一生中对图书馆的利用状况，因此，图书馆少儿服务工作应包括：少儿思想道德教育、公共图书馆意识教育、公共图书馆使用常识、阅读指导与推广、信息素养教育等。

（一）少儿思想道德教育

著名教育学家蔡元培先生说过："教育不专在学校，学校之外，还有许多机关，第一是图书馆。"公共图书馆的文献信息资源是其他社会教育机构所无法比拟的，公共图书馆可以通过丰富的馆藏文献、温馨安静的读书环境以及馆员良好的服务，培育成年人良好的思想道德素质。

第一，馆藏文献的教育作用。少儿好奇心强、求知欲望强，他们渴求更丰富的知识。图书馆中具备各式各样的馆藏书籍、报刊和多种载体的文献资料，这些丰富的知识满足了少儿求知的愿望，少儿读者可以尽情地在图书馆里查找、阅读他们所感兴趣的各种书籍和文献，体会愉悦的阅读过程，在知识的海洋中遨游。根据少儿的需求特点，公共图书馆一般藏有《中华美德读本》《巍巍中华魂》《钢铁是怎样炼成的》《中华美德故事精选》《美德故事》等有关少儿思想道德教育的图书及其他载体文献，这些寓意深刻的思想道德教育文献从理论和实例两方面对少儿良好道德的养成、高尚道德情操的形成，起了良好的教育作用。

第二，阅读环境及读者活动的感化作用。良好的学习环境和文化氛围是读书学习、陶冶情操、提高个人文化素质必不可少的条件。公共图书馆少儿读者服务部门所开展的寓教于乐的少儿活动既满足了少儿读者的兴趣爱好，又使他们在自觉参与中精神生活得到充实，道德境界得到升华。

第三，馆员的言传身教作用。新时期的图书馆员不仅是文献的传递者，而是"知识的导航员""终身的教育者"。未成年读者正处在成长阶段，没有较强的是非观念和辨别能力，而长期为少儿读者服务的馆员懂得少儿阅读心理，知道少儿读者阅读倾向，了解少儿读者的需求，能引导少儿读者利用正确的阅读方法，主动获取知识，培养他们健康的阅读心理。公共图书馆在开展各种少儿读者活动中，馆员的文明举止和热情服务无不使少儿读者在潜移默化中受到教育。少儿读者活动不仅增长了他们的知识，同时也净化了他们的心灵。

（二）公共图书馆意识教育

少儿正处于半成熟、半独立、半依靠这样一种错综复杂的启蒙阶段，他们认识社会，对客观事物的反映只能是近似、粗浅的反映，有时因分不清好坏，还会产生相反的反应。他们对各类可读性书籍都带有好奇心和盲目性，对一些不健康的读物，往往会产生错误的感觉。所以，如果不加以正确地引导和教育，只是粗鲁地想要提高少儿的阅读兴趣和阅读能力，往往结果会适得其反，少儿只有在经过耐心的指导后，才会取得良好的阅读效果，建立起正确的图书馆意识。

教育是人类所独有的一种社会实践活动，我们这里所论及的教育，是动词的教育而不是名词的教育，是广义的教育而不是狭义的教育，实质上是对少儿如何利用图书馆的引导和帮助，它比一般的环境影响作用更大。中共中央书记曾提出："培养育少儿是关系到我们国家前途和命运的一项战略任务，全党全社会都要重视和关心少儿健康成长。"在少儿利用图书馆或平时阅读时，家长、学校、图书馆工作人员要及时发现他们的阅读兴趣有无偏颇、阅读方式是否正确。有的少儿刚到图书馆（室），由于不知道有关规则，怕引起别人的嘲笑，不敢借阅；有的小读者在借阅时，不知看什么书好；有的读书不少，收获不大；有的因课余时间太紧张，到图书馆（室）的时间太短，不会使用目录，走马观花，别人看什么他看什么，没有结合自身的特点有选择地阅读，结果，一些对自己有用的书没有看到，长期下去，部分小读者对到图书馆失去了兴趣和信心，读者队伍也就越来越少。课外阅读也存在无人指导的状况，现在街头书摊（店）越来越多，一些内容不健康的书籍、音像电子出版物的出现，也影响到少儿的成长。

针对各方面存在的问题，各级图书馆（室）、学校、家庭都要根据少儿自身的特点和他们的个性差异，充分发挥自己的教育职能和作用。

一要因势利导，因材施教，注意传播知识的新颖性、趣味性和生动性。要尽快增加新书的品种和数量，对不好的书要"清""堵"，要增加部分现代化的视听和阅读设备，经常运用新的内容和方式来刺激少儿的阅读欲。少儿天生好动，对"动"的事物要比"静"的事物敏感几十倍，他们获取的信息80%来自视觉，这种信息在少儿的大脑中贮存的时间最长，甚至终生难忘。一部好书，是美好心灵的添加剂。一个人的智力开发，知识领域的开拓，道德观的建立，文明习惯的养成都要从童年开始，从小施教，成以大材。引导他们阅读有意义的书，往往比简单的直接说教更能起到理想的作用。

二要有计划、有目的、分不同年龄段宣传推荐读物。对于识字不多的小读者，主要采用生动、形象的方式进行，提供低幼读物或各类识字游戏等，并可组织形式简单的"小管理员和小读者"的游戏，让少儿加深对图书馆的印象和理解，从而将抽象的符号和概念与直观、形象的事物联系起来，感觉到图书馆是一个知识宝库。对于小学低年级的读者，采用引导性、趣味性和直观性等有机相结合的方式，首先组织这部分读者实地参观图书馆的各个工作环境和工作流程，让他们对图书馆有充分的了解，图书馆工作人员给他们详细讲解，告诉每位小读者图书中蕴藏着无穷无尽的知识，看书能学到许多本领以及社会上一部分名人利用图书馆做出丰功伟绩的事例，以提高少儿的读书兴趣和能力。

三要使他们有一个正常而稳定的情绪，让他们自觉自愿，主动地利用图书馆，这样才能使阅读达到良好的效果。对于小学高年级和初中读者，要教导结合，启发思考，培养孩子言行一致的品性。可采用读书报告会、交流会、写读书感等方式，建立小读者阅读档案，来掌握少儿的阅读动向，让他们在深刻理解图书的内容上狠下功夫，养成课外自觉阅读的良好习惯，扩大延伸课堂教育功能，进一步开发学生的智力、拓宽他们的视野，同时要帮助少儿克服阅读中碰到的各种困难，掌握各类检索工具及使用方法。

（三）公共图书馆使用常识

结合本地区的公共图书馆及当地少儿图文馆的地理位置、交通路线及对图书馆的地理位置、交通路线的宣传，包括咨询电话、开馆时间、服务方式等的宣传，馆藏介绍、各部门服务介绍。读者卡的功能，怎样办理读者卡，读者卡的使用权限，借阅图书的册数，借阅的期限，借书、续借、还书的方法、超期滞纳金的计算与交纳等。

少儿图书馆应该是孩子充满书香的家，它的整体氛围都是充满童趣和活泼的，洋溢着轻松的童味。整体色调是孩子喜欢的鲜明而单纯的原色，辅以多种鲜艳的色彩组合。地毯、书架、阅览桌、椅和墙上的贴画都是五颜六色的。这里的书多是封面向外艺术地排列着的，那更是琳琅满目、色彩炫丽。这里还为孩子们栽种着绿色的小盆景，像小绿萝、小吊兰等净化空气的绿叶植物。孩子们喜欢这种多姿多彩的环境，在这样的气氛中他们表现得非常安静而且乖巧，同时这种色彩空间运用，有利于激发孩子的想象力和创造力。

少儿图书馆的一切设施都是根据小朋友的身体特点量身定做的，这里的书架是矮的，摆在最高处的书，小朋友伸出手，踮起脚尖就会拿到。阅览桌和阅览凳也是矮的，桌子和椅子都是形态各异的，凳子坐上去非常舒适，还有各种各样的休闲摇椅。沙发的设计都是非常舒适、柔软的，卡通的装饰能够吸引少儿读者在此阅读。孩子可以选择自己最喜欢的姿势享受沙发的服务，困了可以睡在上面。还应设有各种特色体验区域及活动空间，如内蒙古图书馆少儿馆还设计具有民族特色的真实蒙古包，孩子们可以体验民族风俗。

总之，这里的一切都是为孩子们精心设计和准备的，都是孩子们喜欢的、适合孩子的，这里和家里一样是温馨的，到处都充满着书的香味，是孩子充满书香的家。

少儿图书馆是孩子充满书香的精神乐园。图书馆是孩子的童话世界，这里有全世界最著名的童话故事，有孩子们最喜欢的童话人物，如美丽的白雪公主、灰姑娘、睡美人、青蛙王子等。孩子们在这里不仅可以看到关于他们的纸质书籍，如果孩子感兴趣的话，打开图书馆里的多媒体播放器，就可以欣赏到关于他们的动画片，在纸质书籍与动漫效果的转换中，孩子完成了阅读，学到了知识，同时也得到了快乐。在这样的环境中他们必然会对阅读发生兴趣，喜欢阅读。

少儿图书馆是孩子的网上乐园。图书馆为孩子们创建安全的网络环境，可以让孩子无所顾忌地在网上冲浪。可以看电子书籍、可以看电影，可以查阅自己感兴趣的所有资料，甚至可以玩惊险刺激的网络游戏；在这里孩子是自由的，孩子的身心是放松的，孩子必然是快乐的。图书馆中的少儿服务提供小读者最舒适的环境，让他们能够在学习的同时娱乐，不会觉得单调。

（四）阅读指导与推广

少儿图书馆作为少儿提供阅读文献服务的专业服务机构，阅读指导与推广是用户教育的重要内容。少儿图书馆的内容包括少儿阅读目标的树立、阅读兴趣、阅读方法、阅读习惯的培养等。考虑到少儿读者年龄较小，有不成熟、依赖性强的特点，指导少儿阅读的工作人员需要耐心温柔地介绍图书馆的查询方式、借阅制度等，根据不同年龄少儿读者的阅读倾向和接受能力等方面推荐不同的图书，给予相应的阅读指导，从获取知识、追求真理、探索人生、提高自我、认识世界等方面引导少儿读者选择健康优秀的作品和读物，让少儿读者正确地阅读和利用图书馆的文献资料。同时，还要教育他们爱护图书、讲究卫生、爱护环境设施等，在指导阅读的同时，也进行思想品德教育。

图书馆可以利用馆藏资源举办各种以阅读为主题的读书活动，组织家长和少儿开展有关阅读的讨论会、故事会、绘画比赛、征文比赛、亲子阅读交流会等，也可举办各种以知识为热点的讲座、民俗文化趣味话谈活动、好书分享沙龙等，举办一些好书推荐和主题书展，将每月借阅量最多、质量最好的图书及时介绍给小读者，对少儿阅读方向和阅读内容的引导有很大的参考意义。

（五）信息素养教育

信息素养教育是一种以培养少儿信息意识和信息处理能力为目标的教育。信息素养包括信息获取、信息检索、信息表达、信息交流等。内容有公共图书馆网站地址、界面内容、功能介绍、个人借阅情况查询、网上续借、文献传递服务等网上业务服务办理的方法；联机公共书目查询、图书馆咨询服务平台的使用，掌握一些少儿的健康网站的网址和内容等。

少儿是国家发展的未来，少儿的信息素养直接关系了我国国民素养的水平和国家信息化的发展。近年来，我国越来越重视少儿信息素养的提升，在《中共中央、国务院关于深化教育改革、全面推进素质教育决定》中指出，我国要重视和培养学生收集处理信息的能力、获取新知识的能力、分析和解决问题的能力、语言表达能力以及团队协作能力和社会活动能力。开展信息素养教育，提高用户信息素养是公共图书馆的服务内容之一。在网络环境下，创新少儿信息素养教育方式，提高少儿信息获取和利用能力成为公共图书馆需要认真研究的课题。图书馆加强少儿信息素养教育，是公共图书馆提高社会科学文化水平的使命要求，这不仅能够提高少儿的信息利用能力，而且也能延伸图书馆的服务，提高图书馆整体服务水平。

总的来说，公共图书馆开展少儿信息素养教育具有一定的资源优势、环境优势、政策优势和人才优势。

二、图书馆少儿服务工作的特点

少儿图书馆作为少儿接受"终身教育"的起点站，一直以培养自主阅读为读者服务主题，而其公共性、开放性、多元化也成了少儿图书馆服务有针对性服务的特点。

第一，公共性。少儿图书馆隶属公共文化服务单位，是公共文化的重要组成部分，是公共文化服务的中坚力量，它在政府文化行政部门中的组织和监督下以受托者、代理者、实施者身份开展文化服务工作，因此具有一般公共文化体系的一般特征，包括系统性、服务性、公共性、创新性、政策性、科学性、统筹性等。

第二，开放性。少儿图书馆服务工作的开放性是少儿图书馆与生俱来的特点。这种开放性体现为：

对全社会所有的少儿提供服务，他们可以自由利用图书馆资源而不受限制。少儿图书馆是履行公共服务职能的公益性文化设施，服务面向所有少儿，无条件开放、无偿服务、免费借阅，对所有读者一视同仁，没有任何门槛，这很大程度上可以减少由于教育资源不均衡，家庭经济条件差异造成的少儿阅读环境的差距，体现社会的公平。

资源开放，即图书馆的馆藏向读者开放。少儿图书馆藏书建设的基本原则之一是兼顾各学科文献的入藏，通常没有重点学科的考虑。因而文献资源学科齐全、品种丰富，具备满足不同兴趣、不同个性、不同阅读水平的少儿需要的资源保障。少儿图书馆的文献来源正当、内容健康，具备让少儿自主选择、自由阅读的基本条件。开架服务，与成人馆相比，少儿图书馆几乎是全开架服务；时间上的开放，根据少儿的作息时间和阅读习惯分段安排开放时间，并最大限度地延长开放时间，保证天天开放。

第三，多元化。主要表现在阅读场所外阅读活动和高素质的馆员。

少儿的天性是活泼天真的，对新奇的事物有着强烈的兴趣，对色彩也不例外，少儿喜爱的颜色是单纯而鲜明的。少儿图书馆舍的借阅场所一般多以原色与纯色为基调，旨在激发少儿的想象力和创造力。辅之多种鲜艳颜色的组合还往往具有令少儿安静下来及表现得较为乖巧的奇特效能。图书资料的多色标陈列给孩子们留下深刻印象，一眼就能寻找到所需要的图书；书架及阅读桌椅的组合，构成自由活泼和无拘无束的阅读空间，有利于少儿的阅读兴趣和提升他们的阅读能力。

教育部在新课标中要求"少做题、多读书、好读书、读好书、读整本的书，通过课外阅读，提高中小学生各方面的素质。"通过组织开展少儿课外阅读活动，促进智力和非智力因素的培养，一直是少儿图书馆服务工作的重点。少儿图书馆除了为他们提供借、还图书的服务外，还应给为数众多的小读者免费举办各种类型的课外主题的活动，对培养少儿终身阅读习惯和兴趣有很好的效果。

爱心、热心、耐心、细心是少儿图书馆员必须具备的工作态度和素质。少儿读者的阅读特点决定了他们与其他读者不同，他们不一定完全遵守图书馆的规定，这时，图书管理员要运用少儿心理学知识，进行耐心的说服，让小读者既能明白制度规定又能认识到自己的错误；如果小读者自己的阅读自觉性比较差或出现不会阅读等情况，馆员要对他们进行阅读辅导，帮助他们学会掌握科学的阅读方法；小读者在阅读时不注意照顾自己，或遇到困难不知道怎么办，馆员要帮助他们解决困难，承担家长的角色。因此，图书馆员具备素质的特殊性。

第二节　图书馆少儿服务工作的责任

一、公共图书馆少儿服务工作的问题分析

公共图书馆服务少儿工作与少儿读者的需求相比，其发展速度与规模相对滞后，仍存在不少问题。

（一）图书馆数偏少

我国则每 40 多万人才有一所公共图书馆。国际图联的标准是：每 5 万人应拥有 1 家公共图书馆。按照国际图联的标准，我们也还要一个相当长的时间才能达到，尤其是在西部地区、经济欠发达地区、广大乡镇和农村，公

共图书馆就更少,有人形容为"盲点",这些地区的人们几乎享受不到公共图书馆的服务。

(二)思想重视不够

有的政府管理部门,对公共图书馆的作用以及保障少儿等弱势群体权利的意识淡薄,投入不足,以为解决"吃饭问题"是首位的,"文化建设"慢慢来。有的公共图书馆注重优先为政府、为精英、为科研服务,把为少儿等弱势群体服务摆到无足轻重的位置。少儿等弱势群体,包括少儿的家长,也缺乏自觉利用公共图书馆获取信息资源和服务的意识。可以说,管理部门、公共图书馆、少儿等弱势群体三方都不同程度地存在"重视不够"的问题。

(三)经费缺乏保障

由于经费缺乏保障,多数县(区)公共图书馆的购书经费,每年不足5万元,有的不到1万元,有的好几年没有购书费,致使有的公共图书馆连常规的服务都难以开展,不得不增加收费服务项目设法弥补经费的不足。有的办打印社、影视厅、游泳池、图书文具店,甚至将房屋出租,免费为少儿等弱势群体服务,往往成为空谈。

(四)队伍素质不高

从表面上看,公共图书馆学历大都在本科及大专学历,没有较强的专业知识和素养,懂得心理学、会沟通、会朗诵、会讲故事,会熟练地掌握计算机的人数很少,复合型研究型的人才普遍匮乏,这种情况影响了公共图书馆工作的深入开展,无法提升公共图书馆的服务质量,缺乏足够的特色和魅力吸引少儿读者走进公共图书馆。

(五)服务意识不强

由于公共图书馆的馆员多干不多得,少干不少拿,导致不少公共图书馆安于现状,应付开放。如何吸引更多的读者,充分发挥馆藏文献的作用,考虑得不多。推出的早期阅读、亲子阅读等活动,也只是应时之景,未能长计划、短安排,热闹一时,实效不大,这样的公共图书馆必将得不到社会公众的重视和尊敬。

二、新时期公共图书馆少儿服务的责任

图书馆为每个人都提供均等的公开教育机会,提供持久乃至终身的知识服务、信息服务,对于青少年更是如此。图书馆还是学校教育有益且不可或缺的补充,为学生的终身幸福、探寻生命的意义奠定重要基础。特别是在我国大力实施"人才强国"战略的新时期,提升公共图书馆对少儿的服务意识、服务能力和服务水平更具有重要的现实意义和深远的历史意义。

(一)促进少儿健康成长

公共图书馆作为我国公共服务体系的重要组成部分,在服务少儿方面具有其自身的优势,特别是由于公共图书馆的资源十分丰富,而且也是一片"净土",有利于少儿汲取营养,也有利于减少社会媒体特别是网络媒体对少儿身心健康的不良影响,使少儿读者能够在公共图书馆的知识海洋里学到更多的知识,同时也能够陶冶少儿的情操教养,提升少儿读者的思想道德素质。从这个意义上来看,公共图书馆对于促进少儿健康成长具有十分重要的作用,这也是公共图书馆最大的优势,因而公共图书馆必须大力加强对少儿的服务,最大限度地促进少儿健康成长。

(二)推动公共图书馆服务创新

随着全媒体时代的快速发展,特别是随着以互联网为载体的"第四代媒体"和以手机为载体的"第五代媒体"的超常规、跨越式发展,新兴媒体不断涌现,各类平台越来越多,为少儿提供了广阔的阅读空间,这对我国公共图书馆来说是新的挑战,但同时也由于网络技术的快速发展给公共图书馆创新服务创造了千载难逢的历史性机遇。从目前我国公共图书馆大力发展网络图书馆、手机图书馆等就可以看出趋势。少儿可以说是最重要的阅读群体,他们对国家的发展有着极其重要的作用,图书馆只有重视少儿读者的阅读情况,加强对少儿的阅读服务工作,特别是通过服务模式、服务机制、服务体系以及服务载体进行创新,只有这样才能更多地吸引少儿读者,进而提升自身的竞争力。

（三）完善少儿教育体系

公共图书馆是少儿家庭教育、学校教育、社会教育"三位一体"教育体系的重要组成部分，是社会文化教育的重要载体，只有将家庭教育、学校教育、社会教育紧密结合起来，才能使少儿教育取得良好的成效。公共图书馆是"三位一体"教育体系重要组成部分，能够有效联结家庭教育和学校教育，建立起良好的少儿教育网络。因而，公共图书馆只有通过不断创新少儿服务理念和服务模式，才能使自身的教育功能得到充分发挥，才能建立起与家庭、学校相互联系的教育网络，进而最大限度地发挥公共图书馆对少儿的教育功能，推动家庭教育、学校教育、社会教育"三位一体"教育体系的不断完善。

三、公共图书馆少儿服务发展的思考与对策

（一）加强专业人才的培养

专业人才的缺乏一直是制约公共图书馆少儿服务水平的瓶颈，馆员现有的知识结构很难适应新技术的要求。为此，首先应建立人才培养、协调和管理制度，并切实执行和落实，再通过多样化的有效手段，提高馆员的专业素质。具体来说，可以通过人才引进以及对在职馆员的正规学历、学位再教育等来优化图书馆人才结构，通过积极参加专业的培训班以及各种学术交流活动，提高馆员的业务水平，形成一种人才群体功能，使得公共图书馆从事少儿服务的馆员具备以下的两者能力：一是掌握图书馆专业知识、网络理论知识、信息技术管理知识等，以适应21世纪图书馆智能化、电子信息资源集成化、网络化以及藏书体系数字化的要求；二是要具有少儿心理、教育等方面的知识，从而为少儿读者提供"快、准、全"的信息服务。

（二）加快建设适合于少儿阅读的馆藏资源

大幅度增加公共图书馆少儿读物的种类和数量。图书馆应从购书经费中确定一定的比例用于订购适合少儿阅读的文献，并对定购文献的种类、形式以及数量进行科学合理的配置，以最大限度地满足不同年龄、阅读层次的读

者需求。从文献的内容上看，不仅要有帮助少儿提升学做作文的参考书，同样要有内容丰富多彩的中外名著等课外书开拓少儿的眼界，满足少儿的好奇心，另外，也要考虑到少儿的心理特征，采购生动有趣的各类休闲娱乐书；从文献的适用范围上看，既要有适合中学生阅读的书刊，又要有适合小学生阅读的较为简单的书刊，还要有适合学龄前少儿的挂图、撕不坏的书等；从文献的载体形式上看，既要有纸介质型的文献，又要有数字文献。

（三）加强少儿图书数字化资源的建设

随着现代科技的飞速发展，数字化、网络化、信息化是图书馆可持续发展的重要方向。公共图书馆应该充分利用自身的优势，建立可共享的多元化少儿馆藏资源，全方位、创造性地开展更适合青少年心理、生理特征的服务。首先，加快建立有关少儿的专题数据库，如少儿书目数据库、少儿心理咨询数据库、亲子教育操作方法数据库、少儿学习、教育数据库等，提高文献利用率，全方位地向社会及少儿提供综合性服务；其次注重信息服务工作，提供有效的信息服务产品。根据少儿读者的心理特点，精心筛选书本和网上信息，建立具有少儿特色的网站，及时编发信息、摘编刊物，开展信息咨询服务，提升服务效力。由此带动图书馆的传统服务功能，为更多的少儿读者提供多层次、个性化、高质量、全方位的服务，满足网络时代少儿读者的信息需求。

四、图书馆推动少儿全民阅读的对策

（一）少儿图书馆要转变服务观念，完善服务措施

转变服务观念，是图书馆改善服务的前提。公共图书馆作为一个国有的事业单位，多年来管理体制一直未有大的改变，普遍存在观念落后、服务意识淡薄的问题。观念的落后，造成图书馆的工作不是完全以满足读者的需求为目的，不是以读者为中心，必然形成落后的图书馆文化，因而不能为读者提供全方位的优质服务。随着我国社会的不断进步和发展，图书馆面临着市场经济和各种信息服务机构和媒体的冲击，必须要有危机感，树立竞争意识；要认识到图书馆的经费是来自于纳税人，树立服务意识。

若要使图书馆成为学习型社会中的重要一环，图书馆必须要转变服务观念，树立"以人为本"的服务理念，实施读者满意战略。21世纪图书馆面对着的是一个多元的阅读世界和动态的阅读需求，向不同用户提供个性化服务、满足个性化需求，将成为当代图书馆服务工作向纵深发展的一个重要课题。因此，图书馆必须变传统的封闭式服务为开放式服务，变消极等待式服务为积极主动式服务，变浅层次地为读者提供文献单元服务为深层次地提供知识单元服务。以在思想观念上树立向全社会开放的观念为基础，图书馆要使每一名渴望学习的社会读者都能充分利用图书馆，让图书馆真正成为大众喜爱的、能从中获取知识、进行终身学习的"无墙大学"。

（二）少儿图书馆的读者服务功能应该进一步拓展

少儿图书馆的服务方式应该趋向于多元化，过去那种坐等上门的服务方式如今不复存在了。根据新形势下的新要求，少儿图书馆应把过去单一性的静态服务和当今提倡的动态服务有机地结合起来，在"以读者为本"的服务管理思想下，扩大服务领域。第一，开展用户教育普及图书馆知识；第二，积极开展社区图书馆建设；第三，为流动人口提供文化服务；第四，关爱弱势群体的需求。

（三）加快数字化建设的步伐

作为图书馆的工作人员，必须要紧跟新时代的图书馆发展要求，明确工作内容和职责，在原有的工作经验和储备知识中进行学习和吸收，努力让自己的知识在不断更新的过程中得到提升，以此才能更好地担当起教育和培养少儿掌握更多丰富知识的重任。只有这样，少儿图书馆才不至于被时代所抛弃，才能更进一步地站在知识浪潮的前沿，当好少儿求知道路上的领航员，使少儿图书馆在高科技的推动下真正成为服务于广大少儿的信息咨询中心。

媒体的多元化形成了众多新兴媒体对传统纸质媒体市场的分割。计算机、多媒体、互联网技术的发展，极大地拓展了网上阅读的时空界限。近两年我国有网上阅读习惯的人口比以前翻了一番，且网上阅读习惯与年龄成反比，即年龄越小有网上阅读习惯的比例越高。虽然目前的全民阅读率的计算中，还没有列入网上阅读这一阅读形式，但作为图书馆来说，要充分关注网上阅读这一趋势，通过不断建立和完善数字图书馆，建立丰富而有序的数据库，开展多媒体阅览、网上咨询等服务，为全民提供多元化的阅读平台。

（四）开展各式各样的读书活动，为少儿的素质教育提供更为广阔的阵地

国家实施"知识工程"就是要引导人们爱书、读书，增加图书馆意识，使越来越多的人走进图书馆、利用图书馆，通过读书、用书，提高全民族的思想道德素质和科学文化水平。教育的目的是"促进知识的获得和新知识的产生"。在全面推进素质教育的新形势下，少儿图书馆更应和学校图书馆相互配合，互相联合，为祖国培养"德、智、体、美、劳"全面发展的高素质人才，将公共少儿图书馆和学校图书馆（室）的职能充分而有效地发挥出来。少儿图书馆应该带头掀起"全民读书"热潮，朝着"阅读社会"迈进。

五、图书馆少儿服务职能

（一）对少儿承担着重要的社会教育责任

少儿作为新生的朝阳，是祖国的未来，对少儿的关注和教育直接影响到我们国家的命运与前途。步入 21 世纪，面对国力的竞争、人才的竞争，我们国家要保持伫立在世界强国之林，如何教育好下一代已成为重中之重的大问题。少儿图书馆作为"知识的海洋"，历来一直在为少儿创造自主学习、独立教育的良好氛围而努力，少儿图书馆的设立对于他们的品德修养、身心健康、兴趣、学识的增进都大有好处。少儿图书馆是校外对少儿进行理想、人生教育、思想道德教育的最广阔的课堂，做好少儿教育对少儿图书馆来说责无旁贷，而且任重道远。在帮助少儿完善道德品质、学习科普知识、提高综合素质方面发挥着举足轻重的作用，是少儿健康成长的重要教育基地。

由于少儿正处在长身体、长知识的旺盛时期，所以他们需要综合教育，也只有接受综合教育他们才能成才。而当今我们对少儿的教育却存在两大误区：一是注重学校正规教育，忽视社会教育（包括忽视图书馆的教育）。二

是为孩子成长提供很好的物质条件，而忽视提供"精神食品"，造成精神"饥饿"，以致精神"缺钙"。由于精神空虚，他们很容易被社会上的歪门邪道所引诱，玩游戏机（被称作"数码娃娃"）、打牌、赌钱甚至犯罪等，产生心理障碍现象和少儿犯罪行为。我国著名图书馆学家刘国均先生说："少儿图书馆至少有两个作用：培养读书的习惯，使他们将来有一种接受良好著作的习性；陶冶少儿的性情，使他们不致流入歧途。"可见少儿图书馆应责无旁贷地担负起对少儿社会教育的重任。

（二）加强对少儿读者"非智力因素"的培养

我国有近四亿少儿，他们是祖国和民族的希望与未来。受市场经济的影响，加之青少年思想情绪不稳定，是非观念尚不完全成熟，独生子女家庭教育的问题和应试教育的弊端，有的青少年在心理上存在一些偏差。加强青少年的素质教育是提高全民族整体素质，构建和谐社会的重中之重，应引起全社会的高度重视和关注。不要一味地看重孩子分数的多少，而是要注重孩子所获得的能力，致力如何使孩子具备这些比成绩更重要的技能，所谓能力不仅仅指学习的能力，而是包括各个方面的，最为主要的应该是生活的能力、与他人更好的交往能力、适应社会生存的能力、掌控情感的能力等，这些都比学习能力来得更加重要。有了这种能力，不管孩子在任何环境下都能够健康成长，随之避免了会出现的复杂的社会现象。让孩子们生活在他们希望的美好生活里。

在对小读者进行教育的过程中，我们应将"非智力因素"的培养放在与"智力因素"培养同等重要的地位，全面提高少儿读者的素质。所谓"非智力因素"是相对"智力因素"而言，"非智力因素"是指人类除智力因素以外所具备的道德、情操、品格、意志、勇气等精神修养。随着社会的较快发展，人们不仅要有广博的知识，同时，也要在品格、意志、情操等方面有深刻的修养。

"非智力因素"的修养程度，既是一个民族精神品质的发展标志，又是促进社会安定的重要条件，同时还能对"智力因素"的发展起推动作用，或者说促进个体"智力因素"更有效地为社会群体服务。当前，少儿图书馆在培养少儿"非智力因素"方面的作用更显突出。

（三）少儿图书馆承担着提高少儿思想道德素质的责任

少儿图书馆作为少儿学习的课外场所，无疑是对少儿进行思想教育的重要阵地，少儿图书馆应把加强少儿思想道德教育作为服务内容之一。要使广大少儿健康向上地成长，提高他们的思想道德素质，少儿图书馆应进一步加强少儿读者服务工作。

六、图书馆为少儿读者服务的保障建设

（一）建立先进理念

少儿是图书馆的潜在读者，是祖国未来的建设者和接班人。公共图书馆承担着与学校教育、家庭教育互补的社会教育职能和社会责任。因此，形成重视为少儿读者服务的理念，优先为少儿读者提供知识服务，实现图书馆全面育人的教育功能是现在图书馆发展的当务之急。

（二）优化馆藏结构

当前，图书馆正从传统模式向数字化模式转变，少儿图书馆或者少儿读者阅览室正成为少儿信息的集散地和信息资源中心。少儿图书馆的馆藏文献建设正出现一个印刷型图书与电子视听资料、电子图书等并存的全新的格局。在这样一个新形势下，应试图从视、听、声、光等多种角度出发，全方位地培养少儿读者的学习兴趣，扩大他们的视野，拓宽他们的知识面，使他们能够远距离地、不受时空限制地获取信息，在轻松愉悦的环境里学习。另外，为了提高少儿小读者的阅读积极性，培养其各方面能力的发展，图书馆可以将少儿的各种原创作品进行收集和展览，包括手稿、科技模型、手工制作、摄影作品等，让少儿读者的作品成果得到尊重和赞赏，也可以将少儿的作品作为图书馆的文献资源加以收藏。

此外，文献资源还应满足与少儿有关的文献信息资料用户的需求，包括孩子的家长、教育工作者、少儿作家等。因此，图书馆馆藏文献内容应涵盖

多种学科,不仅要收藏多学科的信息文献,捕捉最新的信息动态,还要求收集的文献信息资料具有"新""奇""快""全"的特点。

(三)完善基础设施

阅览室的基础设施是做好服务的硬件条件。图书馆应针对少儿读者的特点,认真地规划、建设少儿阅览室。在设计图书馆时,无论在采光、家具材质及摆放,还是室内装饰设计等方面,都要考虑到少儿读者的身体与行为特点,让少儿读者走进阅览室后,可以安全、便利、快乐、舒适地使用图书馆,进而有效地吸引他们走进图书馆。

(四)充实人力资源

图书馆员是图书馆做好读者服务工作的第一要素,图书馆员的素质高低直接影响到服务质量和效果。在为少儿读者提供服务方面,更需要高素质的图书馆员,他们既是少儿服务部的管理人员,又是广大少儿读者的教育者,由于他们的特殊身份,其言行、仪表、文化修养、专业技能等都直接影响着少儿读者,他们既肩负着图书借阅服务的工作,还担任着读者辅导的重任。因而,图书馆要重视为少儿读者提供服务的图书馆员的队伍建设,通过谨慎选拔、定期培训与严格考核,打造了一支工作在少儿读者服务第一线的,知识丰富、学习能力强、热爱孩子、充满活力的队伍。

第三节 图书馆少儿服务的影响因素

一、少儿图书馆读者服务的现状

由于传统少儿图书馆的馆藏资源以印刷型为主,并且少儿读者的阅读需求又大多是娱乐消遣型的,因此,长期以来,书刊的借阅流通服务在读者服务工作占主要地位。虽然少儿图书馆为配合少儿的思想品德教育和爱国主义教育,也开展了形式多样的读书活动,但这些活动也大多围绕着图书阅读进行的。种种客观原因,使少儿图书馆的读者服务的绝大部分工作仍是停留在

"借借还还"的单一形式上。

随着信息传播手段的迅速发展和素质教育在学校中的深入普及,少儿的阅读爱好与阅读需求也随之发生了改变:首先是开放的社会环境使少儿的思维趋向多元化,促使他们的阅读内容出现超前发展;其次是信息传播的便利使他们的利用媒介也不局限于单一的印刷型载体,电视、互联网等成为他们获取信息的渠道;再次是社会竞争环境对少儿产生影响,促使终身学习的理念逐步形成,加上"课程改革"形势下形成的"探索性学习"策略,推动少儿要学会独立地去获取知识与信息。教育社会化的方方面面变化,使少儿对图书馆的需求不再是单一的图书借阅模式了,他们不仅要从图书馆获取阅读乐趣,还要从图书馆获取知识与信息以及获取过程的方法、手段与技巧。

为此,少儿图书馆读者服务的内容定位,不能只是单一的"借还",要转向"全面服务",既要深化传统的流通服务,同时也要开展电子阅读、特色阅览、信息检索、参考咨询服务等以及信息素养教育培训与活动。

（一）购书经费不足导致少儿文献资源匮乏

由于地方对图书馆少儿服务的重视程度不够,往往财政对采购少儿文献书籍的经费提供不够充裕,基层的各个图书馆将本来就相对缺乏的购书经费投放在大众成年人的阅读文献和图书馆布置上,这就使得基层图书少儿馆藏文献比例普遍偏少,数量渺小的少儿文献往往夹杂在成堆的成年人阅读文献中,不易发现,网络移动等新型跨媒体阅读资源更是不足。许多少儿馆藏书陈旧过时,服务质量也难以令人满意。作为地区的中心馆,基层图书馆资源的保有量、年更新量无法达到自身良性循环,就缺乏区域性服务体系中心馆的领导力、影响力、辅助力,为基层建流通点、送书服务更是成为空谈。

（二）教育理念滞后,忽视学前早期阅读

《公共图书馆宣言》中公共图书馆使命第一条即为"从小培养和加强少儿的阅读习惯"。我国对少儿早期阅读的重要性及公共图书馆应承担的责任在近几年才被提及,早期阅读的社会支持系统也存在很多不足,家长和老师普遍对学校以外的课外阅读带有不同程度的抵触限制。

（三）缺乏专业人才引导，制约服务工作开展

少儿阅读活动具有很多不成熟性，如阅读随意性强、阅读范围窄、阅读效率低下等问题，图书馆是孩子们课外学习接受再教育的重要阵地，也是他们获取丰富知识的主要渠道，图书管理员应引导孩子们有针对性地选择阅读读物，有效利用图书馆，而他们日益增长的文化需求，给图书馆工作者也提出了更高的要求。少儿服务馆员除具备专业图书馆学知识外，还需具备一定的少儿文学、少儿教育学、心理学等相关专业知识，以及沟通策划的技巧。目前我国少儿专业服务馆员从中央到地方都十分匮乏，同时因经费不足、从业人员的专业培训力度也不够，在意识、观念、专业知识经验等方面存在许多不足，无法满足图书馆少儿服务的基本要求。

二、公共图书馆延伸服务评价影响因素

对公共图书馆延伸服务进行评价时必须综合考虑延伸服务的各个方面及其相关的影响因素，目前公共图书馆延伸服务主要从服务空间、服务对象、服务内容及服务方式等方面进行延伸。

（一）服务空间的延伸

第一，总分馆模式是公共图书馆拓展服务空间最基本的模式，也是公共图书馆拓展服务空间最常使用的方式，分馆数量的多少，以及分馆的布局是否合理是公共图书馆向基层、社区、街道开展延伸服务的基本保障。同时，分馆提供的服务是否像总馆一样丰富，全面以及分馆服务是否具有针对性都将影响到分馆的服务质量。分馆平均每天访问量反映了读者对于分馆服务的需求程度。

第二，流动服务点是指公共图书馆在馆外设立流通服务点或者利用汽车图书馆开展图书馆服务的一种方式，开展流动服务对于那些偏远地区、不方便享有图书馆服务的地区，提供了便利的条件。流动服务点的数量以及其辐射范围反映了流动服务点覆盖是否全面，以及向基层延伸的力度，流动服务书刊借阅人次和流动书刊借阅册次反映了读者使用流动服务的情况，对流动

服务的发展有很大影响。

第三，自助图书馆服务对于图书馆开展自助延伸服务有很大的影响，其数量的多少和覆盖范围的全面与否将影响到用户是否能够方便、快捷地获取此项服务，自助图书馆服务内容丰富程度将影响到读者对其的使用程度，自助图书馆平均每天访问量反映了读者对自助图书馆服务的接受程度。

（二）服务对象的延伸

公共图书馆的服务宗旨就是要实现为每个读者提供平等的服务，而服务对象的延伸正是为了实现这一目标，目前服务对象的延伸主要包括向少儿、盲人、残疾人、老人、农民工以及其他处在社会底层的弱势人群延伸。

（三）服务内容的延伸

公共图书馆延伸服务从内容上的延伸，决定了图书馆延伸服务的质量，讲座、展览、培训的次数以及其内容丰富程度，对到馆的读者人数有很大的影响，其内容丰富，能够满足各类人员的需求，就会吸引更多的读者到馆享受该项服务，讲座、展览、培训参与人次反映了读者对于此类服务的喜爱程度及其满意程度，决定了该服务是否能够长期、持续地开展下去。

（四）服务方式的延伸

图书馆的服务方式延伸大大地影响着阅读者能否快捷、方便地获取所需，图书馆服务时间上的延伸可以使那些因家庭或工作繁忙的人选择合适的时间来馆学习，享受图书馆的服务，由此可以提高读者的到馆率。此外，借助网络技术开展图书馆服务逐渐成为图书馆延伸服务的主流，数字图书馆建设质量的高低和内容丰富程度将影响用户对其的访问量和使用量；移动图书馆的建设有助于读者能够借助手机、平板等移动终端随时随地获取图书馆服务，极大地提高了数字图书馆的使用频率，对其拓展网上服务有很大的影响；借助微信、QQ等社交软件来开展图书馆服务，展现了图书馆能够根据时代需要与时俱进，用读者喜欢的方式来为读者提供服务，拓展了图书馆的服务职能；数字图书馆访问量反映了读者对于数字图书馆的需求高低。

三、加强少儿阅读服务工作的对策

（一）少儿图书阅览的社会需求是加强少儿图书馆工作内在动因

建立更多独立建制的少儿图书馆来普及少儿的图书阅读并不现实，所以应该让更多的各层次各类型图书馆及机构来分担服务职能，"小求所有、但求所用"。积极开展社会化合作，吸引、动员社会力量参与少儿阅读服务管理，按照"广覆盖、保基本、多层次、可持续"的原则，推行社会化合作的创新发展模式，缓解少儿图书阅览条件不足与社会需求之间的矛盾。

（二）图书馆业界服务实践的强力推动是做好少儿阅读服务的工作关键

图书馆事业在社会进步中的作用十分重要，少儿图书馆是培育学习型社会的摇篮，是一个校外学习、亲子阅读的重要空间，通过图书馆业界同人的共同努力，挖掘潜力，满足社会多样化的精神文化需求，推动少儿图书阅读服务的快速发展。

第一，加大对少儿图书馆事业的投入。不少地方少儿图书馆、中小学图书馆都纷纷建立，许多公共图书馆建立了少儿服务部门，服务拓展呈现良好势头。

第二，团结协作、资源共享，构建多层次服务体系，不断提高服务水平。编制少儿图书推荐书目，作为各图书馆文献入藏的参考，指导少儿馆的基础文献建设，同时策划带动行业发展的项目，为基层少儿图书馆建设提供支持与服务。

第三，加快少儿数字图书馆的建设。联合全国的少儿图书馆、公共图书馆、学校图书馆，建设共享的少儿文献资源，在新技术开发方面要加强与各兄弟馆的合作和成果共享，将新媒体技术融入少儿服务和活动中，组织面向少儿读者的讲座，并通过网络实现全国文献资源共享，更好地满足不同年龄和地域的少儿的个性化需求。

第四，加强人员培训。目前，图书馆少儿服务在专业的人才方面少之又少，出现严重匮乏的情况。因此，要充分利用国家及省市馆、学会在人员培训方面的优势，加强科研合作与人员培训，使少儿图书馆员不但承担专业图书阅读服务工作外，同时也能够胜任指导者、辅导者、照顾者的角色。

第五，注意加强国际间的交流与合作。借鉴国外的先进理念和服务经验，积极学习，同时扩大在国际少儿图书馆事务中的影响力，加强少儿服务相关标准规范的研究，推动少儿服务工作的科学化、标准化和规范化。

第四节 图书馆少儿服务的创新思考

一、图书馆少儿多功能服务区设置原则

在《公共图书馆服务规范》《中华人民共和国公共图书馆法》中，提出了基于少儿的特殊需求重点培养少儿阅读习惯的要求。由此可以看出，公共图书馆为了更好地满足少儿服务。显然不能单纯地提供纸质文献服务，还要根据少儿的阅读需求和成长特点，考虑提供多功能少儿服务区。同时，在具体的布局实施时，必要的布局原则也是应该遵循的。

（一）年龄分离原则

在不同的年龄段，少儿有不同的特点，因此，为少儿提供的多功能服务应该有年龄的划分。根据不同年龄阶段的少儿读者，设置与该年龄阶段特点相符合的阅读服务区功能，这样，既为少儿读者提供了便利的阅读条件，也让其家长更放心孩子的阅读氛围与阅读效果，同时，也避免了不同年龄段少儿在阅读时造成的互相干扰。

在《公共图书馆服务规范》中也指出：公共图书馆少儿阅览区的设置应该有一个单独的出入口，做到与成人阅览区的分离。对于有条件的公共图书馆，可以单独设置一个供少儿活动的室外场所。

（二）底层原则

少儿活泼好动是天性，在公共图书馆里少儿嬉戏打闹、攀爬楼梯等行为

都是正常的。而在这一过程中，较大的少儿活动声响会造成对其他读者的干扰，在爬楼梯时也会有安全隐患。所以少儿多功能服务区的地点设置上，应该根据底层原则实施，选择图书馆的最底层来设置少儿阅览区等服务区域。

（三）同类邻近原则

在布局少儿多功能服务区的过程中，各功能区之间是有着一部分互相干扰的，对于阅读氛围的营造达不到较好的效果，因此，为了尽量减少各功能区之间造成的互相干扰，应该全面考虑功能区的服务功能和服务性质，做到类似功能区的场所相近或相邻。

（四）动静缓冲原则

在设置服务区时，为了避免互相干扰，应该将动静功能服务区的选址分置在较远处。对于集中式多功能少儿服务区布局来说，为了遵循动静缓冲原则，有必要在动与静服务区之间考虑设置一个缓冲地带。例如，可以将电子阅览区作为缓冲，把它安排在动静较大的趣味游艺服务区和需要安静的纸质文献阅览区之间，这样就能够做到动与静的隔离，极大地降低了干扰。

二、少儿阅读需求与阅读服务的"因""变"关系

少儿阅读需求是一个内涵丰富、结构明显的开放体系。在满足少儿读者的阅读需求并在阅读的过程当中体会到愉悦的心情时，存在着各种各样的需求形态。从价值取向上看，既有民族的、大众的、科学的先进文化，也有外来的、落后的低俗文化；从心理需求上看，既有追求真理、热爱知识、憧憬理想、向往成长的阅读需求，也有寻觅童趣、希冀快乐、渴望关爱、放飞心灵的现实需要；从需求载体上看，既有常态的纸质文献，也有现代化的光盘、电子出版物、网络数据库；从需求形式上看，既要有两点一线式借阅模式，也需要自由、生动、活泼、富于创新的读者活动；从阅读对象与阅读层次上看，既有各年龄段少儿的主体差异，也存在着同一主体不同阅读需求的差异。当然，少儿阅读需求还包括阅读环境是否优良，阅读地点是否便利等其他需求。正是因为这些需求的存在，提醒了少儿阅读服务的工作需要改进和创新，同

时也出现了针对少儿阅读服务工作所提出的更新、更高的要求内容。这些要求既包括对少儿阅读价值取向的正确引导，帮助少儿科学甄别真、善、美与假、丑、恶；也有对少儿阅读需求心理的全面了解和细腻把握，在提供知识服务的同时，倾注关爱、温暖和阳光；既要保持少儿对传统纸质文献的需求，也要满足读者对电子文献、网络文献的需求，让小读者在阅读中既开阔眼界、获取知识、增长才干，又能在五彩缤纷的网络世界中享受到现代科学技术高速发展的文明成果。同时，对于远离城区的乡村少儿，由于阅读条件不便，少儿图书馆则要因势利导地将触角延伸到渴望读书的少儿身边，让他们均等地享受到图书馆的公益文化服务。

综上所述，阅读需求因种种不同情况的存在而不断变化，阅读服务则因阅读需求的变化而相应地发生变化。在这里需求方的变化是"因变"，而服务方式的变化则是"应变"，因此阅读需求与阅读服务之间的关系是"因""应"关系，这是显而易见的。由此可见，对于阅读服务来说，应有不同的对策：其一，在条件允许的情况下，要"因变"而"应变"；其二，在条件不足的情况下，要以"不变"应"万变"；其三，在条件不足但又可创造条件情况下，要创造条件"因变"而"应变"。但无论情况如何变化，"读者第一""服务至上"的理念始终是少儿图书馆永恒不变的宗旨。

三、少儿图书馆的社会功能分析

（一）少儿图书馆是文化资源的重要来源之一

少儿图书馆旨在为少儿读者提供丰富有趣的书籍资料，让他们从中能够体验快乐、学到知识、充实自己。为了达到这一目的，图书馆通常利用宣传、借阅等方式传递到读者手中，开拓读者的知识界面，提升读者的文化素养。因此，少儿图书馆的服务对象不仅包括少儿，还包括与少儿健康成长息息相关的家长以及教育工作者。针对不同群体的实际需求，少儿图书馆要提供与之相适应的服务，使图书馆的资源得到最大程度的利用。同时，少儿图书馆可以与附近的少儿服务机构，如幼儿园、中小学以及福利院等建立良好的联系，扩大服务的普及范围。此外，少儿图书馆为了方便开展相关的公益活动，还要与当地的教育系统以及新闻部门保持密切的关系。

（二）少儿图书馆的社会宣传教育职能

少儿图书馆是除学校与家庭之外的教育场所，对于少儿的健康成长以及知识学习具有重要的意义。少儿图书馆是少儿拓宽视野、学习新知识的重要场所，承担着少儿良好道德品质的培养、综合素质的提高及学习习惯的养成等多项职责，就是社会宣传教育职能。少儿图书馆主要是通过丰富文献资料的广泛传播或是相关公益活动的开展来实现这一职能的。针对少儿图书馆的这一职能将其与学校教育以及家庭教育进行有效的衔接，可以促进少儿文化道德素质的良好发展。

（三）引导阅读

少儿图书馆中收藏着大量的图书以及期刊资料，其丰富多彩的内容能够激发少儿的阅读兴趣，从而促进少儿良好阅读习惯的培养。随着社会的发展，对于少儿的培养教育已经不能仅限制于学校以及家庭，少儿图书馆的教育职能逐渐凸显出来，因此对少儿的阅读活动进行有效的引导是少儿图书馆的重要责任之一。只有学校、家庭及社会三方的有效配合，督促少儿健康快乐地学习和成长，才能使少儿良好地发展。

四、图书馆少儿服务模式的创新意义

（一）满足少儿的读书需求

图书馆少儿服务模式的创新，意味着图书馆少儿服务体系的不断完善，意味着可以在更大的空间与时间范围内满足少儿读书的实际需求，更好地弥补我国少儿读书资源欠缺的现实困境。图书馆服务少儿模式的创新，可以方便少儿获取图书资源，解决我国不同地域读书资源分配不均的问题，切实满足偏远地区少儿的读书需求。只有创新少儿服务模式，才能满足少儿不断增长读书需求，使少儿有更好的渠道来获得读书资源，促进少儿更自由地获得知识信息，更好地保证少年独立的读书权利。这从根本上维护了少儿获得知识的权利与欲望，是社会责无旁贷的义务，也体现了图书馆的基本职能，是实现人文关怀、构建社会主义和谐社会、促进社会精神文明发展的重要任务。

（二）提高少儿综合素质

图书馆实现少儿服务模式的创新，可以运用各种有效的渠道把图书资源推送给少儿，满足少儿成长的现实需求，达到全面提高少儿综合素质的目标。

第一，当前我国正在实行素质教育，提高少儿的综合文化素质，必须开拓少儿眼界，促进少儿广泛涉猎各种知识，这就必须丰富图书资源，把各种图书以有效的形式传递到少儿手中。

第二，通过创新少儿图书服务模式，可以实现少儿图书资源的有效整合，可以更好地提高少儿图书资源的质量，这对于促进少儿发展，满足少儿日益多样的读书需求有重要的作用。

第三，创新图书馆少儿服务模式可以把传统经典文化、现代科学文化、西方优秀文化等各种丰富的内容传递给少儿，这对于完善少儿的知识体系，促进少儿全面发展有重要意义。

（三）促进少儿个性化发展

图书馆少儿服务模式的创新，可以充分借助现代公共图书馆资源体系，可以运用互联网的形式，实现引导少儿的在线阅读学习目标。通过开发创新少儿图书资源的服务模式，可以实现智能化的服务目标，有效满足少儿的个性需求，对于培养少儿特长有重要的意义。

第一，在互联网资源辅助下，可以根据少儿的兴趣需求，给少儿智能化的检索提供符合其年龄需要的各方面的知识。

第二，根据少儿的兴趣发展，互联网智能化的借阅系统还可以进行图书推送，从而有效地指导少儿阅读。

第三，在网络环境下可以实现知识互动，还可以引导少儿向自媒体朋友圈进行图书推送，从而使少儿在个人的读书圈子里不断成长，达到互相推广交流的目标。

五、图书馆少儿服务多元化与特色化的思考

（一）多元化

为了给少儿读者提供优质、全面的服务，公共图书馆要充分利用现代信息网络技术，发挥数字资源的优势，建立多元化馆藏体系，推进社区服务，扩大并完善少儿服务内容。

建设少儿网上数字资源，针对少儿的兴趣特点、知识特点，建立有关少儿专题数据库、特色数据库。丰富图书馆的馆藏资源，采购多种类型的书籍供少儿阅读，开拓少儿的眼界，开发图书馆纸质载体、电子载体等文献信息资源和影音资源，应使其具备针对性和时效性，并且要将思想性、科学性和趣味性融入其中。

同时，为了更好地满足少儿读者的各种阅读需求，需要图书馆为少儿提供在线阅读和电影、动漫、音乐欣赏等多媒体的娱乐服务。在数字技术和网络技术的背景下，图书馆将各类信息进行有效整序和充分地揭示，营造健康畅通的信息传播，为少儿读者提供便捷、优质的信息服务。

开展多元化馆藏建设，还需进行省市公共图书馆之间互相合作，实现体系内资源整合、共享功能，如联合图书导航、联合联机编目、馆际互借等。使信息资源更具有广泛性、及时性，提高信息资源的利用率。

此外，调整服务理念，延伸服务范围，拓展服务功能。与中小学图书馆合作，向社区发展和延伸，建立社区流通点，充分发挥公共图书馆的辐射作用，让更多的少儿读者享受到借阅服务。公共图书馆与中小学图书馆在文献信息资源上各有优势，可形成互补，建立文献信息资源共建共享的网络服务体系，更好地为少儿进行全面、高效的服务。

公共图书馆是社区教育的重要组成部分，在社区文化服务中发挥着重要作用。利用公共图书馆的各项资源，与社区采取协作协调的方式，使文献得到最大的利用，建立多层次、多文化的社区教育平台，开展社区各个服务点之间图书资料的互借工作，配合社区建设开展各项少儿服务。公共图书馆在

自身发展过程中，不断扩大服务范围，带动社区少儿服务工作，提高知名度和影响力，形成"共建共享，互助共赢，共谋发展"的服务方式。

（二）特色化

第一，读书活动。开展丰富多彩、形式多样的读书活动，是培养少儿阅读兴趣、启迪少儿心灵、陶冶少儿情操的重要手段，可以引导他们多读书、会读书、读好书，激发他们的阅读热情，培养他们良好的阅读习惯。

第二，公益培训活动。图书馆开展各种少儿公益培训活动，不仅能使少儿学到更多有益的课外知识，还能培养少儿健全的个性和良好的心理素质，满足他们的各种兴趣爱好，充分发挥他们的特长，全面提高少儿的综合素质。

图书馆开展特色化少儿服务，必须加强少儿服务馆员队伍建设，积极创新思考，提高少儿服务意识。建立一支能够掌握少儿求知的一般规律和个性化特点，掌握不同年龄段少儿的心理发展和生理发育特征的少儿化的馆员队伍，掌握少儿读者的心理特性及阅读倾向，有针对性地整合各种文献资源为少儿服务。加强馆员的学习和相关业务培训，不断探索和完善新的少儿服务方式。

六、图书馆开展少儿服务的创新方式

信息技术的进步、电子产品的更新换代，势必会吸引少儿的注意力，图书馆应创造快乐的阅读氛围，基于"授人以渔"的服务理念，积极引导其多读书、读好书、善读书，不断强化服务辐射力，实现图书馆的教育职能。

（一）发挥图书馆阵地服务优势，开展读书活动

第一，发挥爱国主义教育基地的作用。图书馆藏有大量的地方史料和地方文献，利用这些资源，让少儿了解家乡山水、了解家乡独特地域文化，对于培养其热爱家乡的美好情操具有深远的教育意义。

第二，设立少儿新书专架在少儿阅览区设立少儿专题新书架，集中展示少儿新书，极大地缩短了少儿读者选书的时间。

第三，组织幼儿参观图书馆活动为从小培养阅读好习惯，积极开展小读

者走进图书馆活动。工作人员为孩子耐心细致地介绍图书馆各项服务功能，现场展示借还图书流程，小朋友在现场提问，由馆员给予回答。在这一过程中不仅满足了少儿的好奇心，同时也调动了小读者们的积极性，使其能够在清楚图书馆各项服务功能后更好地投入到阅读当中去。

第四，开展多种类型的公益讲座举办少儿教育讲座、家长沙龙等，邀请教育专家讲授少儿心理学，让支持孩子阅读的家长了解阅读对孩子的重要意义，借此推动图书馆和家庭共同协作，教会家长与孩子沟通，了解和掌握孩子的心理，从而有效地指导孩子阅读。

第五，充分发挥数字资源的作用。新技术的发展和普及使阅读方式发生了翻天覆地的变化，网络阅读因其迅捷、丰富、便利、新奇，越来越受到少儿的喜爱，图书馆应有针对性地开展数字资源导航服务，引导其有效地利用数字资源。

第六，结合重大节假日，开展主题读书活动。为培育和践行社会主义核心价值观，积极引领良好社会风气。

（二）联合社会专业机构开展高质量的主题活动

术业有专攻，要更好地开展少儿喜爱的活动，就要凝聚更多的社会力量，联合专业机构联合开展主题鲜明、覆盖面广、影响力大的少儿指导阅读活动。

第一，开展读书会分享活动。

第二，以绘本阅读为抓手，举办绘本故事会。

第三，寻求合作伙伴，实现优势互补，共建共享文化资源。

（三）为少儿搭建展示才华的平台

第一，为少儿读者提供社会实践平台。现代教育越来越重视学生社会实践能力的发展，学校和家长鼓励学生走向社会、了解社会、服务社会，图书馆无疑是少儿的最佳社会实践活动场所。

第二，为小读者展示才艺搭建平台。图书馆不仅是读书的好地方，也是小读者展示自我的舞台。

（四）以满足少儿读者需求为目标，再造业务流程

再造业务流程，就是让孩子们心甘情愿地把公共图书馆当成自己爱有所托、常恋难舍的精神乐园。为了能够实现业务思想的再造，图书馆必须打破现有的业务流程，对其进行剖析和研究，再根据当前的少儿读者阅读现状建设变革后的新业务流程，只有经过彻底的设计和创新，图书馆才能实现高效快速的运转。

公共图书馆有很多适合的少儿读物，但由于不为人知或宣传不够，难以发挥作用。以往图书馆的藏书结构、管理模式、服务态度、服务质量乃至服务效果等是从文献管理的角度去设计的，制定的规章制度大都是对读者的限制，方便读者的条款很少。要彻底改变将读者拒之千里之外不合理的规章制度，就要求在新环境下，由"被动服务"转向"服务创新"，主动拓宽服务领域，增加服务方式，改革服务格局，变看家式的、被动的、低层次的服务转变成为真正"以人为本"的最大限度满足读者需求的服务。

七、网络环境下少儿图书馆服务模式创新

（一）举办各种上网活动，培养少儿信息查找的技能以及信息获取方法的使用

少儿想要具备高效、快捷的信息获取能力，就要先培养他们学会如何使用计算机以及正确使用网络工具的基本获取信息的方法，这样少儿就可以根据自己的需要来借助网络、计算机等来搜寻信息资源和学习资料。同时，还可以开办不同层次的电脑培训班来指导少儿发送电子邮件及上网浏览信息等技能，通过辅导和编辑各种专题信息和摘录各种信息举办一些小论文比赛、手抄报比赛等。在比赛当中，少儿在遇到困难时会利用图书馆进行查找获取所需信息，这样一来，在活动过程当中能够潜移默化地提高少儿读者的信息能力与信息素质。

（二）更新观念，拓展服务内容和服务方式

为了适应现代网络信息技术的快速发展，图书馆少儿服务工作管理者首

先应具备创新意识，改变传统的观念。利用各种各样的信息资源开展不同的服务。例如，切实开展网上阅览、网上借书、咨询、检索以及查阅等一些服务，拓宽服务的诸多领域；以原来的馆藏为中心，提供适合本馆资源模式的需求中心，传递并且收集各种各样的信息资源，使知识、文献以及信息能够有序地结合在一起；开展网页动画设计以及网上娱乐等针对少儿的特点创意性服务。同时，开展寓教于乐、形式多样的活动，还要牢固地树立"以人为本"的服务观念，对发挥少儿的主动性和创造性具有很好的积极作用。

（三）适应社会发展，提高少儿图书馆工作者的素质

在少儿图书馆工作人员当中，少儿图书馆的服务质量在一定程度上是取决于工作人员的能力和素养。根据现代科学技术和网络技术的高速发展，那些素质不高、观念陈旧、缺乏创新、缺少特长以及没有现代网络技术的工作人员，明显不能够适应网络环境下的服务工作。因此，网络技术迅猛发展也对少儿图书馆的工作人员提出了更新和更高的要求。所以，少儿图书馆要注重对人才的引进，不断地提高具有现代化高素质人才的培养，良好的人才环境才能够圆满地完成网络环境下文献信息资源的建设任务。与此同时，在网络环境下少儿图书馆想要有进一步的发展，最关键的一步在于对人才的培养，造就一批能够适应网络技术发展的复合型人才，并且培养现有专业人员在网络方面的专业技能，保证他们能够熟练和灵活地掌握网络技术的能力。

第五章　国内外图书馆少儿服务理论与实践

第一节　国内外图书馆少儿服务方式

公共图书馆少儿服务是指为少儿提供以纸质图书为主，其他音频、视频等多媒体资源为辅的图书馆服务，主要内容有帮助提高少儿阅读水平的阅读服务，培养少儿动手能力、实践能力的各种活动也包括在内，以满足少儿的学习和兴趣爱好为主要内容。世界上很多发达国家都将少儿服务作为公共图书馆服务中很重要的一部分，把公共图书馆服务中的少儿权利、倡导少儿优先的服务理念最为重要环节。例如，在德国，虽然很少有独立建制的少儿图书馆，但在德国的公共图书馆中，即使是在迷你型的城镇分馆中也设有少儿阅读区域，要求基层图书馆中少儿读物占比不得少于50%，并配备经过专业训练的少儿馆员为少儿提供阅读指导。

在美国公共图书馆中，即使是睡在婴儿车里的婴儿也能够享受图书馆提供的服务，美国公共图书馆倡导的理念是，帮助少儿从出生开始就培养孩子用图书馆中的资料和信息解决生活中的问题的习惯，树立终身学习的理念，不仅如此，美国公共图书馆还为少儿提供了诸如科学实验室、工程实践室、自然科学展览等动手能力更强、学科覆盖更广的活动区域，让少儿不仅仅依赖书本中的理论知识，同时注重动手实践和应用。

我国公共图书馆少儿服务起步较晚，又因为我国幅员辽阔，区域发展不平衡，很多农村地区公共图书馆资源匮乏，发展比较困难。近年来，随着我国公共图书馆事业的发展，公共图书馆在少儿服务方面也有了很大的进步，在杭州、深圳等一些公共图书馆服务发展比较先进的地区的带领下，我国开始逐步增加对少儿的重视。因此，为少儿提供相应的阅读服务逐渐成为图书馆界的共识。

一、国公共图书馆少儿服务的内容及方式

（一）读书活动

读书活动基本上各大公共图书馆都会开展，而且活动方式灵活多样。有的以读书会的形式分享读书所感所思，如活动方式有读书报告会、书评、征文、演讲等；有的以讲座形式，由主讲老师或少儿畅销书作者针对一个话题或者一个方向给青少年传达知识，宣传读书乐趣。开展读书活动，虽然在参加过程中不仅仅有少儿阅读者，而且也会有陪同少儿的成人家长。因此明确了参与对象，活动需以知识为导向，内容要丰富多彩，形式要生动活泼，这样，活动的效果才会更加完美。

（二）少儿多媒体数据库

我国很多公共图书馆都有针对少儿使用的多媒体数据库，其中有少儿多媒体图书馆、中华连环画数字阅览室和数字动漫平台等。少儿多媒体图书馆是爱迪科森历时两年倾力研发的一款面向全国少儿的网络自主学习平台。它凝聚了众多国内少儿教育界知名专家，整合了数千部内容新颖、制作精美的多媒体课件，辅以轻松的表现形式、精美的动画风格以及简便精良的实用功能，实现了学与玩、乐于学的良性互动，是不可多得的少儿类教学精品。若少儿好好利用这些多媒体资源，还是能学到很多东西的。但是很可惜，很多人甚至不知道图书馆有这些资源，也就是说图书馆针对少儿使用的这些少儿多媒体数据库利用率不高。我国历史悠久，可利用来教育少儿的资源还有很多，而我们的问题是面对这么多的资源，如何去合理利用、充分利用，这是我们需要考虑的问题。

（三）假期主题活动

图书馆假期主题活动主要面向学龄少儿，因为学龄少儿大部分时间花费在学校和家中，假期时间才有足够的精力去图书馆。而图书馆也好好利用假期，一般周末或节日举行一些有益少儿的活动。例如，安徽省图书馆就有一个假期主题阅读活动——月月书香活动，有时是志愿者讲故事活动，让孩

子们从故事中认识读书的重要性，有的是公益讲座形式，邀请少儿文学家或育儿专家就某主题传授孩子在成长过程中遇到问题的解决技巧或方法。总之这一活动的主旨就是让孩子们爱上阅读以及学会怎样阅读。假期主题活动要充分发挥馆员的活动策划能力，活动前期准备、活动的开展以及活动之后的经验总结等整个流程都要重视。活动的主题不能重复，要具有鲜明性还要有教育意义，假期主题活动最好具有连续性，不能断断续续、时好时坏，需要认真对待。并且深入少儿的心里，只有这样才能在少儿中产生深远影响。

（四）参考咨询

参考咨询是公共图书馆少儿服务的传统服务方式之一，是连接馆藏资源和读者之间的桥梁和纽带，它常与其他服务方式如读者阅读指导、作业帮助等联系在一起，有时很难将这几种服务区分开来，因为这几者之间常常是彼此交融，同时进行的。

目前，我国的少儿图书馆大多都提供传统的参考咨询服务，但是具体的服务功能还是不够明确，解决的多是一些关于借阅规则、藏书物理位置等常识性问题，深度、广度和特色性不够。还有就是利用网络的实时咨询，很多少儿馆都没有开展，这是一大不足，如今少儿利用网络非常频繁，少儿馆的在线咨询有必要开展。

二、国内外少儿图书馆服务方式

（一）基于图书馆设施的服务项目

由于少儿的年龄特征，对于绝大部分少儿图书馆来说，其服务、活动过程当中非常重要的因素无疑是参与性。少儿需要实际的场所来参与并完成活动。这也就对少儿图书馆（室）的设计有了较高的要求，要打破常规的设计模式，也要更多地考虑到少儿的特征。馆舍本身是图书馆提供服务的最基本要素，但是在最基本的馆舍上有所改动和创新，从而提供新的服务方式，才是图书馆本身要考虑的问题。

慕尼黑国际青少年图书馆在其图书馆内的布伦敦堡大厅举办各式国际展

览；厦门少儿图书馆在馆舍内设置科学实验室；香港公共图书馆少儿设有玩具室都是在传统馆舍设计的基础上做出的改动，利用馆舍本身的设施，以不变的馆舍，针对不同需求的读者，采取有变化的设计，基于图书馆的基本设施，在设计上渗透着人性化的特征。

未成年少儿的阅读兴趣逐渐丰富，科学技术在少儿成长中也占据着越来越重要的地位，少儿读者来到图书馆不再仅仅局限于阅读书籍。科技体验需求是少儿对少儿图书馆新兴的要求之一，将城市科技馆与少儿图书馆合二为一，建设青少年文化中心，是未来少儿图书馆建设的发展方向。

将少儿图书馆与城市少儿科技馆合二为一，在一个建筑履行两个职能，有一个完整的少儿文娱体验中心。把科技馆中与少儿（主要是指 16 岁以下的少儿）关系紧密的体验式项目与少儿图书馆科普类书籍相结合，把原本单纯的科普阅读形式改为比较立体的形式，体验类项目增加，将"视觉阅读""触觉阅读"甚至是"味觉阅读"结合起来。与中小学的科普课、物理课、化学课有良好的结合，结合学生学校的学习内容，按时推出相应的科普体验讲座。

但要注意将少儿图书馆的阅读区与科技馆体验区分开来，两者不能混为一谈，注意少儿图书馆职能的保存，否则容易造成少儿图书馆被体验式服务所包围，最终导致传统阅读丧失的可怕后果。

（二）基于资源的服务项目

国外少儿图书馆多历史悠久，馆藏海量，十分注重文献的保存，并且突出地方文献特色。在电子资源方面，国外少儿图书馆形式多样，有电子书资源、网络资源链接和联机资源，重视版权问题，网络优秀资源的整理和链接方面尤为突出，显示出了一站式服务的特点，省去了查找时间，提高了参考咨询服务的效率。

国内少儿图书馆起步较晚，馆藏多较新，历史文献数量不多。因此，国内少儿馆比较注重数字馆藏资源开发，并且尤以馆内自建数据库为多，但是涉及版权问题，因而存在争议隐患，并且质量平平，远不如购买的数据库内容丰富、页面精美、更新及时，并且存在多个图书馆重复建设的问题。存在这些现象的根本原因还是政府财政支持不够，图书馆经费不足。

公共图书馆的服务性职能决定了其任何一项服务都不能是针对某一小部分群体而设立的，公共图书馆学术性图书馆的服务是基于其特色的馆藏资源，除了提供给部分少儿相关领域研究者外，也可以与师范类学校的少儿研究所（中心）合作，定期举办一些科研实验：阅读方法实验、阅读群体特点实验、阅读偏好调查等。一方面为科学研究提供依据，另一方面为一部分超前的读者提供不一样的阅读体验，增强读者与图书馆之间的互动性。

三、中美日图书馆的少儿服务介绍及对比

（一）专门馆藏

我国图书馆的少儿馆藏还是以传统的印刷类媒体为主，即图书杂志等。美国的图书馆除图书资料外还收藏其他的媒体资料，如影视资料、有声读物和音乐制品等，一些图书馆还提供电子资料，如电脑设备、因特网、针对学生群体的数据库和软件，有些图书馆甚至还提供玩具、扑克和棋类。日本图书馆不仅收藏除印刷类媒体和多媒体资料，还制作收藏布艺图画书及可触摸图书。

（二）专门空间

少儿服务的专门空间要求它的布局、家具和装饰符合少儿的生理与心理特点，它除了提供舒适的读书环境，还可以提供空间与设备，满足少儿在成长中多方面的需求，如和同伴家长交流、游戏等。美国图书馆更注重趣味性；日本图书馆更注重与孩子的交流，很多图书馆都设有阅读区、活动区（供图书馆员进行少儿服务用）、亲子区（供家长与孩子阅读图书、游戏用）。

（三）专业人员

我国图书馆对少儿服务人员没有具体要求与标准。在国内没有一个系统是专门来负责此事，在图书馆实践中，少儿图书馆服务人员也没有充分按照少儿的需求来设定。美国大多数图书馆在招募少儿服务专业人员时，要求应聘者从美国图书馆协会认可的图书馆研究生院毕业，具备少儿文学素养，能

开展各种少儿服务活动中小学图书馆的要求比公共图书馆更高，要求馆员同时具有图书馆系和教育系的背景，并和教师一样持证上岗。日本图书馆则是除本馆工作人员之外还向社会招收志愿者（以教师、家庭妇女为主），开展各种少儿服务活动。

（四）少儿服务

我国少儿馆的服务形式主要集中在图书借阅服务、新书推荐服务、多媒体服务等，有少数少儿馆开展了具有特色的服务，少儿活动不太丰富，或者少儿活动的组织没有形成一个系统的环节和流程，甚至在一些地方还没有建立少儿图书馆或少儿阅览室，还有很多地方少儿无书可读。

美国图书馆提供的少儿服务方式很多，如故事会、"书话会"、读书讨论会、暑期读书活动、作家见面会、竞赛、展览、表演、参考咨询、阅读推荐、家庭作业辅导和针对家长的信息服务，一般都为用户免费提供。日本图书馆的少儿服务一般包括为孩子讲故事、纸芝居（即由工作人员拿着特制的工具演话剧）等。

（五）合作网络

合作网络这方面我国涉及较少，不是很全面。美国图书馆有三种合作网络，一种是公共图书馆和中小学图书馆的合作，一种是图书馆与其他机构的合作，第三种是少儿服务专业人员之间的交流合作。美国图书馆协会下属有学校图书馆员协会、少儿图书馆服务协会和青少年图书馆服务协会，这些协会每年举办年会，会员们可以听讲座、交流经验，各个协会都办有期刊，会员可以发表文章做学术交流，还可以互发邮件进行沟通。日本图书馆经常定期用流动书车送书到中小学，学生们可以上车来挑选图书并把上次借的书还回来。

四、服务对象及人员比较

（一）服务对象

1. 我国现状

国务院于2011年制定了《中国少儿发展纲要（2011—2020年）》，其中对 0~3 岁少儿的发展提出了具体要求，明确指出应该"促进 0~3 岁少儿的早期综合发展"。

目前，我国公共图书馆的服务对象主要是 6 岁以上的群体，针对 0~3 岁的婴幼儿服务较少。对婴幼儿，我国少儿图书馆并未全部开放，少儿图书馆已经认识到为婴幼儿读者服务的重要性，开始放宽年龄限制，在拓展学习空间的同时，发挥寓教于乐的教育功能，让更多的读者从小走进图书馆、了解图书馆、使用图书馆。

2. 日本现状

日本图书馆界将少儿划分为婴幼儿、少儿和青少年三个阶段。日本少儿图书馆非常重视针对婴幼儿和学龄前少儿提供的服务，服务对象均从零岁婴幼儿开始。图书馆内无论是文献资料还是馆内设施，都充分考虑到低幼群体的生理和心理特点，在馆内提供婴儿喂奶、换尿布的场所，甚至还配有婴儿车；特意为他们请来义工讲故事、做游戏；与保健中心合作，定期安排讲座、咨询服务等。

（二）服务人员

1. 我国现状

2002 年，由中国图书馆学通过的《中国图书馆员职业道德准则（试行）》（以下简称《准则》）是我国图书馆员的工作准则，该《准则》总结了我国多年来图书馆服务工作的实际经验，明确指出了图书馆应该承担的社会责任和馆员的职业道德规范。2018 年 1 月 1 日颁布实施了《中华人民共和国公共图书馆法》，在第四章第三十四条明确规定："政府设立的公共图书馆应当设置少儿阅览区域，根据少儿的特点配备相应的专业人员，开展面向少儿的阅读指导和社会教育活动，并为学校开展有关课外活动提供支持，有条件的地区可以单独设立少儿图书馆。"

目前，我国少儿图书馆学的理论体系还处在一个起步的阶段，这方面的高等教育也是欠缺的，对于少儿服务人员来说图书馆并没有具体要求和标准，也没有建立一套完善的专业培养系统；在少儿图书馆实践工作中，馆员也没有按照少儿的需要来进行设定；另外，我国的少儿图书馆员很多都不是图书馆学或与少儿相关学科的专业服务人员，缺少相关的理论知识，大部分馆员只能通过在职培训或自学的方式继续学习，做好图书馆的服务工作。

2. 日本现状

日本把图书馆员职业道德规范称为图书馆员伦理规范，并在1980年通过了《图书馆员伦理纲领》。日本的图书馆，为了确保专业化的馆员队伍，建立了图书馆、图书馆员专业职务考试制度，按照《图书馆法》规定的司书与候补司书资格制度，把在图书馆工作的员工称为司书与候补司书。通常，日本图书馆把工作人员分为三类：专业职员、事务职员和技术职员。有的学者也将其归纳为两类，即专业类职员和管理类职员。在图书馆日常工作中，专业类职员处于核心地位。

目前，日本的少儿图书馆学已经成为一个专门的学科，高等院校的图书馆学、情报学专业可以为其提供相关的教育。在日本，要想成为一名正式的少儿图书馆员，不仅要具备图书馆学的专业背景，而且要熟悉少儿心理学并通过图书馆员资格考试。"少儿服务论"是其中的必修课程，具体包括少儿文献的采选、少儿图书馆的管理、少儿服务方法和少儿服务的意义等内容。日本图书馆协会定期举办"少儿图书馆员培训讲座"，随时改进少儿图书馆员的教育培训课程，并及时更新有关少儿文献和少儿读者服务方面的研究。

五、英国公共图书馆少儿服务概况

英国公共图书馆少儿服务历史悠久，是世界上较早提出公共图书馆服务少儿的思想的国家。英国公共图书馆的数量很多，利用方便，给少儿提供了专门的阅读空间和活动场所。在英国，每个地区都有很多图书馆。格拉斯哥市50万人口拥有32个社区图书馆和3个汽车图书馆。甘顿镇约20

万人口，拥有 13 家公共图书馆。图书馆不论规模大小，环境如何，都设有少儿阅览室或活动室，并且不分年龄大小面向所有少儿服务。丰富的图书馆资源，给少儿使用图书馆带来了便利，一定程度上提高了少儿利用图书馆资源的积极性。

为少儿服务是英国所有的公共图书馆都积极参与的首要目的。在英国，公共图书馆不分少儿年龄大小面向所有少儿服务。在图书馆的开放时间设置上，规模大的市图书馆基本上全天开放，规模小点的社区图书馆，开放时间相对灵活，考虑到少儿上学和父母上班的时间。哈本社区图书馆，周二、周三、周五和周六上午九点到下午五点开放，周四则是中午十二点到晚上八点开放，周一闭馆。每个社区图书馆的开放时间又不一样，这样在这个图书馆不开放的时间，能够去别的图书馆。阿考克斯·格林图书馆，每个周一是上午十一点到下午七点开放，周二、周三和周六则是上午九点到下午五点开放，周五闭馆。对于英国休闲的氛围和慢节奏的人群来说，图书馆在周六周日开放是很难得的。

为了鼓励少儿积极阅读，英国大部分公共图书馆对少儿读者优先，并减免少儿读者的费用，比如，图书逾期的罚款费、图书预借费、馆际互借费、声像资料外借费等。据了解，五岁以下的少儿逾期未归还的图书产生的逾期处罚费，北安普顿市和巴斯市的公共图书馆都给予减免。亚伯丁地区少儿借阅、预约图书和申请馆际互借所产生的一切费用，公共图书馆都全免。少儿优先原则在英国公共图书馆得到了很好的体现。

英国政府非常重视公共图书馆开展的少儿服务。如英国在 19 世纪的工业化时代，政府就专门征收地方税资助有公共借阅职能的图书馆开通"少儿阅读区"，并要求收集和提供那些具有教育意义的文学作品。近年来，所有少儿都具有很好的阅读和书写能力成为英国政府的最高任务，并为此于 2008 年启动了全民阅读年，当时的英国首相布朗及少儿、学校和家庭部大臣等参加了启动式，号召每一所图书馆和学校等都要积极参加。

第二节 国外图书馆少儿服务分析

一、美国图书馆少儿服务

(一) 美国少儿图书馆发展历程

19世纪晚期,美国公共图书馆业已启动少儿图书馆服务。1876年,美国图书馆协会成立,为公共图书馆少儿工作开辟了道路。美国图书馆协会设有少儿及青年图书馆部,其下设置少儿及青年教育委员会。在美国少儿教育中,公共图书馆是一个重要的环节。

此外,少儿公共图书馆与学校图书馆、大中型书店开辟的少儿图书馆(角)共同构成图书阅览系统,充当课外教育有利的助手,大大提升了少儿的知识水平。1890年,马萨诸塞州布鲁克林公共图书馆在地下室开放了第一个少儿阅览室,这是公共图书馆专设少儿图书室的肇始。此后,公共图书馆中的少儿读者数量越来越多,少儿服务也得到改善。随着公共图书馆的增长以及许多分馆的兴建,大量移民(成年人与少儿)的涌入及其阅读需求的上升,使少儿图书馆的管理、人员、图书选择、服务方式等问题都进一步提上了日程。

现今,随着美国公共图书馆的普遍及深入,美国少儿图书馆已经深入到城市的每一个角落。其服务方式和服务内容也日益丰富多彩。

(二) 美国少儿图书馆服务内容与服务形式

在美国,少儿服务指的是提供以图书为主的各类媒体资源,通过专门为少儿设计的服务与活动,满足他们审美、文化和信息的需求。美国学者托马斯划分了少儿服务五要素,即专门馆藏、专门空间、专业人员,针对少儿的服务与活动以及合作网络。在社会实践方面,美国少儿图书馆的服务是十分重要的,其内容形式多种多样并且很有成效。

在美国少儿图书馆(图书室)中,讲故事是一种普遍的图书馆服务现象。美国通过具有专业背景的馆员进行讲故事,启发少儿的想象力、思考力、语言表达能力、扩大少儿的视野，教会他们欣赏优秀的文学艺术，启迪少儿特定的思维方式。讲故事活动在美国被称为阅读启迪或阅读准备。即在阅读实体书籍之前，孩子们需要先从思想上对文学、对书籍有一个接受的准备。图书馆员在其中起着重要的作用，他们可以运用多种阅读技能，例如，富有节奏的阅读和反复阅读的技巧培养孩子们最初的文学情操和热爱读书的好习惯。讲故事活动对幼小的孩子能够起到心灵启迪的作用，会给孩子从小埋下一颗阅读的种子，奠定热爱读书、热爱学习的基调。

美国图书馆提供的其他少儿服务内容和方式也很多，如"书话会"、读书讨论会、暑期读书活动、作家见面会、竞赛、展览、表演、参考咨询、阅读推荐、家庭作业辅导、择业咨询和针对父母的信息服务，一般都为用户免费提供。

美国少儿图书馆不仅注重内部多样形式活动的开展，而且注重开展对外多种形式的合作。第一类是公共图书馆和中小学校图书馆的合作。第二类是图书馆与其他机构间（如幼儿园、青少年团体、文化中心等）的合作。第三类是少儿服务专业人员之间的交流合作。此外，少儿馆还十分重视家长和少儿看护者的参与。美国是一个民主法制的国家，因此也十分强调少儿的法律权利，由于年龄太小的少儿只有很少的法律权利，不能独自到图书馆，他们需要少儿监护人和家长的配合为孩子们登记办证等。美国学者提倡适当赋予少儿多一些权利，促进了少儿利用图书馆中家长的积极推动作用。

二、俄罗斯国立少儿图书馆的特色服务

图书馆为青少儿提供内容丰富多彩、形式多种多样的服务，大体上可以划分成两部分：无偿服务和有偿服务。无偿服务主要包括：图书、乐谱、杂志、家庭幻灯片等外借服务；图书、杂志、报纸阅览服务；幻灯片、CD、DVD阅览；网上浏览电子资源；推荐阅读书目；开展信息文化课程；举办各类与少儿心理、幼儿教育有关的父母讲座；举办各种少儿画展等。有偿服务一般包括举办节日、生日的庆祝活动；开办专题小组或工作室课堂；组织少儿文学夏令

营活动；组织少儿团体旅游；开展少儿心理咨询；举办学术会议、研讨会、培训会及音乐会；进行各种社会调研等。

（一）普希金书屋

普希金书屋针对少儿开展普希金作品阅读活动，图书馆员编制阅读书目，根据各年龄段少儿的阅读能力，相应制订适合1～4年级少儿阅读的普希金故事选、适合5～6年级少儿阅读的普希金诗歌作品、适合7～9年级少儿阅读的普希金小说。从最浅显的故事到具有文学色彩的诗歌，再到独具匠心的小说，由浅入深地对少儿启蒙，使俄罗斯优秀的民族文化在少儿的心中扎根。

（二）亲子阅读屋

作为亲子阅读的积极推行者，在俄罗斯少儿图书馆里，家长和孩子可以共同阅读，图书馆主动为婴幼儿的父母开设课程、举办讲座，教导父母们应该怎样给孩子讲故事，或者为少儿举办读书会，让孩子们在交流中促进阅读。可以将孩子喜欢的剧作转化表演的戏剧，让少儿通过最直观的方式理解故事，更好地培育家庭阅读的氛围。

（三）书画展览广场

为了增加图书阅读的趣味性，少儿图书馆改变图书的陈列方式，把每一本书的封面朝向小读者，在宽敞的长廊墙壁上的玻璃橱窗，用来摆放各式各样的少儿插画图书，这些插画图书，吸引越来越多的小读者流连忘返。此外，这里也会不定期举办各类趣味书展，书展中的图书都配有插图和文字的说明，这些小细节都是吸引少儿的不二法门。大厅还设有多种少儿娱乐设施，用来吸引放学和休假的少儿来到图书馆。

（四）多媒体音乐中心

多媒体音乐中心包括多媒体厅、音乐教室和乐谱室，这里收藏了各种各样的碟片、视听书籍、音乐报刊、现成的节日脚本和为教师、少儿领导者准备的剧本。音乐教室还为音乐爱好者开放隔音的钢琴教室，在这里可以倾听各式各样音乐，还可以提升自己的见识。

（五）开办各种讲座、培训，成为青少年的教育文化中心

俄罗斯少儿图书馆作为俄罗斯青少年教育文化中心，为不同年龄段的青少年及其家长开设了第二课堂，它通过组织形式多样、内容丰富多彩的各项活动、讲座、培训，来帮助、教育、引导孩子们及其家长。

三、英美服务标准的比较

英美两国的图书馆事业历史悠久，各项法律、法规健全，在立法基础上由行业协会制定了很多图书馆服务方面的标准、规范或指南。有全国性的服务标准，亦有地方性的、区域性的服务标准，形成了较为健全的图书馆服务标准体系。

（一）服务宗旨

服务宗旨对于整个服务标准来说极其重要。英国的《少儿和青少年：图书馆协会的公共图书馆服务指南》（以下简称《少儿服务指南》），在第二部分"少儿和图书馆"中，对少儿的性格、需求以及图书馆应提供给少儿的所有物品、服务的原则等进行详细论述，阐述了图书馆少儿服务的宗旨。

美国马萨诸塞州《马萨诸塞州公共图书馆少儿服务标准》（以下简称《少儿服务标准》）中强调了"培养少儿阅读兴趣，引导少儿阅读行为，提高少儿的信息素养和技术素养"，这一服务宗旨。与之相配套的《马萨诸塞州公共图书馆青少年服务标准》（以下简称《青少年服务标准》）提出"尊重和满足青少年对图书馆服务的需求，培养青少年的图书馆意识"的服务宗旨。内布拉斯加州《面向青年人的图书馆服务指南》中强调了对不同年龄段服务对象采取区别服务的服务宗旨。

（二）服务对象

英美两国服务标准中对服务对象的描述十分具体、详细。英国的《少儿服务指南》中将服务对象设定为0～16岁的孩子；美国内布拉斯加州的服务标准中将服务对象设定为0～17岁的青少年，其中又将少儿与青少年进行了年龄划分，少儿定义为：不超过5年级的学生，青少年定义为：

12～17岁的孩子。美国马萨诸塞州针对少儿与青少年分别制定了服务标准，其《少儿服务标准》的服务对象为0～12岁少儿；《青少年服务标准》的服务对象为12～18岁的青少年。

（三）服务设施

服务设施主要是指为实现服务必须具备的硬件资源，包括建筑、设备、设施。对于空间、技术等方面的要求，英美两国的服务标准除了原则性的阐述外，对此十分具体。既包含硬件要求，又包含服务方式、服务内容，如"至少有一名工作人员对寻找包括移动信息提供等新技术感兴趣，以便为青少年提供服务"，其服务标准的操作性在实施过程中有很强的操作性。

（四）馆藏资源

馆藏资源是图书馆为少儿提供服务的重要载体，优质的馆藏资源是图书馆实现高质量服务的重要保障。英美两国在馆藏资源方面具备全面的相关条文内容，且其中的指导性较强，如标准中不仅罗列了文献种类，更将与该类文献服务相关的技术手段、保障措施等进行详细说明。另外，英美两国都很重视馆藏资源的宣传，对馆藏资源的营销渠道和方法都进行了阐述，这样十分便于图书馆参照执行。

四、发达国家社区图书馆少儿服务特征分析

社区图书馆隶属于公共图书馆的范畴，是伴随着社区的发展与完善而逐渐兴起的，集公益性、教育性与休闲性于一体。国外社区信息服务活动兴起于20世纪70、80年代，早期主要是信息引荐服务。目前许多发达国家的社区建设已经较为完善，社区图书馆不再是单纯的对信息进行查询的场所，它已经成为当地人文化交流与互动的中心。我们可以整理一下比较发达的国家社区图书馆的少儿服务，各国的具体方式、内容虽有差异，但服务理念与模式却颇为相似，其特征可以概括为以下五点：

（一）提供少儿服务的社区图书馆高度密集

在欧美等发达国家，公共图书馆遍布每个社区。美国各地方政府都根据

其人口数设立图书馆。例如，旧金山有人口70万，公共社区图书馆30多座；纽约市仅一个皇后区就有62个通借通还的社区图书馆。在欧洲，公共图书馆有20万座左右。不管是在车水马龙的繁华都市，还是在简单平凡的小镇，都会碰到图书馆。在英国平均每1万人就拥有一座图书馆，是世界上人均占有公共图书馆份额最多的国家，约60%的居民经常去所在社区的图书馆。丹麦、冰岛、芬兰、瑞典等北欧国家的城市图书馆之多名列世界前茅。

（二）社区图书馆少儿服务的普遍性

由于发达国家公共图书馆少儿服务的法律保障较为有力，以及国家层面开展的少儿阅读教育活动较为深入，因而，少儿服务自然成为社区图书馆服务的有机组成部分。在发达国家的每一个社区图书馆里，都辟有"少儿专区"，并且占据着馆内较为引人注目的位置。

（三）社区图书馆少儿阅读资源极为丰富

社区图书馆书架上的图书按照年龄特点排列，从幼儿到青春期少年，应有尽有。瑞典首都斯德哥尔摩近郊的利丁屿社区图书馆拥有30万册藏书，除了数量充足的少儿图书外，社区图书馆还向少儿提供各种有声读物、电子出版物、网络资源、各种文字的录音、光盘、磁带等，甚至包括少儿游戏、少儿玩具等。分年龄段优化配置馆舍资源，进而有效地提高了少儿的阅读兴趣和阅读能力。

（四）社区图书馆少儿服务的便利性

发达国家社区图书馆少儿服务环境的布置、技术手段的设定都极为符合少儿群体的个性需求与心理需求。为了照顾到少儿的身体发育情况，除了配备低矮桌椅之外，绝大部分"座位"都是地毯。地毯上散放着木制玩具和皮垫子，书架上是少儿读物和动画片录像带。阅览区还配备有专供少儿上网用的电脑，电脑放置在按少儿身高设计的桌子上。图书馆各功能区划分清晰、格局明了，彼此连贯相通。图书、DVD、录像（音）带都可以借，而且借阅量和借阅期也很宽松。如果你要的书图书馆没有，图书管理员会从其他图书馆给你调来，约你来取，打个电话就可以进行续借。还书时，不管是从哪个图书馆借的,只要找到任何一个联网的图书馆,把书扔进还书箱即可。服务的人性化与便利性,拉近了社区图书馆与家长少儿的心理距离,提高了社区居民利用图书馆的积极性。

(五)社区图书馆少儿服务方式的多样性

由于图书馆少儿服务的普及,图书馆和社区的关系已密不可分,社区图书馆还提供少儿托管服务,成为集知识获取与安全保障于一体的场所。社区图书馆所组织的丰富活动项目为本社区的家长提供了便捷的亲子平台。

第三节 图书馆少儿服务发展方向

一、图书馆少儿阅读及服务

(一)推广少儿阅读是世界性的潮流

少儿的阅读习惯、阅读兴趣、阅读能力与他们的未来有密切关联。他们的阅读习惯越好、阅读兴趣越广、阅读经验越丰富、阅读能力越高,就越有利于他们健康成长,就越有利于他们有足够的空间去提升自己、武装自己,有足够的力量抵抗无益的事物。

近年来,世界各国都把少儿阅读作为一项重要的教育政策来实施。美国前总统克林顿依据相关研究指出:小学三年级之前必须具备良好的阅读能力,这是未来学习成功与否的关键。美国教育部曾陆续提出"挑战美国阅读""卓越阅读方案"。布什总统上任后,提出"不让任何一个孩子落在后面"的教育改革方案,并且将"阅读优先"作为政策主轴,拨款50亿美元,希望在5年内,让美国所有学童在小学三年级以前具备基本阅读能力。英国分别在1998年和2007年,以政府的名义举办了两届全国阅读年。日本文部省将2000年定为"少儿阅读年",拨款资助民间团体举办为少儿说故事活动,并充实学校图书。2001年底,日本颁布少儿阅读推进法,指定每年的4月23日为少儿阅读日。

在中国，台湾地区将2000年定为"少儿阅读年"，香港地区推出了"阅读城建设工程"计划，浙江省从2005年开始，连续举办了四届少儿读书节，2007年，大陆的少儿阅读研究与推广迎来了一个高潮，越来越多的专业网站出现，越来越多的图书馆工作者、教师、家长、编辑、学者、政府官员等加入少儿阅读推广人的行列，各地以少儿阅读推广为主题的论坛和聚会达到了前所未有的密集度。

2009—2010年的"全国少儿阅读年"（以下简称"阅读年"）作为文化部参加2009年"全民阅读"的重要活动，依托少儿图书馆服务专业委员会，联合全国少儿图书馆和部分公共图书馆，开展了以"让我们在阅读中一起成长"为主题，以"少年强则中国强"为口号，服务少儿、家长、教师为主体的"阅读年"系列活动。活动起到了加强少儿思想道德教育，提高少儿的科学文化素质，保障全国少儿，特别是农村留守少儿和农民工子弟的基本文化权益的作用。各项寓教于乐的活动深受广大少儿的欢迎。全国各少儿图书馆、公共图书馆少儿部围绕12项主旨活动，开展了100余项、3400多场次的阅读活动。据不完全统计，参与人数约400多万。

（二）图书馆少儿阅读服务工作的职责和任务

国际图联少儿图书馆服务发展指南指出："对于世界各地的少儿和他们的家庭来说，少儿图书馆服务从未像现在这样重要。培养获取知识和获得世界多样文化财富，以及获得终生学习和信息素养的能力已经成为当今社会的首要工作。少儿图书馆的好坏已经决定能否帮助少儿终生学习和信息素养高低的程度，因此使他们能够参与社会并为社会做出贡献是重中之重。图书馆的服务应该与不断发展的社会相适应，满足少儿信息、文化和娱乐的需求，使每个孩子熟悉和乐于使用当地的图书馆，并拥有利用图书馆的一般技能"。

为青少年服务的目标：提供少儿向成人过渡时期的图书馆服务，通过推广图书馆服务和开展读书活动，鼓励终身学习，激发青少年终身阅读以获取信息和满足娱乐的需求，提高青少年的信息素养能力，为社区所有的青少年提供图书馆的馆藏图书和服务以满足他们的如下需求：教育、信息、文化、娱乐。

二、图书馆少儿服务的创新

（一）图书馆创新少儿服务的职能

图书馆少儿服务的职能不能仅起到提供文献阅读、查询的作用，还要传播新信息、新知识，让少儿读者切实享受到便捷、丰富、优质的文化服务。图书馆需要拓展少儿服务职能。

1. 少儿征文活动

为了倡导全社会多读书、读好书的文明风尚，进一步促进全民族素质的提高，推动全民阅读活动深入开展，为了营造全民热爱读书、终身学习的良好社会氛围，增加趣味读书等环节使得氛围更加浓厚。

2. 少儿讲座

邀请国内著名少儿教育专家、少儿培训机构来图书馆讲座。在讲述上用孩子们喜欢而便于接受的方式，进行讲解，让孩子们获取的同时得到提高。同时在社会上树立了图书馆的新形象。少儿借阅部对于讲座主题的选取，将立足通俗性、实用性、互动性。

图书馆少儿部应该成为当地的教育中心，利用图书、期刊、视听资料等文献为读者服务。图书馆应采用现代化设备，要考虑少儿的特殊需要，文献信息要具有普及性、新颖性、娱乐性和休闲性的特点，为少儿营造一个温馨舒适的环境。图书馆不仅应该利用馆藏文献提高少儿读者的科学文化素养，还要开展各式各样有关读书的活动，在形式要喜闻乐见、浅显易懂，内容要容易被孩子们接受达到潜移默化的效果。

（二）拓宽服务领域，提高服务水平

伴随着科学技术的发展，图书馆的职能也正在跟随着扩展，也就说，图书馆必须顺应形势加强和改进服务意思，扩大服务领域，增加服务内容，完善服务手段。

1. 加强和改善服务意识

"读者至上，服务第一"是图书馆的服务宗旨，随着社会的发展与进步，传统的图书馆服务理念已经不能适应现代读者对图书馆的需求。所以，我们广大图书馆工作者加强和改善对读者的服务意识，换位思考，用"假如我是读者"来提高我们的服务意识。要理解读者的阅读心理，处处为读者着想。修改和完善馆内的各项规章制度，要彻底改变"等读者上门"的传统服务方式，注重以人为主，在变革中提升自身水平，从而达到符合制度的修改和完善。

2. 扩大服务领域

传统的服务理念让图书馆的服务领域局限于在馆内"等读者上门"的传统服务方式上。而现在随着图书馆工作职能的延伸，促使我们必须扩大图书馆的服务领域。要扩大图书馆的服务对象，中小学生是少儿图书馆的主要读者群，目前，学龄前的孩子和中小学生大多数都是独生子女，家长对孩子的关爱程度和对孩子的一早期教育的关注大有上升趋势，体现在家长支持学生到图书馆的增多，学龄前少儿读者增多，陪读的家长也在增多。这就要求图书馆要扩大服务领域，针对学龄前少儿、中小学生和家长，我们要用新的服务理念和全新的阅读环境来吸引他们，用我们真诚、周到的服务态度感动他们，用多样的服务形式和丰富多彩的活动来调动他们，充分发挥少儿图书馆的职能和作用，使得在图书馆里的每一个读者都可以舒心惬意地在这里享受读书的乐趣，在愉悦的氛围中学到更多的知识。

3. 增加服务内容

在新的社会环境条件下，图书馆读者的需求不断地朝着更高、更深的目标迈进，图书馆工作者必须迎合读者的需求，不断地化解图书馆与读者之间的矛盾。如增设"亲子伴读"服务项目，向陪伴孩子到图书馆阅读的父母、爷爷、奶奶推荐少儿教育、健康成长、饮食保健等方面的书籍，让家长了解图书在孩子成长过程中的重要地位和作用；利用电子阅览室开设网络教育课堂，引导学生健康上网；利用共享工程设备和资源，为学生播放爱国主义、科普知识、自然与环境等对少儿健康成长有益的光盘；开展具有本地特色的读书活动，吸引读者走进图书馆、利用图书馆。目前，我国倡导素质教育，对学生进行减负，使学生课余空间又多了起来，这就给少儿图书馆开展中少学生读者服务工作带来了机遇，我们可以开展更多丰富多彩的少儿活动，如读书征文、演讲比赛、报告会、故事会、书画展、知识讲座、读书交流等，在丰富大家的课余生活的同时提自身能和素养。

4. 完善服务手段

少儿图书馆事业的发展目前在我国处于相对落后阶段，独立的少儿图书馆少，大部分公共图书馆少儿部开展的活动还处在初级阶段，如果说在大、中、小城市生活的孩子们还能利用图书馆获取一些知识的话，那么生活在农村的孩子们就没有那么幸运，尤其是边远山区农村，交通不便、经济落后，孩子们能看到书简直就是奢望。所以，作为少儿图书馆，我们不能只守着自己的这块阵地，应该走出去，让阵地服务与馆外服务结合起来，并不断完善服务手段，努力把读者服务工作延伸到学校、社区和农村最基层的地方，让更多的地区、更多的人，有书看、有好书看。

三、图书馆少儿服务发展定位

（一）加强图书馆基础建设，构建少儿学习求知的殿堂

1. 提供丰富的少儿文献资源

丰富的馆藏文献资源是我们开展少儿读者服务的基础。少儿图书馆馆藏文献资源建设必须适用于不同年龄段少儿求知的需要，同时要根据不同年龄段少儿读者群体的特点，建立起科学合理的藏书结构，并结合本地区传统文化优势形成本馆藏书特色。

2. 建立方便快捷的服务通道

图书馆要建立方便快捷的服务通道，把少儿引入知识殿堂。少儿涉世未深，在读书上大多带有好奇心理，缺乏自觉性和长期性，在这种情况下如果遇到手续烦琐和馆员行为不当，就会产生阅读心理障碍。因此，我们要让少儿在图书馆就像在自己家里一样感到温馨、随意。

3. 营造良好的读书氛围

营造良好的读书氛围，引导少儿读好书。少儿世界观未形成，可塑性强，缺乏是非判断能力，一本书可能对他们的一生都产生重要的影响，因此我们需要做的不仅仅是做一个引导者，把大家引向知识的殿堂，更重要的是当好知识导航员，用优秀图书感染他们，使他们树立正确的人生观、价值观。

（二）开展丰富多彩的活动，激发少儿阅读兴趣

开展丰富多彩的活动，融知识性、娱乐性于一体，充分发挥少儿图书馆教育功能，开展讲究社会效益的活动，活动内容体现知识性，形式注重趣味性，寓教于乐，适应少儿求知特点，通过举办活动，吸引更多少儿到馆，增加"人气"，增强活力，使得更多的青少年在锻炼中提升自身能力。在举办少儿活动的同时，应注意活动的意义并与馆藏、少儿求知特点、社会需要相结合。

（三）发挥图书馆教育职能，加强少儿素质教育

少儿是祖国的未来，加强对少儿的教育培养，是关系到党和国家事业兴旺发达的重大战略性任务。少儿图书馆作为少儿社会教育的重要基地，是少儿课外阅读和自学的主要场所，对学校教育起着补充、延伸、深化的作用。

少儿图书馆长期以来承担着少儿宣传教育职能，在新的社会条件下少儿图书馆应将这一职能进一步扩展延伸，为少儿素质教育发挥作用。少儿素质教育环境影响主要来自学校、家庭、社会三个方面。

四、网络环境下少儿图书馆服务深化的发展方向

随着信息技术的飞速发展，传统的图书馆正向自动化、网络化信息化的现代图书馆转变作为公共图书馆的重要组成部分——少儿图书馆，怎样拓展与深化服务以顺应网络信息时代的要求，使其服务手段越来越现代化，服务模式越来越多样化，服务理念越来越科学化、人性化，是当前少儿图书馆努力的方向。

（一）做好少儿图书馆基础工作

1. 加速馆藏文献的建设

少儿图书馆要加强采、编、流三个环节协调一致，在选购书、刊及多媒

体资料时，应具有针对性，掌握少儿的阅读心理，力求结构合理、品种齐全、特色突出、补充及时。通过及时捕捉文献出版发行动态，拓宽采购渠道，同时把好图书质量关，为青少年提供更多有益有帮助的书籍，让青少年能够全面发展，在群书中找到自己所喜爱的。编目方面，要缩短图书分编、加工时间，加快新书上架速度流通方面，要及时了解读者需求、反馈需求，从而最大限度地满足读者。

2. 坚持服务工作"以人为本"

读者是图书馆建设的强大推动力，没有读者对图书馆的高度关注和积极作用，图书馆的一切工作就失去了价值和意义。要根据少儿的生理心理特点，提供个性化服务，为他们创造安全舒适的阅览环境。

3. 针对少儿兴趣建立导读目录

少儿图书馆应根据不同年龄层读者的心理特征及阅读兴趣制定导读目录，帮助少儿读者在茫茫书海中寻找最佳的阅读效果。

（二）加强少儿图书馆信息服务工作

1. 加强信息服务工作的迫切性

现代社会，由于网络的开放性、自主性与平等性，使得大家已经不再是那个看报写信的时代，那时候时间很慢、生活很慢。而现在坐在家中上网便可辐射性地获取所需知识，由于现在的孩子课业负担重，课余时间还要参加各种类型的培训班，使得他们很少有时间到图书馆查阅资料，这就对少儿图书馆网络信息服务工作提出了较高的要求，如果少儿图书馆网上信息服务工作跟不上时代的发展，势必会导致读者人群急剧流失。

2. 创建健康的网络环境

在信息时代的今天，计算机和网络已成为少儿喜爱的学习、娱乐工具。公共图书馆作为社会重要的信息资源基地，应该充分利用电子阅览室、数字资源和图书馆网站，集图、文、声像、动画、音乐等方式为一体，采取新颖有趣、生动、形象、有声有色的活动内容和形式迎合少儿好奇、求知的心理特征，为少儿贡献自己的一份力量，绿色上网保护网络环境也是我们每个人应该做的。

（三）培养少儿的阅读能力

新技术的发展和网络的普及给传统阅读带来了巨大冲击，作为社会阅读活动的主要倡导者和服务者，少儿图书馆应在"为人找书，为书找人"的基础上，进一步加强阅读指导工作，开展丰富多彩的阅读活动，引导少儿爱上阅读、学会阅读。

1. 阅读对少儿的重要性

"阅读是搜集处理信息、认识世界、发展思维，获得审美体验的重要途径"。新语文课程标准要求通过九年的学习教育，使学生会运用多种阅读方法，会利用图书馆、网络等信息渠道搜集自己需要的信息和资料，学会自己制定阅读计划，具有独立阅读的能力，能广泛阅读各种类型的读物，逐步培养学生探究性阅读和创造性阅读的能力。

2. 开展少儿活动的举措

第一，少儿读者进行阅读训练。少儿图书馆可以定期举办"阅读讲座"，让小读者充分了解少儿图书馆，学会阅读方法。

第二，开展少儿读书活动，办好少儿读者的第二课堂。

五、少儿图书馆服务创新策略

（一）创新服务理念

图书馆服务理念是图书馆服务的基本方针，是图书馆读者工作的服务态度、服务方式和工作原则的集中体现。服务理念是图书馆在长期的服务实践中不断总结出来的，能够反映图书馆服务客观规律，体现图书馆奋斗目标和前进方向的行动准则。教育家蔡元培认为："少儿图书馆是少儿能力培养和智力开发的重要阵地，充分利用这种活动形式培养学龄前少儿的阅读习惯和发展已知、开发未知的学习能力，是十分必要的。"

因此，在少儿的年纪里图书馆和阅读兴趣是很重要的，因此少儿图书馆要创新服务理念，牢固树立"读者第一"的服务原则，为少儿读者提供更加优质的服务。

（二）开展特色服务

特色服务是图书馆从传统的常规服务中派生和发展起来的，能够体现图书馆服务特点和服务品牌的服务。少儿图书馆开展特色服务既能够打造服务品牌，也能够提高图书馆的服务水平。具体而言，少儿图书馆可以从以下思路中开展特色服务。首先，少儿图书馆要结合馆藏资源特色设计服务项目。其次，少儿图书馆要创新服务手段，开展形式多样的主题活动。再次，少儿图书馆的设计理念和出发点不能偏离，在延伸服务范围和服务内容上，提高服务质量和服务深度，将现有服务打造成特色服务。

（三）优化服务环境，打造品牌形象

少儿图书馆的服务对象主要是18岁以下的婴幼儿、少儿和青少年。但从现有的服务项目和服务环境看，除了在馆藏资源略有兼顾外，其他的活动和环境都是以中小学生为主，缺乏对婴幼儿读者的关注，也没有设置专门的家长和教育工作者服务版块。在服务环境的设计上，我国少儿图书馆普遍从资源利用的角度划分各个功能分区，如报告厅、文献借阅室、电子阅览室等。这种设计虽然能够让读者对各个功能分区一目了然，但是也容易造成资源使用混乱和无法体现年龄特征的情况。

因此，少儿图书馆要关注服务环境的设计，打造本馆的品牌形象。少儿图书馆可以借鉴欧美国家图书馆的服务环境设计，基于少儿成长发育的特点，在设备设置、功能分区、环境规划和空间布局上凸显少儿特征，利用丰富的颜色和图案元素营造出一个轻松活泼的阅读氛围，提高少儿的阅读兴趣。此外，少儿图书馆还要根据少儿的年龄和生理特点合理进行空间功能分区，设置育婴室、亲子阅览室、低龄幼儿手工坊和高年级科学实验室等服务区，让更多的孩子、更多的青少儿在阅读中提升自己，在学子中感受图书馆服务带来的便利与人性化。

第四节 国外少儿图书馆服务启示

一、国外少儿图书馆

（一）国外图书馆读书会对少儿阅读的影响

1. 语言启蒙和锻炼阅读技能

图书馆举办的少儿读书会中，识字项目和故事会项目占了很大比重，在帮助学前少儿和小学生们提高语言能力方面非常有帮助。而且很多读书会中还邀请了少儿教育专家，由专业馆员引导和负责。因此，这样的读书会能够更科学地启发孩子的语言天赋。

2. 培养良好的阅读习惯

孩子的阅读习惯培养的越早越好。数据显示经常去图书馆的孩子更容易成长为长期的读者，并获得良好的阅读技能。

3. 提高学校课程成绩

美国学者研究读书项目（尤其是夏季读书项目）的教育价值和影响已有50余年。芭芭拉海因斯的著作《夏季学习和学校教育效果》是这项研究的经典成果。她通过在2年的时间里跟踪佐治亚州亚特兰大公立学校6～7年级的孩子，验证了图书馆在初办读书会时的诸多假设，也更深入强调了公共图书馆举办夏季读书项目的重要性。其中重要的观点，如夏季孩子们读书的数量会一直持续影响到他们在学校的课程成绩；在暑期阅读超过六本书的中产阶级的孩子在阅读成绩上要比低收入家庭没有阅读到6本书的孩子得分更多；暑期利用公共图书馆来增加阅读词汇量比参加暑期学校具有更大的可预见性；图书馆在孩子们的假期生活中的意义尤为重要，并且也超过其他场所的职能和给孩子带去有效提升。

4. 辅助治疗阅读障碍

美国很多图书馆与当地的残疾人机构一直有着紧密的合作关系。如果孩子只是轻度阅读障碍，图书馆会专门为他们的读书会派去更多辅导人员或志愿者。开展方式一般是，通过字母游戏锻炼他们的识字能力，通过简单的讲故事环节锻炼他们的叙事能力和逻辑思维能力，通过唱简单的歌曲和不断重复押韵的字句增强他们准确发音的技巧，通过一些讲解技巧，如提问、暂停、设谜等，激发孩子们强烈的好奇心和丰富的想象力等。如果孩子是严重阅读障碍，那么他们会和全国残疾人协会联系，在他们提供相关辅助设施的基础上，派馆员直接去他们聚居的地方提供服务。

5. 增强自我认知和社会交往能力

青少年和少儿正处于涉世之初，内容积极、知识丰富的图书对他们的性格、兴趣和理想等方面都会产生积极的影响。而且有数据统计从小养成读书习惯或者喜欢读书的孩子，长大后对本人的成长有很大的帮助。

6. 增长知识见闻，帮助孩子成功

美国教育协会的一份报告曾显示，大部分美国青少年都认为，阅读是一个年轻人拥有成功人生所必须具备的最重要技能，因为阅读可以让他们增长知识、紧跟时代、获取更多信息等。阅读多的人也更容易获得财富回报：阅读水平越高的人其周薪水平也越高。

（二）国外少儿图书馆对我国公共图书馆少儿服务的启示

1. 出台相关法律及行业标准，实现各地区公共图书馆少儿服务均衡发展

我国图书馆相关的法律、行业标准欠缺，是少儿服务在我国至今没形成制度化、常规化的重要原因之一。我们期盼我国自己的图书馆法尽快出台，因为国家政策、行业标准、本馆制度的相互补充完善是保证少儿服务科学化、规范化、持续化的根本，也是实现标准相同与机会平等的保证。

2. 针对不同年龄段层次读者，开展分级服务

0～18岁是由婴幼儿开始逐渐走向成熟的重要人生阶段，心智发展跨度相当大，同时也是阅读兴趣、阅读习惯、阅读能力逐渐培养和形成的关键阶段。在图书馆少儿服务中应根据成长阶段不同的生理、心理特点细化年龄段，有的放矢地开展少儿服务。我国对0～3岁年龄段开展的活动几乎是空白，

可借鉴英、美、日、德等国的成功经验，尝试为该年龄段婴幼儿开展服务；其他年龄段少儿服务活动开展得异彩纷呈，可从 2012 年中国图书馆学会年会少儿服务展区介绍中了解借鉴。

3. 与时俱进，利用网络平台开展少儿服务

现代社会，网络对人们带来的便利，使得人们对网络愈发的依赖，生活用网、工作用网，潜移默化地融入我们的生活中。国外先进国家公共图书馆借助图书馆网站及数据库等网络平台有效地开展少儿服务，包括推广阅读、辅导家庭作业、对少儿成长过程中遇到的各种问题提供帮助等，其成果显著且积累了丰富的经验。

我国也应顺应形势，利用网络技术，借鉴国外先进经验，设计开发有利于开展少儿服务的图书馆网站及数据库，购买适合少儿阅读的电子出版物、教学软件等电子资源，配备指导少儿利用网络阅读及查询的图书馆员，屏蔽不良信息及网站，建设安全绿色的网络平台，因势利导开展少儿服务。

4. 联合社会各界力量开展少儿服务

我国公共图书馆应借鉴英、美、德等国外公共图书馆积极同政府、文化、教育、出版、公益、卫生、保健等机构及社会各界力量联合开展少儿阅读推广服务的实践经验，增加推进少儿阅读的广度和频度，从小培养少儿的阅读兴趣、阅读习惯和阅读能力。公共图书馆与社会各界力量联合开展少儿服务在我国不仅可行而且非常必要，具体操作上可借鉴英、美等国家比较成熟的经验并结合我国本土情况大胆尝试，不断完善我国公共图书馆少儿的服务。

5. 以评估为手段促进少儿服务

美国公共图书馆少儿服务的评估工作已达到规范化、科学化和制度化，是总结、完善、指导少儿服务的重要环节。我们国家应不断学习，在不断提升自己的过程中借鉴美国图书馆在少儿服务评估工作的经验，从而在学习中不断规范、不断总结、分析、评估、留存评估档案，作为指导今后少儿服务的依据和经验。评估可采取多种形式，无论哪种评估方式都要力求制度化，依靠制度保障持续性和跟踪分析，进而依靠各种长期坚持的成功评估案例进

行研究分析，设计并逐渐完善评估指标体系，只有这样才能依靠评估有效地指导我国的少儿服务。

6. 重视馆员培训，提升馆员素养

图书馆少儿服务的质量与馆员自身的素养能力有直接的关系，因此定期开展有针对性或有主题的馆员培训非常有必要。国外先进国家严格规范的馆员准入条件和培训要求目前虽不能在我国照搬，但应借鉴，可定期开展有针对性或有主题的馆员培训并形成制度化。

二、日本开展少儿阅读活动的特点及启示

日本开展少儿阅读活动的特点是全社会共同关注，与政府的法令法规、家庭的关爱、学校的配合、社区的协作、民间团体支持是分不开的。日本整个大环境下积极地为青少儿营造较为良好的阅读环境和阅读氛围，为少儿的健康成长和阅读的培养提供了坚实的力量。

（一）政府重视：颁布行政法令

日本政府对少儿读书习惯的养成非常重视，颁布了各种法令法规，积极推动少儿读书活动的开展。日本的少儿阅读活动是一种政府行为主导下的全民运动。政府投入650亿日元，督促各级学校、社区和地方政府改善少儿的读书环境。

确定"少儿读书年"，鼓励亲子阅读，全国开始掀起了少儿阅读推广活动的热潮；确立"国民读书年"，推进少儿读书活动的发展。成立专门的少儿图书馆成为全国的少儿研究中心和支持机构，与日本各地的图书馆及其他在推动少儿阅读运动的国家保持紧密联系，为少儿提供全面服务。大力投资少儿图书数字图书馆项目，提供数字图书馆服务，进行少儿文学联合目录数据库制作。构建民间读书活动团体的网络系统，计划每5年编辑发行"全国读书团体总览"，以促进各团体间的信息交流与合作研修。通过"少儿梦想基金"资助民间团体举办活动推动少儿读书运动。

（二）家庭：倡导亲子阅读

孩子的世界是从家庭开始的，家是孩子的第一课堂，从出生到长大成人，在这成长的多种关系中，亲子关系是少儿健康成长中的重要因素。亲子活动强调家庭的温馨，加深两代人的理解和沟通，使父母和孩子成为知心朋友。在日本，妈妈读图画书给孩子听，和孩子共同阅读；节假日父母带孩子出游要忘不了带上喜欢的书；父母和孩子一起出入图书馆，指导孩子选书，引导孩子享受读书的乐趣。

（三）学校：组织读书活动

日本的中小学校重视对孩子阅读兴趣的培养，开展各种有趣的读书活动，在读书活动中进行科学、积极的引导，使每位少儿都能养成读书的习惯。为进一步推进读书活动，学校进行了有关读书指导的研究、介绍先进的读书指导经验，以提高教师的指导能力和活用学校图书馆的能力。

（四）社区：开展读书服务

日本的社区少儿教育机构如少儿馆、少儿文化中心、少儿图书馆、公共图书馆等给少儿创造了良好的阅读环境，为少儿组织举办各种丰富多彩的读书活动。少儿馆、少儿文化中心是社区少儿教育设施，通过图画书等少儿读物开展活动；少儿图书馆是孩子学习、娱乐、读书、增长知识的乐园；孩子们在公共图书馆里阅读图书、学唱歌、听故事，吸吮着知识的雨露。各种社区组织重视对少儿阅读兴趣的培养，在阅读兴趣的培养中提倡母亲与孩子之间的教育，创建专供少儿读书的指定场所，举行"少年阅读周"等活动，培养良好的阅读习惯让孩子们受益终生。

（五）民间团体：推进读书运动

日本最初的少儿读书运动开始于"给孩子们好书""给孩子们新书"妈妈们的联名请愿，继而在全国范围内形成一种大的趋势，使得公立图书馆改善运营、充实少儿图书"为了孩子多建图书馆"的国民运动，以东京、大板为中心，渐渐地向周围扩散，家庭、孩子们和民间团体投入了这场运动，各地纷纷组织成立"图书馆建设促进会""少儿文库联谊会"等民间团体组织各种读书活动。

三、国外公共图书馆少儿阅读推广对我国的启示

（一）提高对婴幼儿早期阅读重要性的认识

从美国、英国和加拿大三国的实践可以看出，这几个国家在婴儿的早起阅读培养等方面更加地重视，他们几个国家在力度上也是很大，在此实例上无一例外地将婴儿阅读纳入整个阅读计划，通过宣传婴儿早期阅读的重要性而将家庭成员也带入阅读活动中，并注重提升父母与孩子共同阅读的能力。

（二）加强多方合作

少儿阅读活动不仅仅是关注少儿是否阅读，而是更注重培养整个家庭的阅读习惯，更关注少儿的家庭教育，帮助家庭进行少儿教育成为阅读推广的主要目的。通过与社区、医疗康复机构、早教机构、家庭教育机构、学校合作，国外图书馆的少儿阅读推广活动深度已介入家庭教育，取得了显著效果。

（三）多渠道筹措资金

少儿阅读推广和服务离不开持续和稳定的资金支持，需要图书馆加大资金投入，并以积极的态度多渠道筹措资金。借鉴国外图书馆的经验，国内图书馆可以从如下几个方面解决资金问题：一是图书馆要重视青少儿的阅读推广，从图书馆现有资金中划拨相对固定的少儿阅读经费；二是要积极争取地方政府领导的重视和支持，关注国家文化和教育专项资金政策，抓住时机及时申报；三是与出版社、民间的阅读推广组织等在阅读资料提供、人员支持、场地、活动开展等方面展开合作；四是应探索和尝试设立图书馆基金会，凝聚和吸引社会力量捐款、捐物，真正实现图书馆经费来源多元化。

四、国外图书馆个性化特色服务及对我国的启示

（一）国外图书馆的个性化特色服务

1. 特殊群体服务

目前许多国外高校图书馆网站普遍开设了专门为残疾人提供的服务。如

美国加州伯克利分校图书馆服务一栏就把残疾人列为专门一类服务对象。这一服务项目中又把残疾人分为身体上缺陷和学习上缺陷两类。在这一模块的简介中有表格详细介绍为残疾用户服务的图书馆员的联系方式,以便残疾用户与图书馆的联系,还有专门为身体残疾用户设立的图书馆路线图。

2. 个性化服务

国外图书馆在提供基本信息服务的同时,一般都考虑到了突出自身优势发展自己的特色服务,针对特殊的用户群体提供针对性的一系列服务。如柏林图书馆、加拿大图书馆、纽约公共图书馆出借本馆收藏艺术品,举办美术展、服装展、书法比赛、音乐欣赏、诗词朗诵会等活动,开展各种培训,如为不同年龄的中小学生及学龄前少儿举办读书会、计算机培训班、求职信息讲座等;有的图书馆还开展女性服务项目。这些特色服务在体现人性化的同时也充分体现出了"以读者为中心"的服务宗旨。

3. 创造典雅、舒适、便利的读书环境

图书馆建筑应具有较强的功能性,国外图书馆的规模不论大小,在馆舍造型上都别具风格,注重文化气息和艺术色彩,充分体现艺术美的享受;在设施上和管理上也讲究方便于民众。如美国洛杉矶公立图书馆的园厅是艺术和建筑设计的巧妙结合,色彩丰富的壁画和巨型中央吊灯成为洛杉矶观光之景;国会图书馆更是一座富丽堂皇浸透着高雅艺术风格的建筑。法国的国家图书馆新馆,远观如同四部打开的书籍,其内部设施豪华便捷令人叹为观止。

(二)国外图书馆个性化特色服务对我国图书馆的启示

国外与国内图书馆个性化特色服务体系比较,国外图书馆的优势表现在许多方面,这些优势对于国内图书馆的发展有积极的启示,具体体现以下几方面:

1. 图书馆个性化特色服务与社会发展相结合

图书馆是一个社会服务机构,与其他社会公共机构一样,是为了更好地服务公众而存在的。图书馆的信息服务与社会发展结合起来,正是图书馆社会性的最好体现。为此，我国图书馆必须将社会服务与当地的社会发展计划紧密结合，在促进社会发展的同时实现自身的发展。

2. 培养全民阅读兴趣，使图书馆信息服务融入社会发展之中

文化作为软实力，已成为综合国力的重要衡量标志之一，国民阅读力作为文件软实力的基石，不仅反映出社会的精神面貌，也直接关系到国家软实力和综合国力的强弱。图书馆是一个致力于知识的信息传播的社会性公益机构，也是参与和实施全民阅读的重要力量之一。深入开展我国全民阅读活动，激发人们的阅读兴趣，建设浓郁的书香社会，不仅将会提高我国全民族科学文化素质，而且可以促进人的全面发展和社会的不断进步。

3. 图书馆应坚持公益性服务原则，秉承以人为本服务理念

加强我国各级各类图书馆建设，充分利用正在建设的国家数字图书馆的阶段性建设成果，加快数字图书馆服务的全社会覆盖。向社会提供普遍均等的信息服务，保障读者公平、自由获取文献信息的权利，缩小城乡数字鸿沟，尤其要关注对我国偏远地区、贫困地区和弱势群体的信息服务，使数字图书馆成为网络时代保障人民群众基本文化权益的重要途径。

总之，人类根本价值的实现取决于智者在社会中行使民主权利和发挥积极作用能力的提高。每个人都有平等享受公共图书馆服务的权利，而不受年龄、种族、性别、宗教信仰、国籍、语言或社会地位的限制。个性化特色图书馆及人文关怀理念提出，不仅仅只是读者的需要，也是图书馆事业发展的需要，更是时代和社会发展的需要。我们只有牢固树立"全心全意为读者服务"的信念，为读者提供更新更好的服务才是实现图书馆可持续发展并与整个社会和谐共荣的必由之路。

第六章　新时代图书馆少儿阅读推广

第一节　少儿阅读需求分析

一、现阶段少儿阅读需求的变化

现阶段少儿阅读需求呈现出休闲性、多层次性及盲从性等变化。

（一）少儿阅读需求的休闲性

少儿阅读需求的休闲性是指少儿愿意阅读那些比玩具更有"乐趣"的书籍，如果他们可以感受到阅读的魅力，并在阅读中感到快乐，让他们可以在不耽误自己的时光下带来心灵上的愉悦，可以让他们会心一笑，他们就会喜欢阅读这类书。所以那些令人愉悦的读物往往是他们走进公共图书馆的动力、"诱饵"。在这种心理趋向下，少儿的阅读量会随之逐渐增加。如《幽默三国》《淘气包马小跳》《神奇的校车》普遍受图书馆少儿书刊借阅室的小读者喜爱，很多孩子是同一本书一读再读。同样是《十万个为什么》，漫画版《十万个为什么》更受少儿喜爱。

（二）少儿阅读需求的多层次性

少儿阅读需求的多层次性是指不同年龄段的阅读需求各不相同。6岁前，以形象思维为主，图文并茂、画面生动、文字简短、色彩对比鲜明的读物更能决定少儿的喜好。小学低年级，受年龄、识字量、注意力等因素影响，语言幽默、故事情节有趣的图书更受他们喜爱；文学类书籍中的神话、寓言、童话故事受到他们喜爱。到了小学中、高年级，已具备一定的自制能力，初步具有理性思维能力及自己的兴趣和喜好，可独立阅读。科幻、英雄模范人物以及历险的故事开始获得他们的喜爱。在这些书中，文字优美、故事性强的图书更受青睐。初中阶段，具有较强的自我意识，知识接受能力强，开始有所选择地挑选自己喜欢的书籍。校园文学、青春文学、文学名著成了热门书。那些反映校园生活、现实生活的文学和传记类，是他们优先选择的对象。当情况确实如此的时候，那么可以判断少儿已经初步具有了自己独有的阅读习惯。

（三）少儿阅读需求的盲从性

少儿阅读需求的盲从性是指少儿由于缺乏独立思考和明辨是非的能力，阅读需求易受他人的干扰。少儿的学习和生活环境相对单一，再加上彼此的发展、困惑和需求基本一致，很容易形成心理共振，阅读行为在他人的影响下，常把他人的阅读需求误作为自己的需求，"多数人更正确""归属感""交流话题"等因素左右着他们的行为，让他们产生扎堆阅读现象。最近的"喜羊羊"风、"查理九世"风、"幻想数学大战"风、"熊出没"风等，这些书都是呈现扎堆外借现象，即使不断地增加副本，还是会经常借不到。

二、少儿对数字资源的需求与实际的矛盾

（一）忽视"少儿优先"的服务理念

少儿是公共图书馆服务的重要对象之一，其服务方式具有特殊性。图书馆少儿数字阅读服务首先要考虑少儿的特点，保障少儿权利并落实少儿优先原则。但是，在目前的少儿数字阅读服务中，存在着一些不同的声音，甚至有的图书馆并没有达到这样的要求。例如，某些区、县图书馆因为设备、资金、人员等方面的因素，对少儿数字阅读推广工作并不重视，对建设少儿数字图书馆的意义并不理解。部分图书馆的少儿网站无论是资源分类、页面设计还是服务内容，都没有考虑少儿用户的年龄特征和接受能力。图书馆对深受少儿喜爱的数字阅读方式的宣传力度和指导力度不足，因此导致大家对数字阅读推广活动的开展响应度不高，有的环节出现了不宣传、不推荐的情况，这与"少儿优先"服务理念背道而驰。可见，要提高少儿数字资源推广的水平和质量，必须以坚持正确的少儿观和少儿服务理念为基础。

（二）数字资源质量有待提高

开展数字阅读推广服务，数字资源的质量是基础。少儿数字资源质量存

在短板是影响少儿数字阅读推广的关键原因。调查显示，虽然在使用感觉上，孩子们更喜爱娱乐游戏类的数字资源，但从实际需求来看，少儿更欢迎益智互动和知识普及类的数字资源。而图书馆对数字资源的搜集和划分较为宽泛，没有进行统一、科学的归类和整合，使用起来比较杂乱。很多电子图书类型的数字资源设计的互动环节，包括一些国内知名的少儿数据库，忽视了互动与书本内容和故事情节之间的关联，孩子们在阅读此类数字图书时，不断被所谓的延伸打断，最终只是"为互动而互动"，忘记了阅读的初衷，难以有所收获。

（三）知识获取受限

大部分用户都倾向于选择免费的少儿数字资源，这与图书馆公益服务和开放获取的理念不谋而合。但是，目前存在的状况是很多少儿数字图书是从国外原版引进，牵涉到商业利益、知识产权、版权等多种因素，因此，需要额外收费或者限制阅读。同时，由于某些数据库资源商的行业垄断地位和绝对的话语权，他们利用用户对数据库的依赖而对少儿数字资源和线下产品随意定价涨价，影响了少儿数字资源的利用和推广。调查中还发现，对于图书馆采购的数字资源，大部分少儿都选择到馆使用，图书馆外访问的人数极少，一方面是使用习惯的影响，最重要的原因是图书馆外访问的公开性低，存在用户申请、注册、登陆等诸多程序的权限，不利于数字资源在少儿中的推广，不利于图书馆资源价值的实现和共享。

（四）交流和分享功能不足

目前，我国公共图书馆在开展少儿数字图书馆建设时，重点突出了"阅读功能"和"检索功能"的实现，而作为图书馆基本服务内容的"交流功能和体验功能"薄弱和欠缺。许多图书馆在少儿数字阅读推广的环节中对少儿读者和家长的沟通交流不重视，近而忽略了少儿与少儿之间、少儿与家长之间、家长与馆员之间多种形式的互动分享。在已经开通"少儿数字图书馆"移动网络服务平台的公共图书馆中，馆内的数字阅读活动推送都做得非常细致和精美，但大部分图书馆都忽略了读者对资源和服务的评论、建议和分享功能，使得读者很难参与进来与大家一起交流，且不利于激发读者的热情和积极性。

三、少儿阅读需求状况

（一）阅读状况不均衡

阅读状况不均衡主要体现在两个方面：一方面表现在不同学龄阶段的阅读数量不均衡。小学和中学的阅读量相对较多，而学龄前和高中的阅读量较少，学龄前阅读次数少是由于认知能力低，无法单独完成文本阅读，需要大人的帮助与指导。另一方面表现在同学龄段的阅读状况不均衡。存在着很多现象，例如，少儿在书籍的翻阅上效率高、阅读能力强，因此阅读量加大。有的成年人在阅读上能力较差，也没有什么阅读技巧。还有的少儿毫无阅读兴趣。这些情况都是存在的。

（二）普遍缺乏科学的阅读指导

少儿阅读普遍缺乏科学指导，主要体现在两个方面，一是少儿普遍缺乏"阅读引路人"。从国家、社会、学校、家庭各个层面缺乏对少儿阅读进行系统、科学地规划与引导。二是在少儿阅读指导方面存在功利化、教条化、利益化等倾向。某些家长在少儿阅读方面的功利化、误导化。有些家长本身对阅读知之较少，却对孩子阅读粗暴干预，渐渐导致孩子失去阅读兴趣；学校在孩子阅读方面的教条化、刻板化。大部分学校老师在教授阅读时，对文本解释的孤立化、单一化、教条化，束缚了少儿的想象力，降低了其阅读兴趣；公共图书馆在引导孩子阅读方面存在某种程度的缺位化。目前，公共图书馆作为少儿阅读服务的主体，开展的服务只是简单的借阅服务，尤其县区图书馆及一些经济不发达地区的市级馆更是如此，缺乏有针对性、连续性及科学性地阅读推广；一些组织及个体对少儿阅读指导的利益化、市场化。一些出版机构、出版人由于利益驱使，也是从公司的利益出发，会对青少年定期推荐一下书目，进行开展一些阅读推广活动，这种不是从少儿阅读需求角度出发的书目推荐、阅读推广，带有很强的营销性质，在这些推销的书目中可能也会存在一些不错的书籍，但整体而言，难免良莠不齐。

（三）优秀读物相对缺乏

少儿对优秀读物的需求仍非常强烈，这说明相对于少儿阅读需求来讲，优秀读物相对缺乏。究其原因，主要表现在两个方面，一是原创优秀读物相对缺乏。二是提供的优秀读物相对不足。阅读资源与少儿的阅读需求之间有一定差距。具体体现为：少儿对图书馆需求最强烈的就是增加优秀童书的种类和数量。目前，图书馆优秀图书相对不足的主要原因是购书经费不足，采编科学性不高；少儿对学校图书室配置的图书满意度较低认为所配图书数量较少；书店少且配置的优秀读物率不高。有些书店为了营利需要，主要靠学生的教辅材料以及冒险、悬疑、惊恐类的书籍吸引少儿，较少考虑少儿的真正需要。

（四）阅读状况与家庭、学校的阅读环境存在相关性

少儿的阅读状况与学校、家庭的阅读环境密切相关，并且家庭阅读环境与父母文化程度密切相关，母亲在家庭阅读环境的营造方面占有主导地位。此外，家庭的父母在文化修养上也没有很高的学术造诣，所以也起不到关键的作用，换而言之即使父母文化程度不高，如果意识到阅读的重要性，主动营造良好的家庭阅读氛围，孩子的阅读状况仍为良好，也就是说家庭阅读环境对孩子的阅读状况才具有决定性影响。

第二节　图书馆少儿阅读推广的现状

一、少儿阅读推广现状

（一）公共图书馆少儿阅读推广现状

当前，公共图书馆在少儿阅读推广实践过程中的努力和成果是有目共睹的，其在少儿阅读推广中的作用正在日渐凸显。但是在推广工作开展过程中也存在和面临着许多问题。

1. 少儿阅读推广缺乏统一规划

少儿阅读推广是一项庞大、系统的工程，必须长期坚持，有计划地进行。目前，很多公共图书馆在开展少儿阅读推广活动时，往往没有系统地分析我国少儿阅读心理特点，想到什么活动就办，缺乏统一的阅读推广规划。一个活动只注重其本身的效果，如果仅仅停留在书籍表面肤浅的理解上，其他的动态和活动只有形式，缺乏对于个体的关注，这样的结果实际上是无法帮助和指导少儿建立起长期系统的阅读体系，也不利于培养他们的阅读兴趣。

2. 公共图书馆员专业能力不足

随着文化事业的发展，为了更好地满足少儿群体不断增长的文化需求，一部分城市已经建立起专门的少儿图书馆，一些在公共图书馆内设立了专门的少儿阅览室。大批少儿图书馆的出现使得具备专业素质的少儿馆员数量变得不足。但图书馆在招聘少儿馆员时无法对其专业能力做出严格的规定，导致大部分馆员对少儿图书馆的专业知识了解甚少，甚至根本不具备专业服务的能力，更谈不上为少儿读者提供深层次的阅读指导与规划了。

3. 学校和家庭对于少儿阅读不够重视

目前大部分中小学都设有图书馆、图书室或者阅读角，里面收藏的图书也都是适合少儿阅读的。学校现在推行素质教育的很少，大部分还是停留在传统的应试教育，学校的图书馆、图书室或者阅读角很少向学生开放，有的甚至不开放，仅仅作为应对上级检查的摆设。

随着时代的进步，越来越多的家长认识到少儿阅读的重要性，开始有意识地督促孩子多阅读。大部分父母会给学龄前少儿购买大量绘本形式的少儿读物。但是，普遍的现象是孩子上学后家长就开始普遍购买大量书籍，盲目地给孩子购买，书目单一，让孩子在阅读上失去兴趣，效果反而不好。

（二）图书馆少儿阅读推广问题

阅读是人们获取信息和知识的重要方式，"书籍是青年人不可分离的生活伴侣和导师"，阅读对于少儿的成长有着至关重要的作用。少儿阅读不仅可以从小培养学习兴趣，还能促进大脑发育，而且少儿时期是培养阅读兴趣的最佳阶段，有利于其形成良好的思想观念和道德修养。我国少儿阅读推广活动开始于20世纪80年代，1982年由文化部、团中央等部门联合发起了"青少年爱国主义读书活动"，1998年发起了"中国青少年新世界读书计划"，随后从中央到地方的各级文化部门开展了一系列少儿阅读推广活动。少儿阅读推广活动作为全民阅读的重要组成部分，已在公共图书馆界广泛开展，并取得了一定的成效，但在新时期如何拓展少儿阅读推广新模式，应该成为公共图书馆开展少儿阅读推广工作的新方向。

第一，推广活动缺乏吸引力。图书馆前期开展的阅读推广活动大部分都是时间集中、活动效能较低，靠这些节日型、短效型阅读推广活动很难形成全民阅读的社会氛围。另外，图书馆开展的少儿阅读推广活动形式单一、活动内容枯燥，且功利性阅读活动占主导，缺乏吸引力。少儿时期活泼好动，服从管理能力较差，枯燥单一的活动不利于少儿阅读能力和阅读习惯的培养。

第二，忽略少儿早期阅读。国内对少儿阅读的认识存在误区，认为少儿只有具备了基本阅读能力之后才可以开始阅读，又认为刚出生的婴儿对声音、图像等阅读内容缺乏感知。根据第六次人口普查结果，我国6周岁以下少儿约有1.3亿人，由此可见，我们在关注上对这一批少儿并没有显著的效果。导致少儿早期阅读推广活动发展较为滞后和缓慢。

第三，缺少专业的少儿阅读推广人员。少儿阅读推广活动的开展离不开专业的少儿阅读推广人员，图书馆员作为公共图书馆开展少儿阅读推广活动的主体，担负着引导少儿阅读的重要责任。但部分图书馆员对于不同年龄段少儿的心理、行为规律及阅读需要缺乏有效判断，尤其是一些发展不是很好的地方，县区乡镇等，一定程度上阻碍了少儿阅读推广活动的有效开展。

（三）少儿数字阅读推广存在问题与原因分析

随着数字化时代的到来，公共图书馆为少儿读者提供包括电子书阅读、数据库使用等方面的服务。而在少儿阅读推广工作日益重要的今天，由于各方面的因素，目前少儿数字阅读推广仍然存在很多问题，现从公共图书馆、少儿读者、家长、数字资源商等四方面因素进行分析，力图找出原因，为做好少儿数字阅读推广工作打好基础。

1. 公共图书馆对少儿数字阅读推广重视程度不够

2009年4月23日至2010年4月23日，被确定为首个"全国少儿阅读年"，少儿阅读工作已经引起各级公共图书馆的重视，而作为阅读方式之一的数字阅读尚未满足少儿读者的需求。究其原因，一是公共图书馆的馆藏数字资源未能满足少儿读者的需求。少儿读者对知识数字的需求反映在要求所需知识数字的电子化和网络化上，因此图书馆的馆藏数字化工作显得尤为重要，是数字化阅读推广的基础。一些市、县图书馆因为硬件、软件、人员等方面的因素，对此项工作并不是很重视。二是公共图书馆对少儿数字资源宣传力度不够，不少图书馆还停留在传统的重纸质馆藏，轻数字资源馆藏的传统资源采购思维，造成数字资源采购有限，甚至不采的情况。三是缺少数字资源的读者培训等宣传推广工作。很多的资源在引进后，没有引起重视，趋于表面工作，进行广告单等形式的传播，引起的效果也是不容乐观。许多少儿读者不知道图书馆有此数字资源。读者培训的缺乏同样造成数字资源利用率低下的现状。

2. 少儿读者自身存在功利性阅读与应试性阅读的现状

我国少儿文学研究所所长朱自强在采访中曾表示，当下青少年阅读的现状是功利性阅读多，趣味类阅读少；"浅阅读"多，"深阅读"少。在中国应试教育的背景下，中小学生面临巨大的升学压力，存在课业负担重、心理压力大等现状。少儿读者更倾向阅读与提高学习成绩、应对考试等方面的阅读，一方面少儿读者没有太多的时间来浏览数字资源；另一方面在有闲暇时间的情况下，他们也会选择玩小游戏、浏览网页等休闲方式。

3. 家长对少儿使用数字资源顾虑较多

目前中国还是处于应试教育阶段，在升学的巨大压力下，家长的关注点往往在孩子的学习成绩及特长培养等与升学密切相关的方面，轻视课外阅读，更加轻视数字阅读。许多家长认为电脑、手机等阅读媒介对少儿视力造成伤害，影响少儿健康，因此禁止或者不赞同少儿使用数字资源，这直接影响了少儿读者进行数字阅读的频率。图书馆工作人员与家长、图书馆工作人员与少儿读者，家长与少儿读者之间关于数字资源的交流和互动较少，家长对少儿数字资源并不是十分了解，而互联网上充斥着各类信息，包括不利于少儿健康成长的信息，这造成了家长们对孩子使用数字资源有所疑虑，对少儿上网等行为也较为反感。

（四）乡镇图书馆阅读推广的现状

1. 现状

公共图书馆的阅读推广的发展日新月异，目前已经到了一个比较成熟的阶段，但乡镇图书馆阅读推广的发展才是刚刚开始，它需要我们国家和当地政府和公共图书馆的重视与投入。正是看到当前乡镇图书馆各种社会阅读需求和阅读推广的缺失，各乡镇图书馆应以越来越开放的姿态，不断运用现代各种高新数字和科学技术提升图书馆纸质图书和电子图书的管理。当前，最重要的任务就是向当地的公共图书馆和高校图书馆引进与时俱进的数字和电子数据库，提升业务建设和服务水平，提高乡镇图书管理人员的素质，履行社会阅读推广责任，充分利用现在的高新技术，例如，网络、电子信息技术等，达到预期的效果。

2. 在乡镇图书馆进行少儿阅读推广的必要性

在地方的乡镇图书馆进行阅读活动的开展，通过活动的开展，让孩子们在生活中受到潜移默化的影响，让孩子从小爱读书、读好书，由此养成良好的阅读兴趣，从而能够方便他们就近读到更有用的书，增加他们的知识面，能够提高他们的思维能力和想象力，为乡镇企业的发展提供更为有力的知识基础，为其将来有所建树，使他们成为未来乡镇企业建设的重要发展力量和主力军，为社会主义事业的新发展奠定坚实的基础。

在乡镇图书馆进行少儿阅读的推广，是我们当地公共图书馆和乡镇图书馆发展的主要任务之一，也是非常必要的。

二、少儿阅读推广的必要性

（一）少儿阅读关系国家未来

"少年智则国智，少年富则国富，少年强则国强，少年独立则国独立，少年自由则国自由，少年进步则国进步"。少儿知识、精神、思想的富有、独立和自由是国家未来发展的重要基础。剥去功利性阅读和浅阅读的外衣，如何使少儿形成良好的阅读习惯，努力学习，独立、自主地思考，树立正确的世界观、价值观、人生观，有利于整个社会、国家的长远立足和未来发展，正确的少儿阅读引导——少儿阅读推广势在必行。

（二）少儿阅读是全民阅读的基础

通过少儿阅读推广活动，提高少儿阅读积极性，增加少儿阅读量，能够有效增进整个社会对阅读重要性的认知和共鸣，从而提高民众的阅读兴趣和阅读质量。可以根据大家的心理状态、从众的心理，在图书馆可通过举办广范围、大规模、高频率的阅读推广活动，鼓励民众进入图书馆，了解阅读的必要性与重要性。少儿本身对很多事物都有新鲜感和好奇，无疑是最容易吸引和发展的读者群体。通过他们在社会民众中逐渐形成良好的阅读风气和正确的价值取向，从而引导更多的民众关注并开始阅读。

三、少儿阅读推广持续发展的有效途径

阅读对于少儿的成长起着至关重要的作用，不仅能使少儿完善自我、提升智慧，还能使其开阔视野、陶冶性情。因此，公共图书馆应在现有少儿阅读活动的基础上，进一步利用其资源、技术、人员、服务等优势来激发少儿的阅读兴趣和阅读热情，帮助他们从小养成健康的阅读习惯。

（一）优化阅读空间

公共图书馆作为少儿社会教育的主阵地，应重视其空间功能的有效发挥，为不同年龄段的少儿读者创造独特的符合其自身生理、心理特点的舒适阅读空间，以吸引少儿读者走进图书馆、利用图书馆。

（二）开展书目推介

随着国家各项阅读政策的出台，社会各界都更加重视少儿阅读，公共图书馆作为少儿阅读推广的主体，更是迎来了快速发展的有利契机，各大乡镇等地区转变方式，加大对少儿阅读服务力度，并推出了一系列少儿阅读活动，取得了良好的社会效益。

（三）加大宣传力度

目前，我国公共图书馆的少儿阅读推广活动因缺乏前期的宣传策划创意和广泛动员力度，活动效果不甚理想，推广普及的难度较大。因此，公共图书馆应充分利用自身优势，加强各项少儿阅读服务的宣传工作，使之日常化，以充分发挥少儿阅读推广的社会作用。

（四）加强各方合作

为了使少儿阅读达到最理想的推广效果，公共图书馆要唤起全社会不同行业、不同层面对少儿阅读的关注和重视，整合各个行业少儿阅读服务力量，与社会各界一起共谋少儿阅读推广事业的可持续发展。

家庭是孩子接受启蒙教育、接触早期阅读的第一空间。有研究表明，父母的阅读习惯和阅读方式、父母为孩子创造的阅读条件和阅读环境、父母为孩子制定的阅读计划和心得交流情况、亲子共读的频率和程度等都是影响少儿阅读的重要因素。因此，专家倡导家长与孩子共同阅读。这种亲子阅读的方式，有利于培养少儿的学习能力、思维能力和表达能力。

在活跃的班集体中，教师作为阅读的引领者，可以利用少儿强烈的崇拜心理和从众心理，激发其参与少儿阅读、参与互动讨论、参与角色扮演的热情，形成群体效应，进而推广少儿阅读。因此，公共图书馆应加强与学校的广泛合作，首先，通过推出流动图书车、建立校园分馆、组建课外阅读指导中心等平台，将优秀的少儿读物源源不断地送至学校，使丰富的馆藏资源与教学课程相结合，进一步拓展少儿阅读的广度和深度；其次，通过开展知识讲座、举办科普展览、发放宣传资料等手段，将少儿阅读推广的意义和理念带进校园，使图书馆社会教育与学校基础教育相结合，吸引越来越多的少儿认识图书馆、走进图书馆、利用图书馆，直至进入阅读的世界。再次，通过参与将老师授予的内容、自我阅读的提升、推荐书目的阅读等方式，使第二课堂与第一课堂相结合，将使自己受益的有效的方式传授给孩子，指导其如何合理使用图书馆解决学业问题并完成相关作业，进而激发阅读兴趣，提升阅读质量。

公共图书馆应利用其读者广泛、公益免费的特性与少儿出版机构深化合作，使处在少儿阅读推广活动上游的出版机构充分发挥源头作用，为少儿读者提供更具针对性、更加优质的少儿读物。

四、公共图书馆在少儿阅读推广中的角色分析

（一）阅读环境的营造者

阅读环境既包括阅读场所与设施，又包括阅读资源。作为阅读的最佳场所，图书馆具有其他场所不可比拟的优势。在地理位置方面，各地区从省市级图书馆到社区图书馆分布众多，方便少儿及家长就近选择。在内部设施方面，现在很多的书店、图书馆都存在很舒适的阅读环境，单独的屋子、干净的环境，有较高的安全性和舒适性，同时这些区域区别于成人阅读区的安静井然，又多了一份自在与活泼，孩子们趴在地上看书、在画板上涂鸦、与同龄少儿沟通玩耍，在玩乐间培养了阅读兴趣。在阅读资源方面，图书馆作为政府财政支持的公益性单位，通过专业人员的采购，拥有大量适合不同年龄段少儿阅读的优秀少儿读物。此外，图书馆还会不定期举办形式多样的少儿阅读活动。

（二）阅读行为的指导者

少儿阅读行为包括阅读兴趣、阅读习惯、阅读内容的选择、阅读方法等。前文提到，少儿时期是阅读习惯养成的最佳时期，因此在这一时期，少儿阅读需要一支专业的队伍进行正确地引导。公共图书馆从事少儿服务岗位的馆员大多具有相关学科背景，熟悉少儿教育与少儿心理，对青少儿的书目进行

了解，从而有效地展开良好阅读的传播。同时，公共图书馆还拥有一支强大的志愿者队伍，可以有目的地培养一批少儿阅读导读志愿者，以分担馆员、家长、老师对于少儿阅读引导的压力。

（三）家庭与学校阅读的推动者

公共图书馆要进行少儿阅读推广，培养少儿良好的阅读习惯，行之有效的办法就是与家庭、幼儿园、学校进行协作协调，通过推进家庭阅读与校园阅读达到阅读推广的目的。如组织亲子阅读、把图书馆搬进校园等阅读推广活动，通过与家长和老师的有效沟通，向他们普及少儿阅读推广的科学理念和方法，指导他们参与及分享少儿阅读推广活动，在促进自身工作的同时，最大限度发挥整体效益，从而全面推动少儿阅读习惯的养成和能力的提高。

五、少儿图书馆阅读推广途径

（一）对图书馆的服务环境进行优化

对于少儿图书馆而言，服务环境主要指的是图书馆在满足少儿的知识需求和阅读需求的过程中所构建的物质环境和人文环境。图书馆的建筑、空间环境、馆藏设备和文献资源等因素是图书馆物质环境的主要组成部分，人文环境则主要涉及以下几个方面的内容：

第一，图书馆的文化建设工作。

第二，图书馆员的职业素养。

第三，图书馆的人文氛围。

第四，图书馆员与读者及家长之间的关系。

良好服务环境的构建，对少儿环境感知和空间认知的发展有一定的促进作用，也可以规范少儿在公共场所的行为举止。在不断优化自身服务环境的过程当中，图书馆需要遵循以下两个原则，即人性化原则和安全化原则，既要满足少儿的需求让他们有自己的空间，也要保证他们自身的安全，两者缺一不可。

在优化少儿图书馆或少儿阅览室服务环境的过程中,图书馆管理人员也需要不断提升图书馆员的个人素质。从少儿阅读推广活动对图书馆员的要求来看,图书馆员要具备良好的思想道德素质、业务技能和心理素质,也需要了解少儿教育学的相关知识。因此,业务培训工作的开展就成为图书馆员提升自身业务素、掌握前沿阅读理念和阅读方法的有效措施。

(二)对阅读指导工作进行完善

少儿阶段是少儿生理心理的发育阶段。由于少儿缺乏辨别能力和分析能力,使他们在阅读过程中难以对适合他们的图书进行独立的选择,对此,少儿图书馆的工作人员就需要积极开展阅读指导工作,帮助少儿选择健康有益的图书。图书馆需要从少儿读者的兴趣和技能等方面着手开展阅读推广活动,因此,阅读指导工作也是对少儿进行阅读技能培养的有效措施,少儿阅读能力的提升,可以使阅读推广活动的作用得到充分发挥。

(三)重视多方合作

馆际合作是对阅读推广工作进行优化的一种有效措施。这一合作机制的构建,可以让图书馆的公共资源得到合理分配。在馆际合作机制开展的过程中,图书馆也可以对国内外的先进经验进行吸收和借鉴,例如,丹麦政府在国内推行的"阅读起跑计划"就是一种具有可行性的阅读推广计划。品牌化、常规化和系列化是少儿图书馆活动的主要特点,在对来自全国少儿图书馆、家庭、学术组织和政府部门等各方资源进行整合的基础上,对阅读推广活动进行完善,可以让这一活动的社会影响力得到显著的提升。在随后展开的活动中我们可以借鉴好的例子,从书籍内容和文献等途径来提升,进而利用阅读推广活动提升少儿的阅读兴趣和公共资源应用意识。少儿图书馆也可以让少儿文学作家和少儿文学专家参与到阅读推广活动中,因此,少儿图书馆需要时刻关注少儿文学作家或少儿文学专家的创作动向和研究动向,也可以通过邀请专家和作家来图书馆参与活动,拉近专家和作家与少儿及家长之间的距离,促进少儿阅读推广工作的开展。

第三节　图书馆少儿阅读推广策略

　　图书馆作为少儿提高阅读水平的重要场所，在教育培养和阅读指导发挥着重要作用，其对于祖国未来的发展和新一代人才的成长发挥着不可小视的作用。在公共图书馆中，少儿图书已然成为非常重要的组成部分，传统的图书馆主要担任着学生课外阅读及自主学习的重要任务，能够满足学生对课外知识的补充和延伸。在现代化发展下，公共图书馆也逐渐向着信息化、网络化进步，建立起共享式的阅读平台，并开展一系列的少儿阅读推广活动。比如，家长和孩子一起参与的亲子阅读、学校组织学生参与的征文比赛、阅读竞赛等，通过以实际为基础，开展形式活泼、内容丰富的少儿阅读推广活动，进一步提高少儿的阅读质量，让孩子们在愉悦的状态下形成很好的阅读，让他们真正地获取养分，健康成长。

　　近年来，我国经济飞速发展，网络环境有了明显改善，少儿阅读方式和阅读内容随着时代的变迁也有了很大变化。早起阅读教育在整个的教育发展中是学习的基础保障，也是教育的灵魂所在。公共图书馆为了更好地提高少儿阅读的服务水平，应该紧跟时代步伐，扩大服务范围，完善少儿阅读推广活动。通过在实际生活中进行大量研究得出结论，阅读是人们获取知识的重要途径，不管是在学校，还是在生活中，人类知识的80%都是通过阅读而来的。少儿时期是阅读能力发展的重要阶段，在这个时候对其进行阅读习惯的培养，可为以后的学习和成长奠定良好基础。所以各大图书馆在推荐力度、宣传力度上，有着很重要的作用，这对培养少儿的阅读习惯、阅读兴趣具有重要意义。目前，我国少儿还不具备自我阅读能力，缺乏足够的知识水平，在图书的选择和阅读上都存在很大问题。少儿阶段，人生观和价值观还没有完全确立，在这个阶段中，容易被一些不良书籍或者外界因素所影响，导致心灵的损伤。所以，公共图书馆必须做好相应的工作和必要的流程，切实做到从少儿的实际出发。根据自身需求，合理选择图书，确保少儿向着正确的人生观、价值观进步，养成良好的阅读能力和道德素养。

一、公共图书馆与少儿阅读推广的关系

（一）公共图书馆开展少儿阅读推广的必要性

国外一些发达国家很注重少儿的早期教育，公共图书馆在这一活动中起主导作用。从小就开始对其进行阅读习惯的培养，并制订了一系列阅读推广计划，推出了许多阅读推广项目，这对孩子自学能力的养成有很好的促进作用。在政府的重视和大力支持下，目前我国公共图书馆的馆藏文献不断扩充，服务环境得到了根本性的改变，拥有良好的阅读环境、资源和素质较高的专业人员。在功能布局上，既注重实用性，又能体现休闲性。公共图书馆也开展了一些少儿阅读推广活动，尤其是一些经济发达省份，公共图书馆开展了丰富多彩的少儿阅读推广活动，但总体来说与国外还有差距，与目前公共图书馆的发展水平不相符，公共图书馆在很多方面还需要改进在少儿阅读上还需要加大力度，做好本职工作，把工作做到实处。

（二）开展少儿阅读推广是公共图书馆发展的需要

随着信息技术的发展，人们获取信息和阅读的方式发生很大变化，不再像以前那样依赖实体图书馆，这为图书馆开展阅读推广服务提供了广阔空间。国际图联《青少年图书馆服务发展指南》指出："青少年应享有与其他年龄群体相同的图书馆服务。因此，每个图书馆应该着手开展为青少年服务，并将这项服务作为图书馆基本服务的一部分"。图书馆的服务应该与时俱进，在信息社会，图书馆不仅要满足少儿获取信息、文化和娱乐活动的需求，还要使每个孩子熟悉并乐于使用图书馆。因此，公共图书馆为青少年服务的目标之一是激发青少年终身阅读以获取信息和满足娱乐的需求，而阅读推广活动是实现这一目标的有力推手。少儿是图书馆潜在的读者群，在开展少儿阅读推广活动的过程中，不仅可以培养他们的阅读兴趣，还可以培养其利用图书馆的意识，为图书馆今后的发展打下基础。

（三）公共图书馆开设少儿阅读的优势

第一，在阅读资源方面存在优势。公共图书馆作为科学、教育、文化信

息中心，图书仓储量较大、书籍种类较多，这是现今社会中家庭和普通书店无法相比的。能为同年龄段少儿提供相应的书籍，并能分门别类按照一定顺序进行编排摆放，在阅读和查找方面具有极大的便捷性。另外，图书馆中在长期的储备和积累中不断更新，在此期间也要重视所存储知识的类型。争取从内容方面能在极大程度上满足少儿的需要，其中包含图书和期刊等形式，能满足小年龄段学生的需要。而从知识深浅的角度而言，还能满足小年龄段读者的需求，对和少儿一起阅读的家长在这个过程中感受到实用性。

第二，在阅读环境方面存在优势。众所周知，读书环境能吸引读者进行认真阅读，也是使读者保持兴趣的重要因素。与家庭和其他普通书店相比，图书馆具有浓烈的阅读环境，在这样的环境当中，少儿能安静地进行阅读书籍，进而获得更多的文化知识。另外，在家庭和书店当中，客观环境同样具有优越性，通过对少儿阅读区域的设置，让少儿在读书的过程中具有较好的心情，这对增强少儿的阅读兴趣具有重大意义。

二、公共图书馆少儿阅读推广工作的策略

（一）建立多元化的馆藏资源

馆藏资源包括纸质文献资源和电子文献资源，它们是优化少儿阅读的重要物质保证。公共图书馆要进一步加强少儿纸质文献资源的引进。可提前对不同年龄段的少儿进行问卷调查，了解他们最需要的书籍和最喜欢的书籍有哪些，从而做到所购买的图书资源能满足他们的需求。各种各样的图书资源和少儿感兴趣的书籍储备是吸引他们进入图书馆的有效途径，要以满足他们的需求为宗旨，凡是能满足他们求知欲的图书，图书馆都应有所收藏。在载体类型上也要多元化，除收藏普通图书外，立体书、玩具书、电子资源等都应纳入收藏范围。

（二）建立完善的分级阅读模式

图书是一种需要理解和认知的精神产品，不同年龄段的少儿会有不同的

阅读需求。公共图书馆为有效进行阅读推广可根据少儿的生理特点设立分级阅读模式，以满足少儿获取知识的成就感。

（三）提供舒适的阅读环境，营造良好的阅读氛围

良好的图书馆硬件设施是图书馆阅读推广的首要条件之一，优雅安静的阅读环境、浓郁的阅读氛围更能吸引少儿读者，有利于少儿潜心入境地专心阅读。公共图书馆环境包括物质环境和精神环境。物质环境主要是指图书馆环境的布置与装饰；精神环境主要是指馆员与读者群体借阅活动中所营造出的浓厚的阅读氛围。建造一个益于少儿阅读的环境，对公共图书馆做好少儿阅读推广工作有重要作用。公共图书馆为少儿打造的阅读区域应充分考虑少儿的心理、生理特点，着重突出童趣，避免成人化。图书馆整体色调应是少儿们喜欢的糖果色，书架、桌椅、装饰以七彩色为主。小绿萝、小吊兰既能净化空气，又能让少儿在长时间阅读后缓解视疲劳，因此阅览室或者图书馆内摆放一下绿色植物和装饰是切实有效的方法。这里的书架应符合少儿身高特点，使少儿在取书时也能保证安全。在走廊和大厅墙壁上绘上少儿喜欢的卡通画，被充满童趣的环境所吸引，让孩子一进图书馆就能爱上图书馆。

（四）建立馆校家三位一体的阅读推广模式

在社会公共文化服务平台搭建的大背景下，公共图书馆要想更好地为少儿服务，需要和学校、家庭建立牢固的"铁三角"关系，建立形式多样的阅读推广模式。针对目前少儿在校阅读面临的问题，公共图书馆的阅读推广活动应力所能及地介入校内阅读，使阅读成为学生们的必修课。图书馆应与学校和老师沟通，了解学生们的需要，与教材进度同步进行阅读推广，还可与学校合作推行经典阅读、感恩阅读等丰富多彩的活动，激发学生们的阅读兴趣。家庭教育在孩子成长过程中也起着十分重要的作用。图书馆要和家长们共同为少儿营造良好的阅读氛围，鼓励孩子多读书、读好书，让少儿与书中伟大的人物灵魂对话，从而形成高尚人格，培养创新精神。要知道，我们关注的不仅是孩子今天学到多少知识，更是明天他们能走多远。图书馆要时常和孩子、孩子家长进行沟通，给他们即使推荐实用有效并且感兴趣的书籍，

还可利用作家见面会、少儿心理讲座、育儿心理交流会等，给家长们传递新信息、新思路，从而让孩子们接收到全方位优秀阅读环境的熏陶。

（五）建立导读服务模式

公共图书馆员不仅要做好借阅工作，还要成为少儿的导读人，对少儿阅读进行必要的指导。少儿阅读推广，建立少儿对图书的兴趣是关键。让他们一走进图书馆就眼前一亮，被图书馆吸引住，需要图书馆员分析和研究少儿的阅读心理，从而走进他们的内心。图书馆员要站在少儿的角度去思考，把一些热门和优秀的图书放在醒目的位置，使它们最先进入读者的视野，有利于少儿深入阅读下去；设置一些专题书架，按主题内容的不同推荐给小读者，使小读者有目的地选择阅读。在引领少儿阅读时，还要注重导读资源的收集。首先要密切关注出版业、书店等图书相关行业的导读活动信息，争取做到全面、高效地收集信息。其次要延伸服务范围。阅读不局限于书本，可开展多种方式帮助少儿阅读。

三、开展少儿阅读推广活动的要点

（一）目标定位要明晰，使阅读推广活动更具意义

公共图书馆开展少儿阅读推广活动的目标就应该是激发少儿读者阅读兴趣、培养良好的阅读习惯，提高少儿阅读能力。图书馆要立足于少儿读者服务的特殊性，一要有针对性地开展阅读丰富多彩的少儿活动，让青少年在书海中邀游，在阅览中找到属于自己的心灵归宿；二要对少儿阅读行为、阅读方法等方面进行必要的辅导或培训，指导阅读，也要利用；三要利用图书馆丰富的馆藏资源，推荐阅读，倡导经典阅读。

（二）注重阅读环境营造，突出公共图书馆少儿阅读推广活动优势

公共图书馆开展少儿阅读推广活动有其得天独厚的阅读环境优势。少儿阅读活动的开展离不开读书环境和阅读场所，良好的阅读环境是开展阅读推广活动的重要前提。一方面公共图书馆拥有一流的阅读环境，能够提高其对青少年的吸引力。公共图书馆在对少儿阅读场所进行布置时，对于桌椅的大

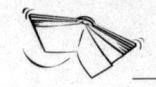

小、书架的陈设、书本的陈列等，应该根据少儿不同的年龄特点进行安排，如根据不同岁数，划分出若干区域，分别配备适合于相应年龄孩子们的矮书架、圆角彩色桌椅和沙发，色彩活泼生动的室内装饰，被广大小读者所喜爱和接受，舒适、优美的阅读环境，吸引更多的少儿走进图书馆、利用图书馆。另一方面，图书馆的管理观念也应做出一定的调整，各项规章制度的设立应充分考虑少儿活泼好动的天性，并根据少儿的不同阅读特点，采用不同的服务形式，最大限度地满足少儿读者需求。再者，图书馆丰富的书籍储备要满足不同阶段、不同阅历人群的阅读，使之在这里都有自己感兴趣的书籍来阅读。

（三）重视少儿阅读生态发展，促进少儿阅读推广活动影响力

少儿阅读推广活动本身就是全民阅读的重要组成部分，涉及社会、家庭各方面，公共图书馆必须重视各方综合因素、发挥合力。少儿阅读有生态，学生、老师、家庭、图书馆、社会是一条生态链；与少儿阅读相关的文化产品生产、阅读推广、阅读研究等实践形成一张"生态网"。公共图书馆要借助各种宣传媒介进行广泛宣传，介绍图书馆的各种功能和服务，使更多的人了解图书馆、了解少儿室，并且认识到图书馆是少儿课外学习、补充、扩大知识面不可缺少的好去处。同时，部分家长要纠正"对孩子进行艺术技能培养会更好"的传统思想，逐渐发挥阅读在青少年成长过程中所能起到的作用。此外，家长也要约束孩子们的娱乐内容，减少电视、电脑、互联网、高智能玩具所带来的影响，让孩子将更多的注意力集中到阅读上去。在倡导自主阅读前提下，老师、家长等不同身份的"管理者"都应该善于身份的转换，慢慢地成为他们学习、阅读的伙伴。

（四）重视少儿阅读推广活动设计的合理性、有效性

少儿阅读活动开展得成功与否，在很大程度上取决于活动设计是否符合少儿读者群体的现实需要。公共图书馆为保证活动设计的合理性和有效开展，必须重视以下几个环节的工作：

第一，在策划活动的时候，一定要充分考虑活动的形式、内容、时间安

排等方面，能满足少儿读者学习、娱乐等方面的成长需要。

第二，重视策划人员及组织开展人员的综合素质能力。公共图书馆应该拥有特定的部门或团队，专门为少儿活动做宣传和策划。在活动开始前，先由工作人员提交活动方案、经费及人员安排，经过研究协商，选择可操作性强、活动效果好的方案，再做精细性策划，确保活动环节准确、无误。

第三，在开展活动时，按照方案实施的过程中都应该做到从实际出发，在宣传知识、学习知识的同时，寓教于乐，让孩子们在轻松快乐的环境下喜欢上阅读。

第四，在活动的结尾，要做好相关活动的反馈工作，了解家长和少儿读者的实际需求，为下一次更好地策划活动提供依据。

四、海内外少儿阅读多元化推广的经验

在推广少儿阅读方面，我国台湾地区和日本、美国等发达国家都立足实际，成功采取了各具特点、成效卓著的多层次、多元化的阅读推广策略，非常值得我们学习和借鉴。

（一）台湾地区少儿阅读推广的特色与影响

台湾地区的少儿阅读推广运动对我国大陆有着很大的影响。"阅读推广"一词，就是源自台湾。台湾地区少儿阅读推广的特色、方法都为中国大陆推广少儿阅读提供了有益经验。其做法和特色主要表现在以下几个方面：

第一，积极推广绘本书。绘本书是绘画和文字的结合，在绘画的结合中更有利于对内容的理解。一本好的绘本书，可以让还不怎么识字的孩子"读"出其中的意思。目前，绘本阅读在全世界范围内已经成为少儿阅读的时尚，内地少儿读物市场对绘本书的认识较晚。经过两岸交流之后，台湾的一些亲子阅读教育专家、少儿文学作家、绘本书作家等学者专家都积极推广绘本书和阅读绘本书的技巧，大陆的许多文化单位、教育单位、社会团体也不断地围绕绘本书的阅读和推广开展主题讨论和宣传，书店、出版社等平台也开始倾向绘本书的销售和撰写。

第二，大力推广桥梁书。桥梁书专门针对的是5~8岁小读者，以有趣的故事、图文并茂的内容，为小学低年级少儿和有一定阅读能力的学龄前少儿架起一座由图画通向文字书的阅读之桥，再逐步地向独立的文字阅读过渡。桥梁书的文字量不大，辅以插图，内容贴近生活，故事很强，能寓教于乐。近几年，大陆已经广泛引入桥梁书的概念，应更加积极地推广优质桥梁书的出版发行。

民间和社团团体联手推广少儿阅读。台湾地区在少儿阅读推广方面把"推广阅读风气，提升阅读能力"作为重点。少儿阅读活动的推广除了学校和各图书馆之外，还有许多社会团体的广泛参与。

（二）美国公共图书馆的读书会

读书会使一些书友聚在一起，按照事先确定的主题共同学习和讨论，它是一种非正式的、相对松散的学习和社会交流平台。主要有面对面读书会、网络读书会和电视读书会三种形式。美国公共图书馆举办的读书会一般是面对面读书会，有时候也会辅以网络读书会。其宗旨是充分利用自身资源服务更多读者、支持全民阅读、发挥馆藏价值。

美国很多图书馆都有较长的举办读书会的历史，已经成为多数图书馆的常规服务项目，每年都有举办读书会的传统。而且其综合实力雄厚、服务范围大且深入，已经成为美国社会文化生活中颇具影响力的国民阅读推广形式。如得克萨斯图书馆读书会已有50多年的历史，早已形成一套相当完善的程序和服务体系。他们不仅有专人专款负责读书会的项目，而且通过当地媒体为自己的服务和项目做宣传及营销。该读书会还和政府机构、社会平台等合作，促使整体形成一个良性循环，共同促进该州少儿的阅读事业。

（三）日本少儿阅读推广的多元化合作机制

日本是世界上屈指可数的重视国民阅读的国家之一，其阅读推广活动起步较早，特别是少儿阅读推广活动由来已久，且逐步形成了以政府为主导力量，以图书馆为核心载体，以民间力量为重要补充的多元化合作机制。

在日本，政府是多元化合作机制的主导力量。日本政府将阅读特别是少儿阅读定位于国家战略层面，明确了政府、图书馆及社会各界在阅读推广方面的职责和任务，通过政策、法律、财政等方面的支持，为少儿阅读推广提供了有力的保障。

图书馆是多元合作机制的核心载体。在日本的阅读推广活动中，图书馆起到了不可忽视的作用。进入 21 世纪以来，日本政府将图书馆定位为日本少儿阅读推广的核心载体，其中，国会少儿馆是推动少儿阅读的领头军，而公共图书馆与学校图书馆则是推动少儿阅读的坚实双翼。公共图书馆与学校图书馆共同促进阅读推广的方式，让更多的青少儿在这样的一个大环境下不断成长，并慢慢地养成自身良好的阅读习惯。

五、新媒体参与的少儿图书馆阅读推广活动策略

（一）少儿图书馆网站的建设

网站是互联网时代最为重要的新媒体形式，借助网站建设少儿图书馆能够实现各类阅读推广活动的统一发布与管理。少儿图书馆在建立网站后，少儿读者以及监护人能够更为方便地获取阅读活动信息，如书籍借阅情况、操作指南、人工咨询、活动报名、相关资料下载等，还可以进行电子版图书的在线购买与下载。少儿图书馆网站的服务功能应以清晰、便捷为主，在网站设计中应充分考虑少儿的理解与接受能力。如在栏目文字上方增加拼音注解以方便幼儿理解，网站版面中多使用图片来增加趣味性等。

（二）少儿图书馆的微博推广服务

近年来，微博服务凭借着成本低、传播性、互动性、精准性等优势迅速成为大众生活中的一种信息传播媒体。一些少儿图书馆也已经开始使用微博开展阅读推广活动，少儿图书馆可以在微博中注册公共账号，与学前教育、中小学教育相关参与者建立互粉关系，并面向少儿读者及其监护人提供图书馆新书种类、阅读活动、优惠活动等信息。微博的使用者可以是少儿自己，也可以由其监护人代为使用，从而实时接收少儿图书馆阅读推广活动的各类

信息。在少儿图书馆的微博推广服务中,可以借助图文并茂的形式,音乐图片、视频、文字等形式,吸引少儿前往图书馆进行借阅。

(三)少儿图书馆的微信推广服务

微信凭借智能手机的快速普及以及现代人对私密空间需求的不断提升,短短几年的时间内便拥有大量用户。少儿图书馆的微信推广服务与微博相似,图书馆可以专门安排相关人员进行公众账号的管理,定期推送阅读推广活动信息,在撰写推广信息时需注意内容的趣味性、普适性以及规范性。针对不同年龄段少儿设立特色栏目,采用图文并茂的形式使少儿及其监护人获取相关活动信息,并通过微视频向少儿及家长传授阅读知识,从而达到培养幼儿阅读能力的目的。

阅读是人们掌握知识、接受教育、发展智力、获得教养的根本途径,良好的阅读习惯不仅能够增长少儿的知识积累,开阔其眼界,还有助于少儿形成良好的思想观念与人格品质。近年来,我国的阅读人群不断壮大,青少儿的阅读成为重点,为了得到良好的效果,引入新媒体服务来提高阅读推广的活动内容,能够更好地帮助少儿养成良好的阅读习惯,培养少儿快乐阅读,使其身心健康发展。

六、多元理念视域下少儿阅读推广策略

(一)多元文化融合与少儿阅读推广相结合

少儿阅读推广首先要从文化的多元化融合角度考虑国内外不同地域、不同国度、不同民族的文化、文明的交流与认同,要注重多元文化和少儿阅读相结合,通过多元文化融合的途径推进少儿阅读,从而开拓少儿观察与体验的视野,丰富少儿发展的内容,促进少儿心灵的成长,提升少儿阅读的品质。

(二)阅读载体融合与少儿阅读推广相结合

少儿阅读推广要从科学技术发展的角度寻求并实现更大范围的信息资源的开发与分享,即少儿阅读活动要注重通过推进阅读载体的多元融合,实现少儿阅读活动效果的增强与品质的提升。

（三）渠道形式整合与少儿阅读推广相结合

少儿阅读推广需要从阅读的对象、方式、方法、形式等基本要素出发，更好地获得少儿阅读推广的效果，即阅读活动的多元化整合，契合实际有效的推进少儿阅读渠道的形成。

少儿阅读推广的根本目的是完善公共服务体系，促进少儿快乐健康成长。作为提供少儿阅读服务的公共场馆要坚持促进少儿健康发展的服务宗旨，不断增强与提升服务理念，更好地发挥公共服务场所的功能，为更多的少儿及家庭服务。

在童书泛滥、少儿阅读不断被市场化的今天，少儿阅读服务公共场馆改进管理机制，提高全体员工综合素质与服务意识，完善服务体系等显得尤为重要。少儿阅读服务公共场馆要加强制度建设和民主建设，要培养员工爱岗敬业、忠于职守、乐于奉献的精神，要充分调动员工的工作热情，建设充满朝气、充满活力、充满斗志、充满美好梦想与愿望的团队。同时，一切从少儿和家长的角度考虑，从有利于少儿成长与发展的利益出发，挖掘内部人力、场所及图书等资源，增添服务项目、丰富服务内容、完善服务体系，尽可能地满足少儿身心发展需求，力求让少儿快乐，让家长满意。只有这样，才能更好地实现少儿的快乐阅读。

第四节　图书馆少儿阅读推广服务目标

一、图书馆阅读推广现状及其问题分析

对于少儿而言，图书馆的利用率普遍不高，有些少儿在图书馆中只选择小人书、漫画书等，真正有意义的书籍却乏人问津。图书馆并没有充分被少儿所利用，这不仅是因为当前少儿的阅读习惯正在不断变化，也和图书馆的阅读推广有关。

（一）推广活动较少且主题单调

图书馆是搜集、整理、收藏图书资料以供人阅览、参考的机构，但随着全民阅读的理念逐渐深入，图书馆不仅仅是大家一个休闲阅读的地方，同时也是提高我修养、担负读书振兴的历史使命。而现实是，大家对图书馆的意义已经抛之脑后，而图书馆自身的管理也出现漏洞。从而并没有真正意识到推广活动的重要性，单纯地将自己定义为提供阅读场所和书籍的地方。虽然有些图书馆也会举办一些阅读推广活动，但是活动较少，且大多活动为展览、专家演讲等。这些活动较为普遍，活动形式并不丰富，对于少儿来说比较单调，未能对其产生足够的吸引。

（二）缺乏专业的推广人才

成年读者有着自己的知识摄取需求和认知，因此在进行阅读时大多不需要图书馆工作人员的指导和服务，而少儿的阅读很多时候需要有专业人员的引导或推荐。前国家图书馆馆长周和平曾表示："少儿阅读服务有其特定的规律，工作人员除需具备图书馆专业知识以外，还需要有教育学、少儿心理学等方面的知识，能开展包括讲故事在内的各类少儿服务活动。"

但是现阶段，很多图书馆的工作人员大多只负责图书馆的秩序管理、书籍管理和安全管理，各类书籍的管理人员个人文化素养较低，对图书的管理不当，这是很多图书馆在完善少儿服务方面急需改善的问题。

（三）推广力度不够

图书馆活动多在馆内进行，缺乏与其他机构的合作，这在一定程度上限制了图书馆的推广范围。另外，图书馆活动的推广方式单调，大多采用宣传栏贴告示或者馆内网站通知等方式，从而导致活动参与人数较少。在新媒体盛行的当下，很多图书馆也建立了自己的公众号、微博号等，但是没有专门地去管理，去定期整理一些宣传文章等，而只是很单调的进行文字拼凑。对此，图书馆应充分利用新媒体来加强推广力度，扩大活动辐射范围和参与度。

另外，少儿阅读推广工作缺乏层次分明的推广内容。少儿阅读推广工作主要是面向未满十八岁的青年、少儿和幼儿，少儿只是一个含混的统称，还可以将少儿细化为多个不同的年龄段和目标群体。不同年龄段的少儿在认知接受能力、阅读能力、独立思考能力、理性思维能力等方面各不相同，这种差别的客观存在决定了少儿阅读推广工作应该具有针对性，其推广内容也应该层次分明，不应该是一刀切，更不应该出现一些张冠李戴，以及将一些不适合少儿阅读的内容推广到少儿阅读范围之内的荒唐现象。

二、少儿阅读推广服务的目标

少儿阅读推广服务既是社会发展的需求，又是少儿阅读的需求，其目的是通过培养少儿的阅读兴趣，会营造阅读的良好氛围，养成良好的阅读习惯，提高少儿阅读能力，从而在全社推动素质教育向前发展，最终实现少儿的全面发展。

（一）培养少儿阅读习惯

少儿阅读推广服务最直接目的就是培养少儿的阅读习惯。少儿的好奇心很重，外界的一切事物对于少儿来说都是新鲜的，外界给予少儿什么，少儿就会接受什么。因此，把握好这个时机，运用恰当的形式，让少儿从内心真正的想要读书，并为之不断努力。久而久之就会激发少儿的兴趣，对于少儿培养阅读习惯，会达到事半功倍的效果。

（二）开发少儿智力

在少儿中推广阅读，不仅仅是为了培养少儿的阅读兴趣和提高少儿的阅读能力，更进一步的是为了使少儿获得阅读带来的益处，其中比较好的地方就是可以很大程度上提高少儿的智力，以及阅读中自我养分的吸收。少儿阅读推广服务让少儿接触图书、绘画，帮助少儿了解书中的人物和故事，少儿从听故事，到自己复述故事的过程中，有了自己对事物的看法，形成了独立的思维，从而锻炼了少儿独立思考的能力，也提升了语言表达能力。

（三）为实施素质教育提供助力

素质教育是以提高学生的全面素质为目标的教育，注重开发人的智慧潜能，注重学生的德育培养和个性发展。在全社会提倡素质教育的今天，素质教育的概念已经深入家长的内心，那么，怎样实施素质教育成了学校和家长们所思考的问题。读书，作为一项有益身心健康的活动，越来越受到学校和家长们的重视、少儿的欢迎。书籍在拓宽少儿视野的同时，也在潜移默化地影响少儿，书中的美德故事最能够达到教育少儿的目的。

三、中小型公共图书馆开展少儿阅读推广

（一）中小型公共图书馆开展少儿阅读推广意义

培养少儿良好的阅读习惯，提高少儿的文化素养，直接关系到全社会的发展和全民族文明素质的提高。放眼世界，各国公共图书馆开展的各式阅读推广活动，不约而同地将少儿作为一个重要阅读推广对象。作为公益性文化教育机构基石的中小型公共图书馆也不例外，其拥有比较丰富的文献信息资源、专业的人才，能为少儿阅读推广提供得天独厚的物质基础和智力支持，是少儿阅读推广的重要力量。引导少儿参与阅读活动，在活动中的提升和自我价值的实现，是中小型公共图书馆义不容辞的社会责任，也是图书馆服务工作中的一项重要内容。

（二）中小型公共图书馆少儿阅读推广的方法和途径

1. 重视藏书建设，为少儿阅读推广提供物质保障

馆藏资源的建设与发展包括资源的选择、维护和剔旧等多个方面，其中馆藏的资源的选择是最重要的环节。中小型公共图书馆因为服务的读者处于不同年龄阶段，阅读能力存在着差异，因此为少儿选择资源的时候以年龄为依据，照顾到不同年龄层次的读者需求。此外，中小型公共图书馆由于经费、投资等各方面的原因，导致在阅读推广的方法和途径上更侧重于阅读兴趣、培养阅读习惯，鼓励孩子多读书。因此，有些中小型公共图书馆的在为少儿选书时观念发生了一些转变，由以前的质量决定一切逐渐过渡到以孩子们喜爱或流行的图书为主。馆员切实地感受到质量再高的书，如果孩子们不喜欢，不去阅读也就不会发生作用。

2. 宣传馆藏资源，吸引少儿参与阅读推广活动

"新书推荐""好书共赏读（征文、演讲、讲故事）"等传统的阅读推

广方式，在当下，依然有着无穷的魅力。在激发少儿阅读兴趣，培养少儿阅读习惯过程中，中小型公共图书馆应该坚持采用这种传统的服务方式，吸引少儿参与阅读推广活动，培养他们利用图书馆的好习惯。

每年节假日，很多中小型公共图书馆都从馆藏图书中挑选出一批书籍，借助当地的报纸、电视、网站等媒体进行宣传，或者以展板的形式，向少儿读者推介新书、好书，举办"好书共赏读活动"。针对低龄少儿爱玩、爱动、好胜的特点，中小型公共图书馆还组织猜谜语、讲故事比赛，为年龄稍大一点的孩子，举办"古诗词经典诵读"等活动。

3. 整合推广方式，激发少儿的阅读兴趣，提高少儿的阅读水平

中小型公共图书馆的阅读推广活动要与时俱进，既可以整合创新传统的服务方式，又可及时增加新的服务项目，比如邀请名人，或者有权威的人事进行公益讲座、针对专题展览进行讲解，开展专项培训，以此吸引少儿读者，让他们对阅读产生兴趣，自发的、真正的喜欢上阅读，并对他们的阅读给予正确的引导，提高他们的阅读水平。

4. 多元化推广主体，让少儿阅读推广活动成为全社会参与的工作

中小型公共图书馆在服务少儿读者的时候，不仅要充分利用自身各个方面的资源，还要注重和有关部门的协调沟通，争取得到有力的支持，争取寻求有关部门的合作，挖掘利用社会上各种资源，让少儿阅读推广活动成为全社会参与的工作。

四、公共图书馆少儿阅读推广馆校合作

图书馆开展少儿阅读推广，必须注重学校阵地，积极加强馆校合作力度，拓展合作形式、深化合作内容、优化合作资源、提升服务水平，以促进少儿阅读推广更为深入并形成长效。

（一）加强合作力度

第一，完善的法律政策可以保障合作。通过建立法律法规，为馆校合作提供有效的操作途径，保障馆校合作的顺利实施。

第二，获取认同吸引合作。图书馆应当提高自身的主动性与竞争力，积极了解教学计划、提升自身素质，介入学校对少儿的培养，配合学校完成教学目标，吸引学校与图书馆长期合作。

（二）拓展合作形式

第一，建立总分馆的合作形式。在学校成立图书馆分馆，以公共图书馆资源为中心，对学校图书馆进行书籍资源支持，实现图书馆、学校资源共享。

第二，签订合作协议、相互监督的合作形式。图书馆与学校共同制定工作计划并签订协议，相互监督，促进合作的良性循环。

第三，以品牌、项目为小组的合作形式。馆校合作中，以品牌活动或者项目为人员划分原则，形成工作小组，教师深入交流，为长期合作奠定基础。

（三）深化合作内容

第一，引入以阅读为主题的辅教课程。图书馆利用专业知识，配合学校语文教学目标，设计以阅读为主题的课程，引入到学校教学环节的具体内容中去，制定相应真实可靠的数据。

第二，组织阅读推广进校园活动。图书馆员到学校班级中进行阅读推广，针对不同年级组织策划适用于不同年龄段少儿的阅读推广活动。

第三，联合各方力量丰富合作内容。社会各界力量各自拥有不同的特点，能够提供丰富的资源，将社会的资源进行有力的筛选，促成协议，达成馆校联合的实质性进展。

第四，建立课外阅读联动机制。图书馆与学校之间达成共识，将学生在图书馆的阅读情况纳入学校的考评系统，促进学生的课外阅读。如内蒙古图书馆举办"书香助成长 爱心进校园"活动，多次走进红色革命老区小学和城市务工贫困人员子女学校，建设分馆，定期更换图书，让革命老区的少儿和贫困学生享受到丰富的公共文化资源，让他们热爱阅读，提高他们的阅读兴趣，实现真正意义上的文化精准扶贫。

（四）优化合作资源

第一，培养专业人才队伍。从图书馆员、教师、家长发掘骨干力量，组成阅读推广核心团队，组织核心团队成员学习深造，提高综合实力。

第二，构建"馆、校、家"三方联动机制。将阅读推广阵地扩大到图书馆、学校、家庭三方，优化少儿的阅读环境。

第三，建立专家顾问团队。融合联动社会资源，邀请各界专家形成合作团队顾问团，为团队提供专业指导意见和社会支持，优化团队结构。

（五）提升服务水平

第一，制定人才激励机制。适当的人才激励机制可以避免馆员与教师产生消极情绪，激发合作团队的主动性，提升团队的服务水平。

第二，实施合作品牌化战略运用便捷、专业、创新的宣传平台与营销渠道形成自己的合作品牌，为维护品牌的形象与声誉，可以督促团队提高自己的服务质量。

第三，馆校合作行业联盟。带动同行业人员加入馆校合作队伍，形成馆校合作行业联盟，在相互借鉴、相互学习中意识到自身不足，提出意见，并不断改进服务，提升服务水平。

五、少儿阅读推广的措施

（一）以政策为向导，从战略高度推出阅读工程

党对形成全民学习风气、提高全民素质、丰富全民的精神生活给予高度重视。近年来，从我国县级数字图书馆推广计划、农家书屋工程及图书馆的免费开放可以看出，国家在政策上给予了强有力的支持。图书馆界和教育界作为阅读推广的重要实施者，应该借鉴成功的例子，学习发达国家的模式进行本土化的更改，从而加快阅读工程的建设。

（二）注重素质教育，激发阅读兴趣

素质教育是将知识内化为人的潜在能力和内在品质的教育，是按照社会和人的发展需要，以遵循教育规律，尊重学生的主体性，开发学生的智慧、潜能，形成学生的健全个性，进而提高全民族整体素质为主要目的的教育。

（三）营造良好的阅读环境，促使养成阅读习惯

图书馆是少儿理想的读书、学习场所，美观而典雅的外形，幽雅和谐的周边环境，富有科学文化韵味的室内设施、现代化的设备、功能齐全的检索手段和途径，这种优美整洁的图书馆环境自然使读者心旷神怡，给人一种振奋向上的动力，起着净化、启迪心灵的作用。

（四）提升网络服务水平，正确使用信息资源

图书馆需要仔细研究国内外各教育机构的先进经验，不断提升自身信息服务的能力；教育机构应该把信息能力教育列为与读、写、算同等重要的基础能力教育，重视培养少儿的网络信息鉴别能力，帮助他们增强选择信息、分析信息、利用信息的能力。使成长中的少儿在不断地学习提升自己的过程中认识到不足，对自我的不断提升，不断进步；又能逐步学会去粗取精、去伪存真，接受有益健康的优秀文化。

（五）按需补充馆藏，体现"以人为本"

周末、假日走进书店会看到一个个站着不知疲倦地入神翻阅书籍的少儿身影，少儿并不缺乏读书的热情。事实证明，只有拥有读者需要的资源图书馆才具有生机和活力。图书馆应该深入了解少儿读者需求，不断调整馆藏比例，充分利用各级各类少儿阅读研究成果产生的推荐书目。

（六）注重理论研究，引导阅读方向

图书馆作为推动全民阅读的重要机构，应强化与教育部门的联合，共同探索为未成年读者服务的内容与模式，推出新颖的阅读活动方案，深入研究不同年龄段少儿的阅读心理、阅读行为、阅读方法，从而确定推荐书目。

六、思考与启示

图书馆与图书、阅读和素养有着天然和必然的联系，它不仅提供文献资源和阅读场所，还是正式和非正式的社区学习中心，在全世界愈发重视少儿阅读素养的今天，图书馆和有关负责人员应该在反思中认识到自身的不足，并积极寻求改变以实现推动信息发展和终身学习文化形成的践行者，这些探

索对于我国而言也足以成为有益的借鉴与启示：

第一，借鉴国外的经验和做法，将提升少儿阅读素养上升为一种国家行动，探索建立图书馆阅读推广活动的长效机制。而对新形势下的阅读问题，世界各国都采取了应对措施，其中建立少儿和青少年阅读体制，是所有国家推广阅读计划的最大特点。我国应将青少年的阅读素养提升视为一项长期的系统工程。

第二，图书馆要推广科学的早期阅读理念和方法，推动社区阅读和家庭阅读，为培养少儿的独立阅读习惯和终身学习能力奠定坚实基础。教育心理学研究表明，良好的阅读习惯和终身阅读兴趣的养成取决于有效的早期阅读指导，家庭是少儿最早接触阅读的地方，父母的参与对于少儿早期阅读行为的发展有着至关重要的作用，图书馆除了直接为少儿提供服务之外，还应指导他们的家人朋友，就如何认识和推广早期阅读理念和方法进行学习和推广。

第三，尊重少儿和青少年的年龄特征和个体差异，激发阅读兴趣，增强阅读积极性。阅读并不仅仅是让孩子学会考试，而是通过阅读积极建构意义、了解有效的阅读策略并反思所读的内容，这就需要重视培养少儿和青少年持续性的阅读热情和主动阅读的习惯，尽可能提供类型多样的阅读材料，尊重阅读个性，防止功利性的引导方式。

第四，服务于少儿和青少年的专业图书馆员的自身素养也显得尤为重要。青少年的阅读行为需要成年人的积极引导，为孩子在阅读成长的过程中，如何正确看待自身的素养和自我反思的重要性。

七、社区乡镇图书馆少儿阅读服务目标

（一）加强思政教育，确保发展源泉

目前我国大多数社区乡镇图书馆的内部机制都面临着极为严峻的挑战，这些挑战主要体现在四个方面：一是图书馆员团队构成多元化；二是图书馆员的收入多元化，三是信息来源多元化，四是价值观念多元化。四个"多元化"因素将成为社区乡镇图书馆少儿阅读服务的主要障碍，而要消除这些障

碍，唯一的途径即以构建图书馆内部文化为目标，加强和改革对图书馆员的思想政治教育工作。其主要体现在以下三个层面：

第一，应以构建社区乡镇图书馆内部文化为目标，实现思想政治教育与阅读服务的有机整合。

第二，以优化思政教育为目标，增强图书馆内部文化的感染力。

第三，借助社区乡镇图书馆内部文化，拓展思想政治工作的内涵和外延。

（二）建立能力培养机制，提升馆员素质

从近几年来社区乡镇图书馆的发展状况来看，阅读服务的缺失源于图书馆员的素质不足，高质量的阅读服务有赖于一个精英团队的组织和运作，因此，在抓服务质量的同时，社区乡镇图书馆还应当建立能力培养机制，全面提升图书馆员的综合素质。长期以来，公共图书馆在管理制度上并不完善，奖励制度的漏洞是导致员工安于现状、不思进取的主要原因，这样的结果就是增加员工的惰性，不能很好地激发员工的创新思维。因此，社区乡镇图书馆应努力健全内部机制，通过加强制度建设来增强图书馆员工的工作能力，提升他们的综合素质，确保服务提升。

（三）注重数字文献库的开发利用

为遵循少儿的阅读心理的认知规律，社区乡镇图书馆文献库的建立方向应以数字信息资源的整合为主，通过对数字资源的组织与管理，突出社区乡镇图书馆文献资源的资料特征，通过对数字化资料的分类、编目，构筑成一个以数字信息资源为主的数据库，从而满足少儿的阅读需求。要更多地对图书馆文献库的新型信息资源进行深度开发，以少儿的要求和内心的需求为出发点，在此过程中取其精华、弃其糟粕，并建立适合少儿阅读的专题数据库。

（四）以最大限度扩大少儿的阅读空间

目前我国关于图书馆运转的各种政策都对少儿问题有所提及，在贯彻政策文件精神时，社区图书馆应结合政策纲领，以最大限度扩大少儿的阅读空间，首先在馆舍布局方面要将少儿业务部门位置放在馆内地点最好、使用最方便的地方，其次馆内要专设独立的少儿阅览室和活动室，借阅室内还要为

少儿留出一定的活动空间。在今后的发展中，社区乡镇图书馆应继续优先考虑少儿活动面积，积极建立少儿阅览室，优化少儿活动环境，尽可能地为少儿提供一个适合阅读与成长的空间。

（五）构建少儿阅读生态链

少儿阅读服务本身就是全民阅读的一个重要组成部分，涉及社会、家庭各个方面，其中由学生、教师、家庭、图书馆、社会构成了一条生态链；与少儿阅读相关的文化产品生产、阅读推广、阅读研究等实践活动则形成了一张生态网，这即是少儿阅读生态链的实质。社区乡镇图书馆要借助各种宣传媒介进行广泛宣传，使得大家对图书馆的意义有更深的了解。多种渠道、多种形式的宣传，并且让大家获取到有效的信息，从而认识到图书馆是少儿课外学习，补充、扩大知识而不可缺少的重要场所，从而将图书馆打造成为阅读生态链中的重要一环。

第七章　新时代图书馆少儿服务的发展

第一节　亲子阅读模式

一、亲子阅读

（一）亲子阅读模式存在的主要问题

1. 家长的亲子阅读观念存在功利化倾向

识字的过程是在不知不觉中完成的，这个完成的过程，是与意义的解读、篇章结构的解读在一起的，是一个符号与意义的关联式完成，也就是说，真正有价值的是"字和意义的关联"。还有很多家长会常常问孩子能从阅读材料中学习到什么，这部分家长存在明显的"任务中心式"的交流模式，家长处于主导，凌驾于少儿之上，使原本轻松愉快的阅读变得压力重重。现在少儿在阅读中处的位置很不均衡，在亲子关系中家长的地位格外突出。我们应该倡导均衡平等，让亲子阅读在一种平等的主体间性的关系中进行。

2. 家长为少儿选择阅读材料存在盲目化倾向

当前少儿图书市场，品种繁多，但质量良莠不齐，家长为孩子选择阅读材料，既要符合孩子的年龄特点和兴趣，又要保证图书的质量。很多家长并不了解少儿究竟需要何种类型的阅读材料，也不了解怎样的阅读材料才能够促进少儿的成长，更难以判断市场上各种各样少儿图书的优劣，因此常常按照自己认为好的、媒体热捧的、广告促销的、书店里买的人较多的、包装精美的等来选择阅读材料。

3. 家长对亲子阅读指导策略缺乏科学性

部分家长在亲子阅读过程中往往依靠自身经验不断地摸索指导策略，有很大的随意性。主要表现在以下几个方面：第一，家长过于主观，在阅读过程中表现得比较强势，使少儿陷入被动；第二，家长采用的阅读方法单一，使阅读变得乏味枯燥;第三,对于少儿的问题家长没有耐心,简单应付,敷衍了事;第四,对于在亲子阅读过程中孩子不好的表现,家长表现出无情打击;第五,对于亲子集体阅读方式的拒绝,表现出家长在阅读方式方面不灵活,局限于单个家庭亲子之间独自进行。

4. 家长对亲子阅读的期望值与自身能力之间存在差距

大多数家长表示希望或非常希望得到亲子阅读的指导和培训,这是一个多么庞大的比例,家长有做好亲子阅读活动的愿望,但是面对如何树立正确的亲子阅读观念,如何为少儿选择适合的阅读材料,在阅读中出现的各种各样的问题,家长们也很是头疼。理论工作者在亲子阅读指导策略方面的研究层出不穷,如何把理论工作者提出的策略应用于亲子阅读的实践活动中是需要反思与探索的。

(二)对策与建议

1. 激发孩子阅读兴趣

每个孩子都是爱读故事的小天使,读书可给他们带来乐趣。亲子阅读首先要找到孩子的兴趣点。孩子是天真纯洁的,要尽量为他们挑选一些充满童趣的书籍。随着阅读量的增加,孩子的知识面会变得开阔、思路更活跃,遇到问题时会问许多为什么。为解决未知问题愿意读更多书,慢慢激发出认识世界、了解世界的兴趣。阅读中通过让他们走进故事情景回答问题,将听故事由被动变成主动,启发主动思考,引导说出自己的想法和意见。孩子回答问题时,即使答案不准确,也不能简单否定,而是鼓励他们勇敢表达自己的观点。

2. 开展互动式亲子阅读的模式

合作式、对话式、互动式在孩子早期亲子阅读中十分有效,可在听、看、讲、答中感受体验阅读内容,提高孩子想象和思考,促进良好的认知能力。第一,在互动式亲子阅读中,家长可以跟孩子在互动中通过有趣的语言或者两人之间有默契的肢体语言进行相互沟通,了解孩子们对知识的熟悉度。互动式阅读对孩子的阅读能力培养最为直接有效。第二,对话式亲子阅读是在故事中实现简短对话，家长逐渐引导孩子讲出故事内容，明白故事表达的意义。孩子讲完故事后要及时给予评价与鼓励，纠正不正确的内容，引导他们重新完成一次讲故事。对话式阅读可让孩子有更多机会和空间表达自己的情感。

3. 加强亲子阅读中的交流与分享

亲子阅读时间有限，如果仅读完一页故事就结束当次阅读，这种阅读的效果是不完整的。由于孩子自身的年龄特点，对故事的理解能力和接受能力有限，可能当时记得住故事内容，合上书本后就遗忘了，温故而知新可加深幼儿印象。所以，故事读完后，家长要通过引导帮助孩子消化记忆，和孩子一起回顾作品内容，让他们想一想自己最喜欢故事中哪一部分内容，讲一讲这个故事让他们收获了什么，谈一谈自己会不会重新改编一下文中内容，创造一个新的故事与家长一起分享。此外，学校也可为幼儿提供丰富多彩的阅读展示平台，让他们有更多机会表达自己的心得体会，养成良好的阅读习惯。

二、加深家长对亲子阅读的认识

（一）加深家长对亲子阅读重要性的认识

家长阅读准备不充分，阅读延伸意识欠缺，究其根本原因还在于家长对亲子阅读重要性认识不足，故当务之急应该首先加深家长对亲子阅读重要性的认识。正如美国作家吉姆·崔利斯在《朗读手册》中有这样一句话："你或许拥有无限的财富，一箱箱的珠宝和一柜柜的黄金，但你永远不会比我富有，我有一位读书给我听的妈妈"。因为亲子阅读带给孩子的不仅仅是增长知识、培养孩子的阅读能力等认知的东西，而是将带给孩子更多的幸福，例如，审美、艺术、想象、社会性等诸多方面的熏陶，还有亲子间的良好互动与亲情的温暖。

（二）加深家长对亲子阅读读物的认识

阅读准备中家长不会关注图画书封面信息，阅读指导时又缺乏对图画书画面细节的关注等，都反映出家长对亲子阅读读物知之甚少，故家长要想开展有效的亲子阅读活动，就应该对亲子阅读读物有所认识。

首先，要明确亲子阅读读物是丰富多样的。亲子阅读的读物可以是图书、杂志、报刊，也可以是日常生活中的广告单、菜单、说明书、包装袋等。阅读的内容可以涉及文学、科学、智力、动手操作、游戏等不同类型，这样增加孩子的阅读量，并且开阔了视野。

其次，增加对亲子阅读主要读物——图画书的认识。图画书也叫"绘本"，是亲子阅读的主要材料。在欧美发达国家，少儿经典绘本被公认为少儿早期教育的最佳读物，学前少儿读物中有70%是绘本。但绘本并不是简单的带插图的书，而是把想要讲述的故事、想要表达的情感，在有限的篇幅内，通过精美的绘画和简短优美的语言文字共同呈现出来。在这里图画是整本书的灵魂，很多少儿经典绘本都是由世界知名插画家来创作的，他们将自身对美的理解通过油画、水彩、剪贴等多种艺术手法表现出来，孩子在阅读过程中很容易感受到视觉的愉悦和美的熏陶。

那么如何选择优秀的图画书呢？一方面父母要多听听老师或朋友的推荐；另一方面父母还应该通过亲子共读慢慢地建立起自己的判断标准，选择符合孩子阅读兴趣和有相关生活经验的图书；选择帮助孩子积极参与阅读的预测性图书，预测性图书主要是指有重复的语句，反复性的内容或情节的内容，比如大家熟悉的《三只蝴蝶》《好饿的毛毛虫》《皮皮鼠吃跳跳糖》等，不过虽然有重复，但是每一页都有巧妙的小变化，这都是吸引孩子一遍一遍读下去的理由，而且这种图书在一定程度上可以启发孩子的想象力与创造力；选择丰富孩子概念和知识的图书，这类图书可以促进孩子的认知发展；选择那些文学性与艺术性兼有的图画书，这类图画书具有丰富的美术特色，能提升少儿的艺术鉴赏力。

（三）加深家长对亲子阅读本质的认识

幼儿阶段的阅读目的是获得对书的一种亲近感，对知识的热爱，还有对书所带来的东西的热爱。家长要保持一颗平常心，要懂得幼儿阶段的阅读主要是追寻快乐、幸福感的一种阅读，读到什么并不重要，而应以在阅读过程中感受阅读带来的乐趣，享受阅读过程为主。在亲子阅读中，不强调文字的认识和知识的获得，而是强调亲子间在互动交流的过程中共同感受和体验阅读的情趣，并在亲子间愉快阅读的过程中自然而然地接触和感知书面语言，认识文字和了解生活常识，受到故事情感的感染和潜移默化的教育。

三、亲子阅读机构的服务模式

（一）亲子阅读活动

亲子阅读活动包括亲子共读和亲子阅读主题活动。传统意义上的亲子共读是指家长和孩子共同来阅读一本书，这是线下亲子阅读机构服务的最主要方式：由亲子阅读机构提供阅读场所，推荐最适合孩子阅读的书籍，家长引导或陪伴孩子共同完成阅读的过程。为了组织好亲子共读活动，亲子阅读机构首先需要提供一个安静舒适的阅读环境，在环境的布置上需考虑少儿的特点与喜好，室内色彩鲜艳明快、光照充足，多装饰童趣盎然并有助于幼儿脑力开发的图案，阅览场所中的桌椅等设施则需考虑少儿的身高和拿取习惯。其次，在书籍提供方面，亲子阅读机构需要提供一定数量的少儿读物，如以图案为主的绘本、有声故事书等。此外，亲子阅读机构的指导人员还需要为家长提供积极意见，推荐或挑选适合不同年龄段、不同性格特征少儿阅读的书籍，为家长介绍适合孩子的童书讲读办法。在亲子阅读活动中，往往还辅以优美动听的音乐以及形象生动的教具，让少儿处身于一种亲切、美妙的氛围中，得以率性表达，尽情享受，乐而忘返，使读书不再是一件没有意思的事情，而是一个有趣的学习过程。

亲子阅读主题活动是在亲子共读之外衍生发展起来的，主要是指以阅读为核心开展的故事会、阅读之旅、故事表演秀、阅读夏令营等活动。这类活动鼓励家长和少儿共同参与书籍故事角色的演绎，有助于激发孩子的阅读兴趣，让孩子更深入地理解书籍的立意。

亲子阅读活动不仅能让孩子收获阅读的快乐，培育起阅读的兴趣，并在增进亲子感情的同时，帮助孩子、家庭建立良好的阅读习惯。

（二）线上线下交流学习

大多数亲子阅读机构长期为家长提供有关少儿阅读指导技巧方面的学习交流机会，帮助家长掌握更多的选书经验、亲子阅读方法和互动技巧。交流学习的方式包括线上和线下两种。其一，线上方式。线上方式主要指通过官方网站、微博认证号、微信公众号开展的专业内容指导服务。其二，线下方式。线下方式主要有父母课堂、专家讲座、名家工作坊等面对面的交流方式。亲子阅读机构邀请作家、画家、童书阅读推广人、绘本讲师等专业人员，给孩子的家长定期开展交流活动，进行沟通讲解。辅导家长童书阅读的方法与注意事项，深度解读经典绘本等；家长还可以带着孩子与作者进行近距离的接触。

（三）培育阅读推广人

国内现在从事亲子阅读工作的主要有绘本馆从业人员、幼儿园老师、早教中心幼教、出版社及公共图书馆员、绘本爱好者、幼儿家长等。亲子阅读推广机构配备有资深的专业人士或相关专家为这类亲子阅读从业者提供培训，按照不同的资质需求提供相应的培训内容，通过专业实用的培训与必要演练，使他们得以熟谙绘本精髓，掌握故事技巧，成为一个既懂又能的亲子阅读达人；阅读指导人可以走进社区、图书馆、幼儿园、公益组织、早教中心、企业、家庭等地方，用讲故事的生动方式播撒阅读的种子，成为推动亲子阅读的重要力量。

（四）制订阅读解决方案

制订阅读方案是指亲子阅读机构根据不同的家庭、学校、文化单位的需要，提供亲子阅读的解决方案，包括特色课程提供、书籍书架采购服务、小型图书馆承建等内容。

四、双微平台亲子阅读

（一）双微平台的介绍

所谓双微平台，即微博和微信。微博、微信作为社交网络平台，以其即时性、开放性、自媒体性等特点,得到广泛应用,人们的社交往来也迎来了左手微博、右手微信的"双微时代"。越来越多从事亲子阅读服务的机构和专业人士开通微博和微信平台,并通过了官方认证。微博、微信平台为亲子阅读的推广提供了一种新模式,利用这种模式跟大程度上提高效率。从而再进一步研究亲子阅读服务在双微平台的特点和功能等,有利于进一步推广和宣传亲子阅读。

（二）利用双微平台为亲子阅读服务的建议

1. 双微平台一体化

鉴于双微平台在信息发布和分享上的不同功能优势,提供亲子阅读服务的机构和个人有必要实现双微平台一体化,在各自的微博主页添加微信公众号和相应链接等,提高粉丝的关注度,发挥微博平台快速、全面的传播功能,从更加有利于展开各方面的活动。微信平台则可提供即时化、个性化服务,依靠公众号平台推送亲子阅读评述文章,阐述观点、总结经验,提高亲子阅读推广服务的影响力。由此可以全方位满足不同的用户需求,使得亲子阅读服务更加立体化和多元化。粉丝可以通过上述途径提供建议反馈,以便亲子阅读服务机构和个人及时改进工作。

2. 沟通线上线下,提供全方位的亲子阅读服务

在"互联网+"背景下,双微平台日渐成为各行各业沟通信息、推广服务的有效渠道。从用户角度来说,他们重视的不是信息量有多大,而是所获得的信息是否是自己需要的信息。亲子阅读服务除了线上的信息传播、案例分析和经验分享外,线下的亲子阅读活动也必不可少。双微平台应该发挥纽带作用,在宣传、报道、总结和反馈方面下功夫。微博因其"点对面"的传播形式,在开展活动前,可以广泛采集民意,及时调整和完善活动方案,在活动开展之时进行实时报道,扩大影响力和覆盖面。微信因其"点对点"的传播形式可以实现为用户提供个性化信息服务。在活动完成后,通过对线上线下活动情况的总结,向特定个人或群体发布活动情况报告,根据已有的信

息资源展开调查，从而在进一步探索过程中找出问题，总结经验，提高亲子阅读服务效能。

3. 公共图书馆引入社会力量推动亲子阅读服务

中共中央办公厅、国务院办公厅在印发的《关于加快构建现代公共文化服务体系的意见》中指出，公共文化建设应引入市场机制，激发各类社会主体参与公共文化服务的积极性，提供多样化的产品和服务。民间公益组织在亲子阅读推广中发挥了巨大力量，公共图书馆作为社会阅读推广的主要阵地，有必要引入社会力量参与到亲子阅读服务工作中。一方面，学习和借鉴民间组织信息渠道的使用经验，开发和利用好双微平台，拓展公共图书馆在互联网时代的服务领域，丰富自己的服务方式，依托双微平台的巨大用户量，将线上线下活动相结合，更好地推广亲子阅读；另一方面，长三角、珠三角等经济发达地区公共图书馆总分馆服务体系，其触角已经深入到城市街道和社区，而散布的民间亲子阅读服务机构需要依托公共图书馆的服务体系拓展其服务范围。在此政策背景和现实背景下，公共图书馆和民间机构之间可通过项目开发、外包服务、合作共赢等方式共同推动亲子阅读服务的开展。

五、少儿图书馆开展亲子阅读服务的意义

（一）有利于幼儿阅读能力与表述能力的培养

学龄前是少儿掌握语言的敏感期和关键期，这是因为迅速生长的大脑对语言有着极为敏锐的吸收和储存能力。少儿图书馆作为社会文化教育机构承担着指导阅读的职责，应该是少儿的精神家园，可以根据丰富的馆藏资源，开展生动有趣的亲子阅读活动，让幼儿在家长和图书馆工作人员的共同努力下，通过阅读活动喜欢上那些图文并茂的文献，潜移默化地形成良好的阅读习惯和阅读能力，在故事的熏陶中提升语言表达能力，图书馆自然而然地成为幼儿学习口头和书面语言的最好课堂。

（二）有利于家庭掌握正确的阅读方法

家长是孩子的第一位老师，如何让家长正确认识到幼儿阅读的重要性，

积极参与到幼儿早期阅读中，与孩子分享阅读的乐趣，养成良好的阅读习惯及正确的阅读方法是非常重要的。亲子阅读是一种很好的引导手段，让家长和孩子一起阅读，在享受阅读乐趣、增进亲子感情的同时，为日后养成爱好阅读、终生阅读的习惯打下良好的基础。

（三）有利于社会教育和家庭教育的和谐发展

通过开展亲子阅读活动，不仅可以增强孩子的语言能力、表达能力及独立思考能力，更能达成感情交流，让孩子的心灵得到父母、长辈的慰藉。以阅读为纽带，为父母、长辈创造与孩子沟通的机会，让孩子得到更多的关爱，促进家庭和睦发展，从而促进社会教育和家庭教育的和谐发展。

（四）有利于少儿图书馆自身的发展

少儿图书馆通过亲子阅读活动的开展，既能开发幼儿智力、培养其阅读兴趣、提高其口语表达能力和阅读能力，又有利于充分发挥图书馆的教育职能。少儿图书馆开展亲子服务，是公民终身教育的起点。成功的亲子阅读服务，实质上是与孩子一起享受阅读的快乐，营造一种和谐、快乐、持续的学习氛围，通过爱的传导，让孩子热爱书籍、热爱阅读，进而热爱图书馆。

六、少儿图书馆开展亲子阅读推广建议

长期以来，少儿图书馆致力于倡导亲子阅读，开设亲子阅览区，组织亲子活动。但是，亲子阅读从始至终是一个需要全社会做出不懈努力的系统工程，单靠一些短期的、个别的读书活动不足在全社会推广阅读，不能带动亲子阅读建立基础性阅读方式和阅读体系。因此，我们还需要共同努力建立科学的推广体系，使亲子阅读得到广泛而富有成效的推广，任重而道远，虽然还有很长的路要走，我们也不能怠慢。

（一）呼吁构建亲子阅读教育体系

在国外的很多国家，早期亲子阅读是不折不扣的"国家工程"，政府提供足够的教育资源和良好的公共服务来保证和促进阅读的开展。例如，英国2005年启动的"阅读起跑线"计划免费为每个少儿提供市值团英镑的资料，

这些资料分装在不同款式的帆布包里，根据少儿成长的实际需要，分年龄段以不同的方式分发。

（二）争取多方合作

亲子阅读推广涉及社会、家庭、学校、出版社等各个方面。少儿图书馆作为开展亲子阅读推广的重要环节，既要"做势"也要"做事"，要"借势"踏实地做些实"事"。少儿图书馆可与教育局、少年宫、科技馆、出版社、文联等多方联系，打破以图书馆为活动载体的单一模式。采用请进来、走出去的方式，展现多种阅读形式。

（三）强调家庭中各个成员参与

讲故事是亲子阅读中重要的方式之一，在中国，给孩子讲故事的常常是女性，有65%以上的父亲很少陪孩子阅读，也很少给孩子买书。对比另一项数据，70%以上的孩子都喜欢爸爸给自己读书，遇到问题向爸爸请教的孩子占到90%以上，其中经常这么做的有44%，接近一半。因此，父亲陪孩子阅读的方式是深受孩子喜欢的，父亲这个教育者的角色，在亲子阅读的环节中有着举足轻重的地位。父亲的形象在一定程度上也是很重要的角色。

（四）开展网络时代的亲子阅读推广

少儿图书馆在进行亲子阅读推广时，一方面，可充分利用论坛、微博等公共网络资源；另一方面，可以利用馆藏、专业人员等资源优势，搭建亲子阅读的网络互动平台，传播亲子阅读理念、方式，开展阅读指导，这是网络时代阅读推广方式的深入发展。

第二节　少儿活动的多元化创新实践

一、少儿阅读活动的现状

少儿读书活动是图书馆开展的以少儿为主要参与对象，以满足少儿阅读需求，促进少儿身心全面发展为宗旨，以提高少儿利用图书馆能力为目标，融知识性与童趣性为一体的各类读书活动。它是图书馆推广活动的基本形式，是读者感知图书馆的重要窗口，是展示少儿阅读成果的重要载体，是联结图书馆与读者的纽带和桥梁。

（一）活动越来越多，少儿读者疲于应付

以少儿为参与对象的读书活动原本就不是图书馆的专利，演讲、征文、书评包括读书报告会等活动方式由街道、学校、社会青少年教育机构甚至以书店为代表的商家、网站作为主办单位举办的也越来越多，同样也有着明显的公益性特点。"六一少儿节"、寒、暑假这三个重点时段，是举办活动最集中的时段，彼此间竞争非常激烈。

（二）娱乐代替体验，活动指向日趋模糊

阅读求乐是少儿读者阅读活动的第一需求，寓教于乐，是图书馆开展读书活动的基本目标，"乐"是两者间的结合点，但孰轻孰重，作为组织活动者应该保持清醒的头脑。为了吸引更多的少儿读者参加读书活动，减少或避免读者流失，近年来部分图书馆在开展读书活动时，常常把活动娱乐性放在首位，认为只要参与人数多了，读者自然就愿意走进图书馆大门，图书馆推广活动的教育目的也就达到了。

（三）合作不断弱化，活动创新缺乏亮点

与学校、社会团体、辖区街道等单位或部门联合举办少儿读书活动，是许多图书馆近年来开展少儿读书活动行之有效的组织方式，在具体实践中取得了积极成果，有的还总结出了相对成熟的值得推广的极具操作性的经验。随着城市化发展步伐的不断加快，社会团体等部门、街道辖区等单位已经把工作重点放在解决就学难、教育负担重等问题上，对联合开展少儿读书活动处于"心有余而力不足"的状态，即使同意联办，仅仅挂名而已，并未发挥职能优势，出现主办者众，唯图书馆独撑局面的现象，活动质量大打折扣。面对这种情况，部分图书馆开始加大进行阅读活动工作的力度，例如，开展读书兴趣辅导班，利用图书馆网站开展书评、网上读书论坛，在馆内设置图书流通站普及读书活动等，但由于针对性不强，过于局限满足少儿阅读需求的一般性要求，导致响应者寥寥，效果不尽如人意。

二、图书馆开展少儿读者活动的主要类型

（一）阅读推广类活动

少儿图书馆拥有丰富的馆藏资源、良好的人力资源和设施条件，一直都是我国少儿阅读推广工作策划、组织、实施的一线阵地。在全民阅读的背景下，少儿读者的阅读推广活动已成为少儿图书馆扩大自身品牌影响力的主要途径之一。全方位提升少儿读者的课外阅读能力，尤其是阅读表达能力，一直是少儿图书馆工作的重点，为此开展了各种类型的培训指导活动。例如，丹东市少儿图书馆开展的"我是小小演说家"阅读培训指导活动，使少儿读者通过故事演讲掌握发声的技巧。同时，小读者通过登台演讲，进一步丰富了舞台表演的经验，增强了自信心。

（二）传统节日及重要纪念日主题活动

弘扬中华民族传统文化，举办具有教育意义的主题活动。如内蒙古图书馆每年利用春节、元宵节、端午节、中秋节及4.23世界读书日、6.1国际少儿节、国庆节等重要节日，普及传统文化，加强少儿的思想道德建设，积极宣传社会主义核心价值观，组织与节日相关的主题活动，充分发挥了图书馆在少儿素质教育中的积极作用。

（三）亲子互动类活动

家庭是孩子成长发展最重要的环境，随着生活节奏的加快，越来越多的家长因忙于工作而忽略了与孩子的沟通和交流，造成家庭情感的疏远，不利于孩子的健康成长。少儿图书馆开展亲子阅读活动，能够促进少儿与家长之间感情的交流和互动，同时有助于家长进一步了解孩子的身心发育情况，尤其是阅读能力方面的情况。同时，少儿图书馆通过举办亲子活动，可以提升家长的阅读辅导能力，进一步体现亲子类读者活动的重要性和公益性。

（四）实践体验类活动

虽然国家提倡在义务教育阶段大力开展多元化的素质教育活动，但大部分义务教育学校依然以课程教育为主，以实践技能为主的素质教育活动开展得并不充分。针对这一情况，我国少儿图书馆应以提高少儿实践技能为目的，开展多元化的实践技能类读者活动。内蒙古图书馆少儿馆就设有小邮局、海关、超市等职业体验区域，定期开展体验活动，大大丰富了图书馆少儿服务的内容。

（五）科技创新类活动

全世界正处在一个经济大转变、科技大发展的时代，一种全新的基于高新科技和人类知识精华的经济形态已经显示出勃勃生机。知识经济与科技时代的出现，引发了创新体系的应运而生，并成为不可逆转的强大历史潮流。图书馆紧跟时代的步伐，培养青少年科技素养是我们图书馆义不容辞的社会责任，针对少儿开展科技读书活动，既要形式活泼、内容丰富，又要有针对性，符合少儿的身心发展特点。为了让少儿在玩中提升想象力、展示创意，举办3D打印科技、电子书设计制作、智能机器人互动等活动。

三、少儿阅读活动的开展形式

（一）馆校联合，组织开展少儿阅读活动

当今我国学龄少儿和青少年（6～18岁）的阅读活动的主要力量是中小学图书馆。政府教育部门对于学校图书馆的建立、馆藏数量、图书馆人员、学生阅读课程等都有硬性指标，纳入学校考核之中。因此，学校图书馆开展阅读活动的普及程度以及活动效果通常优于公共图书馆。公共图书馆必须借力发挥，将中小学生作为阅读推广主要对象，充分利用公共资源，以学校图书馆为延伸，做到馆校强强联合，组织开展少儿阅读活动，这更有助于提升阅读活动的影响力。在工作实践中，首先要有针对性地组织开展符合少儿认知规律和心理特征的阅读活动，让少儿感受到读书的乐趣，提升他们参与的积极性；其次才针对少儿的阅读行为、阅读方法等进行专业的辅导和培训，

指导少儿进行阅读。此外，少儿阅读活动的另一个定位在于利用好公共图书馆的馆藏资源，实施馆校双赢，倡导经典阅读，促进文化交流，让少儿读者能够感受中华文化的博大和深邃，从而培养少儿的爱国主义情操，并帮助少儿养成良好的阅读习惯，提升他们的知识素养。

（二）构建数字阅读新模式

数字阅读服务是公共图书馆开展少儿阅读辅导和信息素养教育的必经之路，在当前的数字化时代背景下，构建数字化阅读新模式，有利于激发少儿的阅读兴趣，提升他们的阅读效能，让少儿在数字阅读中学知识、修品德、长本领。图书馆要积极建立安全、可靠、开放、共享的少儿阅读环境。此外，要通过网络讲座、报告会、展览、竞赛、展演等方式开展具有高度针对性的数字阅读活动，消除少儿数字化阅读障碍，普及正确的数字阅读方法，当好少儿数字阅读的导航员。

四、举办读者活动的意义

（一）读者活动能激发读者的读书兴趣

少儿由于年龄的原因，知识面有限，价值观、世界观都处在形成阶段，社会、学校、家庭需要对他们的兴趣及爱好进行引导和培养，少儿图书馆作为学校延伸和补充的社会文化教育机构，则责无旁贷。

（二）读者活动搭建了健康活动的场所

现代的家庭独生子女居多，望子成龙、望女成凤是每个家长的共同心愿。为了孩子他们费尽心思、不辞劳苦，希望社会能够为孩子提供一个良好的学习、娱乐活动、健康成长的场所，但愿望与现实条件往往存在着较大差距。

图书馆是收藏各类图书文献的知识宝库，图书馆为少儿开展的各项服务活动正好弥补了现实条件的不足，正好满足了社会及家长的殷切希望。图书馆对少儿实施教育、开展各种活动是最为有效的，是满足他们成长的客观需要。

(三)读者活动能锻炼馆员的综合素质

读者活动组织得成功与否，很大程度上取决于策划、组织者自身的素质，每次活动都是对馆员的政治敏锐度、公关意识、协调和组织能力、文字水平、现代技术等综合素质的考试。积极开展此类活动，可起到增加馆员实践考验，提高馆员的综合素质，促进图书馆向深层次发展的作用。

(四)读者活动能扩大图书馆的影响力

由于少儿图书馆组织的都是有益身心健康的启智、益智活动，所以活动的覆盖面较广、影响也较大，通过举办读书活动，对图书馆起到宣传推介作用，组织读者活动是扩大图书馆社会影响的一种很好的形式，可提升图书馆在社会公众中的地位，提高其影响力和辐射力，从而吸引更多读者利用图书馆。

五、图书馆读书活动的创新实践

为在广大少儿中弘扬爱国主义精神和社会主义核心价值观，展示内蒙古自治区各民族少儿精神风貌，充分发挥图书馆在少儿素质教育中的积极作用，内蒙古自治区图书馆于2016～2017年在全区举办了"书香草原，大美北疆""蒙古娃"少儿美术作品大赛，作为内蒙古自治区成立70周年大庆的献礼项目。

比赛共征集来自全区12个盟市的旗县、乡村、牧区近2000余幅各民族少儿创作的绘画、书法、手工艺作品。孩子们以质朴的、充满童趣的想象，描绘了他们心中的中国梦和草原情，表达了他们热爱自然、热爱家乡，憧憬美好生活的情怀。此次大赛获奖的600余幅优秀作品于2017年8月5日自治区成立70周年大庆期间，在内蒙古自治区图书馆草原印象展厅展出。并于2017年11月4日在上海市图书馆举办首次近沪展览，展出作品近百幅。随后11月14日"蒙古娃"美术作品二次进京在首都图书馆进行巡展。12月"蒙古娃"美术作品首次赴俄罗斯展览，并在俄罗斯国内巡展。巡展取得了很大的成功，受到当地群众的热烈欢迎，参观人数累计达万余人。内蒙古电视台、内蒙古日报、内蒙古电台、新华社等多家媒体多次深入报道该活动，加强了馆际之间的合作，促进了不同地区及国家间的文化交流。

习近平总书记曾说，"国之交在于民相亲，民相亲在于心相通""文明因交流而多彩，文明因互鉴而丰富"。为了加强馆际间的合作，为不同地域文化互鉴织就新的纽带，为了促进一带一路国家地区间的文化交流，内蒙古自治区图书馆特举办此次巡展。

六、新时期图书馆开展少儿读书活动思考

第一，要紧紧围绕"以书育人"这一中心。少儿图书馆具有丰富的馆藏资源，不断开发，利用馆藏资源举办丰富多彩的读书活动，是少儿图书馆区别于其他社会教育机构的最显著特点，少儿图书馆举办读书活动，离开馆藏就会成为无源之水。读书活动正像一把双刃剑，一方面在读书基础上，推荐优秀图书，提高馆藏利用率，吸引更多读者到馆阅读；另一方面又促进了馆藏建设和馆藏开发。

第二，读书活动要始终贴近时代发展的脉搏。读书活动的实践证明，读书活动的主题、内容与形式只有贴近时代，弘扬时代主旋律，才有生命力，才能使读书活动常办，只有在社会、学校、家庭所关注的热点、难点问题上做文章，才会产生吸引力、感召力。

第三，读书活动要始终注意发挥少儿的主体意识，符合其心理、生理特点，坚持读书活动的内容和形式能够让少儿接受即使同时举办同一主题活动，也要采取不同的形式，其读书活动的形式既要考虑到读者通过参加读书活动有收获，又要符合少儿求新、求奇的特点，能够发挥其主体意识，有些活动可以请读者自己设计、自己组织、自己主持。

第四，读书活动要考虑到少儿学习生活的规律。为了使读书活动收到良好效果，读书活动在时间上要考虑到读者的可参加性、可参与性及方便性，较大规模的读书活动安排在寒暑假期，小型活动安排在双休日，便于学生参加才能收到较好的效果。

影响阅读活动开展的效果因素有很多，有学校、家庭、社会方面的，也

有阅读活动主题的选择和阅读活动质量等诸多方面，只有精心策划、重于联合、认真组织和实施，才能开展一个成功的阅读活动。

读书活动要坚持走联合的路。读书活动其地域空间是社会，构建一个社会的读书环境，是读书活动赖以生存的社会土壤。因此，读书活动应首先成立读书活动的社会组织机构，提高读书活动的影响力、号召力。在巩固与发展社会读书活动的中心组织外，要充分配合学校教学活动、少先队活动、课外活动、社区活动，构建良好的"阅读社会"，这无疑是推动读书活动发展的巨大推动力量。

创新是读书活动生命线。创新对人类来说能够推动人类文明进步，对国家来说，创新是国家不断繁荣与富强的保证，创新对读书活动来说，是保证读书活动常办常新的决定性因素，读书活动创新，应贯穿在主题的挖掘、内容的设计、形式的安排等各环节的始终，在读书活动中，要不断运用新方法新技术，使参加活动的读者有焕然一新的感觉，体会到组织者匠心独运的特色，通过读书活动，调动读者的听觉、视觉、触觉等多方面的感官。

第三节　图书馆少儿活动品牌创设

一、活动品牌创设背景及概念

各地图书馆都推出了各种少儿活动品牌项目，开展了形式多样、丰富多彩的品牌活动，为推动当地现代公共文化服务体系建设做出了积极的贡献，通过品牌项目提高了社会对少儿图书馆的认知度，扩大了少儿图书馆的社会影响，品牌活动空前繁荣。

图书馆少儿活动品牌是指少儿馆利用自身优势以高质量、独特的活动方式形成某种特色，多方位地满足读者的文化需求。有品牌就有品牌发展，有发展就有创新，只有不断地创新才能不断地吸引读者，品牌不是一个静止的概念，而是一个动态概念。随着时代的发展与读者心理的变化，品牌也要与时俱进，因此，提升品牌活动显得尤为重要。

二、少儿图书馆活动品牌提升措施

（一）修正定位，提炼活动品牌理念，进行"全员品牌管理"

理念是品牌的灵魂，是制定品牌行为标准和设计品牌形象的主要依据，品牌活动的打造不单是馆长或者某个部门的事情，员工是品牌传播的重要载体，品牌首先要得到员工的认同，要让员工知道他们就代表着品牌，否则打造品牌就是一句空话。如果每个部门能充分利用自己的部门优势或特点，打造适合不同年龄段少儿的品牌活动，所有的活动再串在一起可以成为单位的品牌。例如，温州图书馆"城市书房"就有很好的内容定位。从受众的心理需求出发，将"书房"的概念从家庭拓展到社会公众区域。

（二）重塑品牌形象，根据少儿不同成长期，设计品牌愿景

形象更新，顾名思义，就是不断创新品牌形象，适应读者心理的变化，从而在读者心目中形成新的印象的过程。品牌愿景不仅仅代表了为品牌工作的员工的共同愿望和目标，更是对品牌的所有受众的终极欲望的表达和描述。可行的品牌愿景能够把它划分成一个个子愿景，分阶段的品牌愿景，能够增强内部人员对品牌愿景的信心。

（三）创新观念，根据少儿读者年龄段，提高专业队伍的素质

提高专业队伍素质，一要根据少儿读者的年龄特征进行馆员的培训，加强馆员与服务对象的联系。二要引进志愿者，解决人员不足的困难。

（四）档次调整，整合利用社会资源，丰富品牌形象

一个品牌发展到一定阶段是用原有品牌还是推出新品牌，这时就应打好品牌延伸这张牌。寻求合作，共享文化资源以丰富品牌形象是个不错的选择：一是共享本系统资源。利用广播影视资源进行宣传、利用体育资源进行游泳、篮球、溜冰等运动的教学讲解、利用文化馆、美术馆、博物馆资源培训参观。二是共享图书馆资源。利用大专院校教育资源进行某领域的交流、与各图书

馆间合作开展活动。三是共享教育资源。与各中小学校共同开展活动，促进全民阅读。四是共享社会资源。与数据开发服务公司合作，运用数字资源和平台，开展适合少儿的活动，学习利用数字资源。

三、少儿活动品牌对提升图书馆影响力的作用

（一）活动品牌是少儿图书馆塑造自身形象的重要元素

少儿图书馆策划优质活动是打造少儿图书馆品牌的一个非常有效的手段。不仅可以有效地把读者关注度从图书馆延伸出去，巩固核心受众、凝聚松散受众、吸引边缘受众，引起更多其他文化教育机构和上级有关部门的关注，而且还能非常有效地在读者心目中树立起少儿图书馆的良好形象，并产生独特的品牌效应。

（二）活动品牌是建立读者忠诚度的重要手段

读者群的品牌忠诚度是图书馆品牌资产的核心。面对众多可选择的校外文化教育阵地，小读者的长期阅读以及与少儿图书馆多种互动建立起来的忠诚度，是少儿图书馆读者活动的中心，也是衡量读者对品牌依赖程度的标准。

四、创建图书馆少儿服务活动品牌的意义

（一）内容含义

品牌作为一种无形资产，对其所标志的产品与服务能够产生与众不同的特殊作用，即品牌效应。从企业角度看，品牌效应是区别该产品与同类产品的标志，是由于产品好、信誉高而在广大用户中形成的认同感。图书馆的品牌效应，主要通过其提供的优质高效服务的不断扩散来体现。因此，创建少儿图书馆的品牌服务，有助于树立图书馆形象，提高图书馆的竞争能力和运行效率，以便读者能最大限度地利用图书馆资源，更好地体现图书馆存在的社会价值。例如，贵州省图书馆"新布客书屋"，在活动之初，就有建立活动形象特征的意识。其一，它进行了 LOGO 和形象标识设计，使活动有鲜明的外在特征。其二，建立了统一视觉识别系统，每个书屋室外需有新布客书

屋标识牌及借阅制度标牌。这些做法，增强了该项活动的辨识度，长此以往，人们就能通过这些标识的颜色和特征进行识别，并形成固有的印象。

（二）对创建图书馆服务品牌的几点构想

1. 全员投入是创建服务品牌的基础

创建品牌的基础在于全员投入。因为在创建品牌的过程中，每一成员都同等重要。做好服务工作不仅是一线工作人员的事，只有全体人员都具有强烈的服务意识，才会营造出读者至上、服务第一的馆内氛围，才会有尽善尽美的服务。

2. 信息资源的合理布局是创建服务品牌的前提

无论是网络资源还是文献资源，都是用户进行创造性活动的基础条件。因此，拥有互补性、整体性、特色性资源体系，既是图书馆开展服务的基础，也是用户获得满意服务的前提。如果用户需要的信息资源图书馆不具备，又不能通过共享渠道获得，那么，品牌服务就无从谈起，更难以产生品牌效应。

3. 良好的服务形象是创建服务品牌的标志

对少儿图书馆而言，良好的形象是提高信誉的基础。形象的优劣取决于两个评价指标。一是它的知名度，是量的标准；二是它的美誉度，是质的标准。

4. 新型的服务方式是创建服务品牌的关键

拓展服务范围，开展新型服务方式，提供优质高效的信息服务是创建服务品牌的关键。创新是少儿图书馆发展的灵魂。只有不断地创新服务，才能增强小读者对图书馆的依赖和认可。

5. 丰富的读书活动是创建服务品牌的硬件

图书馆的读书活动的发展趋势发生变化，其最终目的是起到宣传导航作用。开展读书活动，丰富小读者内涵，是少儿图书馆为大众服务向社会传播文明的过程，在这一过程中，要特别注意活动的持续性和可行性。读书活动只有长期持续地开展，才能形成自己的品牌，产生较强的影响力。

（三）树立少儿服务品牌意识

少儿品牌服务意识，即对少儿品牌服务的认识、理解和重视，这种意识主要是指服务的质量意识、服务的竞争意识、服务的战略发展意识、服务的无形资产意识等。少儿品牌服务是指一个图书馆能够通过自己的某种独特性，或一定的服务产品，或一种特色服务，在同行中形成一种差别优势，这种优势就是少儿品牌服务。从这层意义上讲，少儿的品牌服务实质上就是一种个性化的特色服务，强调服务的特性和特色，是少儿服务能力和服务层次的一种标志。少儿服务品牌的培育，就像商业品牌服务的培育需要企业具有强烈的创建意识和长期的保护意识一样，因此少儿服务培育品牌服务，更需要转变观念，付出持久艰辛的努力。这里面有几个问题需要理清楚。

在树立少儿品牌服务意识中，有一个转变服务理念的问题。读者至上、服务第一既是服务的口号，也是服务的宗旨。把服务口号上升为服务理念，把服务宗旨变为服务中的自觉行动，不仅是一种技巧问题，也是一种态度、意识和管理问题，更是需要建立相应的管理文化和组织文化，并使这种文化被全体认同，形成组织的文化力，以及馆员的潜意识。只有不断更新馆员的服务意识，把提供高品质的服务视为图书馆活动的首要任务，把品牌服务视为图书馆生存与发展的核心动力，馆员才能跟上时代发展的步伐，满足少儿的知识需求。

在树立少儿品牌服务意识中，有一个馆员管理的问题。首先，提高馆员综合素质。馆员素质是图书馆服务能力、服务层面和社会形象的综合体现，关系到服务的成效。因此要加强馆员知识结构的复合度培训，同时还要为馆员提供各种训练，提高服务技能。其次，建立专门的服务检测体系，定期监督、检查和考核馆员的服务质量。通过读者的反馈意见和建议，调整服务策略，以高附加值的服务质量，向读者兑现图书馆的品牌承诺。复次，完善服务规范，营造重视少儿服务需求的文化，打造重视少儿服务品质的人文环境，从而实现员工与读者良好、友善、高品质的互动。

在树立少儿服务品牌意识中，有一个创新服务的问题。在网络和信息技术快速发展的今天，少儿对知识的需求日益增加，单纯依靠原有的"以馆藏为中心"的服务模式已不能满足少儿对知识的需要，取而代之的是"以读者为中心"的服务模式。这种服务模式强调提供的服务具有个性化、多样化和人文化，把"一切依靠读者、一切为了读者"运用到服务中，将会大大提升服务效益。这种服务模式还强调创新服务，服务突出特色。只有不断创新服务内容和服务方式，才能提高少儿服务的品牌效应和服务品质。

第四节 充分利用互联网及智能化等新科技开展服务

一、智能化服务形式

（一）智能化检索服务

1. 智能检索的特点

智能检索是基于人工智能技术，融合了专家系统、自然语言理解、用户模型与识别、数据挖掘以及信息检索等技术发展而来的智能化检索方式，智能检索主要具有以下特点：

第一，智能检索通过设置知识库，将搜索引擎技术与语言学相结合，从知识或概念层面分析用户的检索提问，具有很高的自然语言理解与知识处理能力。

第二，智能检索把现代人工智能的技术引入信息检索系统，使系统能够理解文件包含的信息内容和用户的信息需要，提高检索命中率。

第三，智能检索面向分布、异构的信息库系统，分布式存储其收集和索引的网络信息，使用多个搜索代理独立地进行信息收集和分布式并行计算，从大量的异构的信息资源中检索出用户所需要的信息。

2. 智能检索在图书馆中的应用

智能检索可以用来完善图书馆的参考咨询服务，将智能检索运用在图书馆网上咨询台上，搜索、解答读者在使用图书馆资源时所遇到的常见问题，为读者提供更准确、更快捷的各种信息服务，提高参考咨询服务质量，节约咨询馆员的时间，提高服务效率智能搜索引擎以良好的自然语言理解、知识逻辑推理能力，来判断、分析和处理用户的各种信息需求提问，发挥着数据挖掘和知识发现的作用，把智能搜索应用于图书馆自建数据库中，以便进行搜索与查询。

（一）智能化数字资源重组服务

网络信息环境使现代图书馆的馆藏范围由传统的实体馆藏拓展到虚拟馆藏，图书馆资源数量急剧增加、类型不断丰富，出现了越来越多的异质、异构数字资源。面对海量、复杂的数据资源人们难以从中快速地获取有用的信息和知识。因此，图书馆需要对这些资源进行科学加工、整合管理，实现信息资源智能重组，为用户提供快捷、方便、准确的智能化服务。

（二）智能化信息推拉服务

智能推拉技术融合了人工智能机器学习、知识工程、推理搜索、知识发现等技术，将智能信息推送和智能信息拉取相结合，既能识别和预测用户所需信息，有针对性地向用户主动推送所需信息，又能应用知识推理搜索方法，提高搜索引擎的速度和准确度，使用户及时获取所需信息的最新动态。

（三）智能代理服务

智能代理利用人工智能，根据用户定义的准则自动搜索收集用户可能感兴趣的信息，并将收集到的信息在指定时间内传递给用户，不需要或很少需要用户的干预和指导，成为用户与资源之间的中介，为用户提供智能化、主动性的信息服务。智能代理技术具有感知能力、问题求解能力和与外界进行通信的能力，并能持续自主地发挥作用，其基本思想是通过拟人化软件提高信息服务的自动化和智能化。

二、互联网环境下图书馆创新服务策略

（一）丰富馆藏资源，立足实际为读者提供专业化指导

图书馆应立足实际，调查分析服务对象及其需求特征，建立科学合理的图书采编计划，在资金有限的情况下重点补充电子文献，积极做好网络基础建设及开发利用。图书馆应提升自身的信息资源整合能力，做好信息素材的

筛选，建立信息发布平台，及时发布信息、传播信息，通过信息共享机制带动馆藏资源的补充。信息时代对公共图书馆建设提出了信息化建设发展的要求，公共图书馆建设理应契合时代要求，不断开拓创新，实现以馆藏文献为中心到以用户为中心的转变。图书馆的关注点应从信息资源转向读者，从技术转向服务，从服务数量转向服务质量，积极推动公共图书馆的数字化、信息化建设，提升信息化水平。

（二）关注资源共享，积极建构标准数据库及共享信息库

公共图书馆信息化建设的根本就是运用现代化技术，提升公共图书馆信息开放及共享能力，带动文献资源的优化配置及传播共享。图书馆要加强数据库建设，开发数字化资源，实现资源整合资源共享。图书馆信息化建设共享的前提是共建，不同类型的图书馆必须做好图书馆的共建，共建是共享的基础，通过标准数据库的建设，实现馆内外数据的共享。信息共建共享要求图书馆必须做好两个方面的工作：一方面要加强与其他区域图书馆的联系和交流，联网操作、数据共享、文化共建；另一方面要加强公共图书馆与当地其他类型图书馆的协调与协作，确保分工明确、统一合作、优势互补、协作共赢，最大限度地满足读者的文化服务需求。

（三）强化培训考核，提升图书馆员的服务能力

图书馆员的素质与能力对图书馆服务水平有着最直接的影响。互联网环境下，图书馆必须关注馆员的技能培训与素质教育，不断提升图书馆员的服务能力，督促他们端正服务态度，自觉规范行为，严格要求自己，为读者提供优质的服务。服务能力的提升侧重于专业服务技能的提升，图书馆通过定期培训和鼓励引导，使馆员掌握图书管理专业知识。互联网环境下，图书馆员除了要精通图书馆学、情报学知识，还应具备较高的信息技术处理技能，能高效灵活地处理各种信息技术，带动图书馆的数字化建设。

（四）关注读者需求，多渠道进行微服务的推广与实施

基于读者个性化的服务需求，图书馆在服务方式上应侧重于微服务，关注每个读者的需求，创新微服务方式，让读者获得多方面的微服务引导与帮

助；优化网站建设，让读者自由检索、查询信息；主动推送新书信息，与读者进行互动交流；提供短信服务和每日文章推荐服务，及时向读者传递图书馆的各项活动信息；完善图书馆微信公众号，读者借助微信号可在线预约、咨询，了解图书馆微活动的相关推广信息；借助博客分享图书馆文献资源，辅助进行活动推广；开发移动 App 为读者提供更加丰富多样的微服务指导。图书馆通过信息技术的优化能够实现微服务途径的创新，以微服务为桥梁，加强与读者的互动交流，了解读者的需求，为读者提供个性化服务，提升图书馆的服务水平。

三、信息化技术影响下的公共图书馆少儿阅读服务内容分析

（一）借助 WEB 技术加速文献资源传递速度

近年来，互联网技术在应用上越来越广泛，网络信息化技术开始在社会发展各个方面得到有效应用。针对公共图书馆的文献建设及传递，尤其是针对图书馆少儿阅读服务领域，网络技术发挥了十分显著的作用。

一般情况下，读者需要借助计算机完善对图书馆网络服务器的访问，WEB 服务器接受读者请求后，借助中心交换机实现对不同业务服务器的请求，业务服务器负责对相关请求进行处理，之后由中心数据库负责开展数据检索工作，同时将检索所得的结果返回到业务服务器以及 WEB 服务器中，WEB 服务器针对返回的各种数据实施编译处理，然后由 IE 负责将其转变为文字、图片或者音像等形态，传递至读者计算机，通过这种方式，完成读者访问公共图书馆相关少儿文献资料的总体流程。借助以上操作方法，少儿读者能够做到在家中便捷地访问各种丰富的图书馆信息资料，此外，这种访问方式还能够大幅度提高少儿读者在阅读上的安全性。

要想以 WEB 形式实现对少儿信息资源的有效访问，公共图书馆先应建立一个少儿数字资源服务网站。该网站借助 ASP 技术、JSP 技术以及 NET 动态网页技术等进行制作，构建一个以 WEB 为基础的应用程序，提高程序应用的简易性和便捷性。在借助动态网页技术对相关网页进行构建的过程中，

全部程序操作均需要依托 WEB 服务器端，经网络渠道传递给少儿读者端的信息是一个直接的结果，能够有效降低读者端对于网络浏览器的要求，尽量缩短读者端的访问时间，促进少儿阅读数字资源的过程更为简易化，提高少儿读者的阅读兴趣。

（二）在少儿文献资源建设中充分应用数字影像技术及存储技术

过去，公共图书馆资源在发展建设中容易因各种传统服务条件带来很大局限性，少儿馆藏文献无法实现对全部少儿读者的全面开放。针对少儿文献资料的载体，通常以印刷型文献较为常见。近年来，我国信息化技术不断发展，数字影像技术以及信息存储技术在公共图书馆建设管理中的应用日益广泛，依托以上技术，可以促进图书馆内少儿文献不断数字化，形成不同格式的电子文献。此外，借助 Flash 技术，还能够实现对少儿文献的仿真处理，再现其原貌，保证少儿能借助计算机及网络系统顺利阅读到各种图书信息资源。

数字影像技术通常是指借助数码相机以及扫描仪等针对少儿文献实施拍摄，进行扫描，仅为获取电子影像，避免传统的静电复印方法及热扫描等方法在应用中对少儿文献造成损坏。数字影像技术的应用能够有利于推动少儿文献逐步走向全文数字化；借助专业仪器对各种少儿文献书页开展原文图像扫描，之后再借助 OCR 技术，选择电子光学设备针对纸质页面上的不同字符实施监测，选择亮暗模式来针对其具体形状进行明确，利用扫描仪对字符形状进行最终确定，再依靠字符识别方法实现从形状到计算机文本的顺利转换。

（三）借助信息化手段促进少儿阅读服务的多样化和数字化

在网络信息化进程不断推进的今天，公共图书馆的封闭性环境开始被打破，其信息空间逐渐变得宽广。现代的公共图书馆通常将读者作为中心，综合分析读者的具体需求，科学提供各种服务类型以及服务模式，针对广大读者提供多样化及个性化的图书馆服务。以成都图书馆为例，其少儿读者服务在数字化水平很高，能够实现数字资源的开放，实现网上预约及续借等。在数字化技术高度发展的环境中，公共图书馆能够针对广大少儿读者提供多样化、便捷化的阅读服务，能够反映政府部门对广大少儿读者的人文关怀，促进公共图书馆的进一步发展。

四、公共图书馆利用信息技术拓展少儿阅读服务空间

当今公共图书馆各项事业蓬勃发展，随着各种少儿阅读服务内容的创新、扩展和越来越庞大的读者群，如果只在馆内进行各种服务，不仅对公共图书馆的少儿服务窗口造成巨大的人员、时间压力，而且不能使图书馆丰富的少儿文献资源得到合理充分的利用。解决这种现状最好的途径就是拓展图书馆服务的空间，包括地域和领域的拓展。

（一）利用 VPN 技术建立馆外分馆和图书流通点

VPN 是 Virtual Private Network 的缩写，即虚拟专用网络，是一种通过加密、认证、隧道协议等技术，在互联网上实现安全专用通信的网络。VPN 技术安全系数很高，通过整合方位控制技术、防火墙技术和加密技术，建设图书馆自有的通信渠道，并加以密钥机制进行管理，这样既保证了业务系统的正常运行，同时又提高了网络安全性能。

（二）利用全国文化信息资源共享工程平台共享少儿信息资源

各级公共图书馆作为全国文化信息资源共享工程的各级中心，可以利用"共享工程"的各基层服务点、现有的卫星、电信的宽带网络（包括 ADSL 宽带和其他的电信专线宽带网络）、广播电视网络、农村党员干部现代远程教育网络、少儿绿色网上空间、农村中小学现代远程教育网络及政府信息化基层网点的软硬件网络设备和深厚的群众基础，铺设本馆少儿数字资源，既减少了图书馆自身的投入，而且丰富了其他平台的资源容量，达到双赢甚至多赢的局面。

（三）利用网上联合参考咨询系统扩大少儿读者的服务范围

网上联合参考咨询系统通过互联网服务于少儿读者，不同于传统咨询服务受时间和空间的限制，服务范围扩展到全国乃至世界各地，只要有网络的地方就能传递咨询服务。联合参考咨询打破了传统咨询服务的单一格局，不

仅实现了信息资源共享,还实现了人力资源共享。这样,不仅可以节约经费,提高咨询服务质量,还能增强各合作图书馆在信息市场中的竞争力。联合参考咨询系统还提高了传统少儿文献馆际互借的效率,扩展了馆际互借的范围,提高了馆际互借的少儿文献质量。

五、AR 少儿图书的创新设计策略

当前我国在 AR 少儿图书方面的研究还是以技术实现和改进为主,比较多的是在少儿图书上直接加载 3D 化角色,这只是 AR 少儿图书的设计策略之一。除此之外,童书出版界还应当探索一些其他的设计策略。AR 技术借助丰富的多媒体技术手段,作用是在真实环境和虚拟场景间建立桥梁,尽量去无缝连接真实和虚拟世界,最终目的是为了更好地为少儿阅读服务。

(一)有效设计数字化可视少儿图书内容策略

AR 少儿图书的可视设计元素有:文本、表格、二维静态图形/图像、二维动态的视频动画、三维静态模型和动画等。各种元素搭配按需组合能提供给少儿丰富的感官体验。例如,可以将实体书籍上的静态图片转换成 AR 少儿图书中的动画;将实体书籍中的二维图像转换成 AR 少儿图书中的三维模型;将实体书籍中的文字转换成 AR 少儿图书中的声音等;三维技术除了能为 AR 少儿图书中的角色塑造三维模型外,还能够被使用制作一些环境效果,如海水、雨雪、草地、天空等。当少儿通过一些辅助硬件装置(如 AR 头盔、眼镜、书桌甚至是手机设备)来阅读 AR 少儿图书时,就能看到书中描述的场景被这些特殊的天气环境所笼罩而得到沉浸感。三维技术还能够被使用来制作一些粒子效果,所形成的遮罩效果等可以引导少儿的视线,烘托要表达的画面细节,配合声音叙述加强少儿对知识内容的理解。

(二)有效设计数字化可听少儿图书内容策略

AR 少儿图书的听觉元素有音乐和叙述声组成的背景声音、音效以及互动声音。在设计音效时可以遵循多普勒效应。所谓多普勒效应是当声源离观测者而去时,声波的波长增加,音调变得低沉,当声源接近观测者时,声波的波长减小，音调就变高。例如，我们想表现轮船从甲地行驶到乙地，轮船在渐渐移动的过程中，声音设计也应该随着离少儿阅读者距离的远近产生变化，以提供逼真的听觉体验。值得注意的是，无论是可视还是听觉设计元素，童书内容的数字化设计都应该以"增强"实体书的内容为目的，避免无效重复内容而造成页面超载。

（三）有效设计自然的智能人机交互策略，遵循易用性原则

AR 少儿图书将真实环境和计算机生成的虚拟对象无缝连接在一起，并允许少儿用自然的方式去体验和进行互动。因此在设计时，应当根据少儿的心理和生理特点选择特定的交互方式。

（四）有效设计可个性化阅读体验策略

通过设计用户图形交互界而，开发者应当有效设计特定的导航逻辑来实现对 AR 少儿图书的个性化设计。如根据少儿读者的性别采用不同风格的虚拟角色；或者取决于少儿读者的年龄和阅读习惯采用讲述模式或者是探索模式；甚至可以根据少儿读者喜爱的角色来放置导读精灵，在伙伴式的导读精灵的陪伴下，共同面对和解决阅读中的问题。

六、全媒体时代少儿图书馆网络化信息服务模式的创新

（一）自助图书馆

自助图书馆是集人性化数字化、网络化智能化为一体的新型图书馆服务管理系统。它利用网络通信、计算机、门禁监控等技术，为读者提供自动化程度较高的图书借还服务，它具有开放性、先进性、方便性与快捷性特点。

（二）智能图书馆

基于物联网的智能图书馆通过利用新一代信息技术（物联网、云计算等）改变少儿读者和图书馆文献信息资源交互的方式，从而实现少儿图书馆智能化服务和管理少儿图书馆智能化服务。内容包括少儿读者信息需求分标数据库分析、多媒体借还业务分析、财务分析等智能图书馆采用射频识别技术，并与图书馆集群化、数字化管理系统进行链接，实现文献的定位导航和智能

分拣应用射频识别技术的智能化，少儿图书馆可以实现电子标签转换、图书自助借还、图书快速清点、图书快速检索、射频识别安全门禁、与现有系统无缝对接等功能。

（三）电子书服务

少儿图书馆适应时代变化，推出新的信息服务措施。首先，可以购进先进的手持阅读器，向少儿读者免费提供借阅。其次，要积极探索建立"少儿电子书图书馆"。在网络平台上发布已解决版权问题的电子图书，供在本馆注册的少儿读者免费下载与阅读。再次，全媒体时代的少儿图书馆应集中本区域专业人才，联合开发集成文字、图片、视频等数字化内容的知识性少儿电子杂志并在网上发布，供用户下载与阅读。

（四）手机图书馆

手机图书馆是数字图书馆在移动通信环境下的延伸和扩展，在全媒体时代，手机图书馆开辟了移动阅读的新阶段，当前，手机图书馆主要具有手机短信息和手机上网两大服务功能。

（五）个性化服务

1. 建立读者信息服务网络

在全媒体时代，少儿图书馆应拓展手机服务，与电信、网通部门合作，开通短信、飞信、网络图书馆服务，并提供手机文献查询、预约、续借、催还、电子文献下载阅读等功能应全方位展示本馆的服务内容、服务项目以及读者读书活动动态馆藏动态新书简介，建立网上咨询、网上续借系统，甚至可以让读者参与报刊征订、图书采购工作。

2. 建立读者档案数据库

少儿图书馆应为每一位少儿读者建立读者档案。读者档案不仅要反映读者的姓名、地址、电话、生日等情况，还应反映其习惯、爱好、阅读倾向等档案应是动态的，每一次与少儿读者接触后，工作人员应及时将他的新信息输入到档案数据库中。读者档案资源可以和区域内参与资源共建共享建设的其他少儿图书馆共享。

3. 开展个性化服务

个性化服务包括：少儿读者权限服务，即少儿读者登录不同的系统，可以提供不同风格的用户界面及不同功能的服务，并能够访问不同的网络信息资源；信息推送服务，即将最新学习信息、少儿热点问题读书信息等主动推送至少儿读者桌面；互动式服务，即开展网上参考咨询、信息传递、信息预约等互动式信息服务。

4. 智能机器人走进图书馆提供服务

计算机的诞生、互联网的问世、数字化技术的应用等皆为图书馆从传统向现代跨越的推动力。"人工智能+"时代，智能机器人入驻图书馆是大势所趋。图书馆里机器人的功能越来越强大，所提供的服务也越来越多样，它们减轻了图书馆员的劳动负担，提高了图书馆服务质量和水平。同时，图书馆环境的智能化极大丰富了读者的阅读体验，并对他们的阅读行为产生了积极影响。

在全媒体信息时代背景下，少儿图书馆应利用自助图书馆、智能图书馆、手机图书馆、电子书服务、个性化服务等技术和途径，在资源共享的基础上，借助多媒体、多平台、多终端，发掘自身潜力，创新网络化信息服务模式，使少儿图书馆与时俱进，发挥社会文化教育职能，在科学发展中充满生机与活力。

第五节 图书馆少儿服务管理创新

一、图书馆少儿服务创新

（一）少儿图书馆的新问题、新挑战

1. 图书馆藏书老旧

图书馆藏书老旧这个问题是县市少儿图书馆普遍存在的问题，一些图书馆藏书品种和数量较少，且图书得不到及时更新，或更新不到位。究其原因有两点，第一点是财政力度支持不够，导致一些少儿图书馆缺少必要的经费采购新书；第二点是相关采购人员的水平不够，他们所采购的图书无法适应当代少儿的阅读需要。

2. 内部管理机制老旧，人员缺少创新动力和服务意识

由于种种原因，某些少儿图书馆的内部管理机制老旧。少儿图书馆工作人员基本上属于体制内的事业单位员工，这就出现了人员的调动和竞争偏少现象，致使图书馆工作人员缺乏创新动力和服务意识，人浮于事的情况较为严重。同时，很多少儿图书馆的待遇不高，也没有科学的人才培养体系，不仅吸引不到人才，也很难留住现有人才。

3. 设备陈旧

良好的阅读环境和优良的设施配备是少儿图书馆发展的基础性保障。当前，很多少儿图书馆设备老旧，无法满足少儿在数字时代的阅读需求。其中一个突出表现就是多媒体设备陈旧，无法适应现在网络教育的需求，与数字时代的大环境脱节。还有一些少儿图书馆如今还是20世纪八九十年代的装修风格，图书馆里的阅读环境不佳。这在一定程度上制约了少儿图书馆的良性发展。

4. 与时代脱节，沟通渠道不畅

当前，某些少儿图书馆已经顺应数字时代的发展，开始了现代化图书馆的建设。但多数少儿图书馆并没有建立起自己的网站，更不要说借助微博、微信平台开设公共服务平台。这导致了读者与图书馆的沟通渠道不畅通，读者获取图书馆的信息不便利，而图书馆也无法真正了解读者的需求。同时，渠道的不畅通使得信息无法有效传播，致使公众对少儿图书馆的认知度不高、图书馆宣传工作效率不高等问题的出现。

5. 图书馆活动偏少

在数字媒体的冲击下，图书馆和实体书店一样，线下活动是其发展的王牌。当前，一些少儿图书馆相关的线下活动偏少，即使举办活动，也难以抓

住用户痛点。如果不在线下体验上多下功夫，就难以激发少儿图书馆的发展活力。

6. 图书馆利用率较低

在一些乡村少儿图书馆（少儿阅读驿站等）这个问题尤为突出。首先，乡村少儿图书馆往往是综合性图书馆或者是农家书屋，专门为少儿开设的图书馆很少。并且，这些图书馆在配备上不能满足当地少儿的需求，无论是图书种类还是数量都有限，和城市里的少儿图书馆有较大的差距。其次，有关单位对图书馆的宣传力度不足，再加上乡村家长相关教育意识较为薄弱，家长在教育的过程中往往疏忽了图书馆对孩子阅读习惯培养的作用，让少儿图书馆的资源被闲置。

（二）制约少儿图书馆服务效能提升的因素

1. 管理制度不完善，主动服务意识不强

由于少儿图书馆的运营经费依赖政府财政拨款，服务由用户免费享用，使其表面上不需要遵循市场供求规律，在人员任用、岗位配置、奖励机制等方面还存在诸多不合理现象，图书馆的公益性致使工作人员的积极性和主动性很难调动。主观上对提高服务效率及服务质量要求不强，客观上对低下效率熟视无睹，往往将服务效率的低下归咎于投入的不足，软硬件保障能力差，对如何有效发挥现有资源的潜能，如何调动现有人才队伍的积极性、主动性和创造性，缺乏深入的思考和实践，这种封闭落后、不思进取的思想意识必然制约着图书馆服务效能的提升。

2. 硬件设施"不硬"，服务水平亟待提高

受地方经济社会发展水平的影响，有些地区的少儿图书馆老化的设备不能得到及时更换，馆藏文献资源的增长速度远远落后于当地少儿不断增长的阅读需求。又由于忽视对成本及效率的管理，硬件服务设施老化使传统服务方式还占主要地位，难以吸引读者利用。少儿图书馆服务能力亟待提高，服务效能急需改善。

3. 服务网络难以形成，无法凸显服务特色

我国少儿图书馆数量十分有限，难以形成覆盖全社会的少儿图书馆服务网络，读者到馆阅读仍是多数少儿图书馆的主要服务方式。虽然一些发达地区的少儿图书馆在分馆、流通站建设方面进行了积极探索和有益的实践，但多数少儿图书馆在服务网络化建设方面存在短板，少儿图书馆服务还没有覆盖到更加广阔的范围，能够利用少儿图书馆服务的读者还十分有限。少儿图书馆需要加强总分馆建设和图书流通站建设，形成覆盖广泛的少儿图书馆服务网络，从而扩大少儿图书馆的服务受众，提升少儿图书馆的服务效能。

4. 馆员素质参差不齐，服务能力不容忽视

馆员是少儿图书馆发展中的重要因素，是提升图书馆少儿服务效能的关键要素。如果馆员的业务水平及服务能力跟不上时代发展的步伐，就无法有效挖掘图书馆资源的潜能，就无法在需求和服务之间建认纽带和桥梁，就无法根据读者需要，科学策划和实施读者服务的各项方案，少儿图书馆的管理和服务工作就会始终处于低水平运行状态。优化馆员素质结构应该成为少儿图书馆提升服务效能的前提，当然，提升馆员的业务能力和服务水平也是图书馆提升服务效能的基础。

（三）图书馆少儿服务创新思考及方式方法

1. 以适应少儿读者特点为突破，创新服务功能

针对少儿多疑、好奇、好胜等特点，以形象直观、丰富多彩、能参与互动的馆内馆外活动项目，巧设新奇有趣的悬念，搭建因疑求思的情景，激发少儿思维创新的火花，往往更能带动和增强孩子们的学习兴趣与求知热情，收到"匠心独具、润物无声"的效果。

首先，按照综合型和特色型布局，在多样化、人性化、互动性上下功夫。针对少儿素质教育具有广泛性、多样性和多层次性的特点，通过有质量的辅导，生动、艺术性的语言表达，精辟的分析、独到的见解和幽默风趣的导读，能激发"小读者"求索新知的创新能量。

其次，按照因材施教规律，实行有的放矢、区别服务、一把钥匙开一把锁的阅读辅导。对于学前少儿，由于他们的思维能力有限，注意力很不稳定，往往需要以游戏的方式，借助实物的直观形象认识外界事物，他们比较喜欢看插图多、色彩鲜艳的画册，并且需要成人讲解。对于残疾少儿，要实行特别关照和特殊服务。在建立并配齐各年龄段所需课本和教育方面的资料，为少儿提供比较系统的信息服务和阅读服务的同时，还要关注与之相配合的"非阅读"活动服务项目，这是因为娱乐和好奇心理是少儿读者普遍具有的心理特征。

最后，将讲座列为经常性的读者活动，让少儿读者普遍参与进来，并讲这种活动作为开展信息素质教育的主要方式。针对某一专题，如工具书使用、网络搜索工具介绍、文献检索方法、网络信息资源导航、图书馆入门等，让少儿在短时间内得到图书馆知识和信息知识的初步引导。

2. 图书馆少儿服务创新途径

（1）深入分析少儿信息需求，实现个性化服务

对少儿的信息需求进行调查和分析是少儿馆开展服务工作的前提基础。少儿馆工作人员应该对少儿信息需求的特点、发展规律、信息需求的心理、个体因素和环境因素进行全面而深入的研究。这既是少儿馆工作人员的基本工作内容，也是针对信息服务过程中存在的问题不断探索解决对策的过程。在对少儿信息需求特点进行分析的过程中，应该站在少儿的立场上思考问题，对其所处的环境和信息需求进行全面地分析和研究。在实际工作中，工作人员应对少儿的需求信息进行收集和整理，并建立少儿信息服务库，当少儿进入图书馆之后，工作人员应该及时地向其提供相对应的信息或者主动推荐信息，真正实现个性化服务。

（2）优化少儿图书馆馆藏结构，建立立体化的服务模式

大多数少儿在接受学校教育过程中使用的是国家规定教材，学校之间的教学进度几乎是一样的。在这个时期，少儿对信息的需求大致相同，几乎都是教材的教学要求，都是教师要求学生在课下阅读的读物。这就要求少儿图书馆的工作人员要及时了解各个学校的教材类型和教学需求，储备完善的教

辅材料，保证少儿的满意度，更要辅导少儿进行阅读。对于少儿图书馆来说，在一般情况下，馆藏的复本不会很多，纸质教辅图书远远满足不了少儿的需求，如果一味追求馆藏量，增加复本就会带来额外的经费支出。最佳的解决办法就是利用电子资源，加之智能手机设备的应用和发展，电子出版物更好地适应时代的发展，受到少儿的欢迎，少儿图书馆的花费由此降低了不少。另外，由于少年时期，少儿的认知和思维发展并不完善，少儿图书馆可以将少儿集中起来，在馆内建立集电子阅览、视频、声频于一体的少儿图书馆服务模式，增强阅读的可看性、可听性和可读性。少儿图书馆还可以利用此模式积极开展特色服务，对年龄较小的少儿推荐电子图书，此时，小读者们所看到的知识和插图不再是平面的一维体现，而是一个跃然于纸上的动画作品，这对于识字不是很多的少儿来说，可以保证他们从视听方面获得相应的信息教育。

（3）对网络资源进行深层次开发，建立网络资源导航

网络是当下少儿使用最多而利用最不好的一种工具，这就要求少儿图书馆的管理人员应该通过多种方式广泛收集各种类型的网络资源，并进行过滤和整理，建立网络资源导航。在进行这方面工作时，应该注意以下几点：第一，内容要符合少儿的需求和思维特点，分类时要保证少儿能够看得懂，设置生动形象的界面；第二，在搜集网络资源过程中，应该将少儿的思维特点考虑进去，设置简单明了的类别；第三，少儿图书馆的工作人员还要积极开展信息资源加工工作，根据少儿的信息需求，对网络上某一个特定的专题进行深度的开发和研究，将少儿图书馆馆藏与网络资源有效地结合在一起，设置在页面之下，供少儿下载使用。

（4）培养高素质的馆员队伍

少儿图书馆员工作素质的高低直接决定了少儿馆信息服务的质量和水平。因此，不仅要求少儿馆员具备专业知识，而且还要求其具备丰富的文化素质和人文修养，掌握不同年龄阶段的少儿的身心发展特点，了解少儿的阅读兴趣，不断探索，提高学习意识。此外，馆员在进行信息服务的过程中，

应该从少儿的角度出发，采取生动形象的形式做好宣传教育活动，不断满足少儿的信息需求，培养少儿健康成长。

（四）少儿图书馆服务创新的必要性

信息网络环境的飞速发展为少儿图书馆带来了巨大的挑战和机遇，同时也对少儿图书馆的服务模型提出了新的要求，如何充分把握科技发展的红利，创新面向少儿的服务内容、服务模式和服务手段，成为21世纪少儿图书馆亟待解决的核心问题。

1. 从外在技术环境及教育环境角度分析

互联网数据技术的日新月异提供了少儿图书馆深度整合其信息资源、教育资源的发展际遇。少儿图书馆必须强化对信息技术应用于服务的认识，了解信息技术在图书馆服务发展中的作用，以网络多媒体及数据技术为基础，革新传统的服务模式。

随着国家素质教育及教育改革的推进，以沟通与合作、创造性与问题解决、信息素养、自我认识与自我调控、批判性思维、学会学习与终身学习以及公民责任与社会参与为主要内容的21世纪核心素养将指引未来教育改革的方向，少儿图书馆工作人员必须转变服务观念，根据少儿具体特征革新服务的内涵与外延，培育少儿21世纪核心素养和能力，以实现自身的教育职能。

2. 从用户角度分析

现在的少儿是伴随着移动互联网、数字技术而成长的新一代，他们的学习、生活模式被打上了深刻的数字化烙印，他们更加适应现代化、数字开放式的管理模式，偏好深度体验与参与的服务模式，少儿图书馆必须打破传统服务模式的禁锢，设计出更能体现新一代需求特质的创新化服务，以此迎合少儿的多元化需求。

3. 从少儿图书馆内部因素分析

长期以来，少儿图书馆的服务工作存在着信息化意识淡薄，服务方式和手段落后，人才储备不足、流动不畅等多方面问题，必须通过深化改革创新服务理念，提升数字化服务水平，创建一支高素质、高技能的馆员人才队伍。

二、基于增强现实技术的图书馆少儿服务创新

（一）增强学习体验

少儿正处于心智的萌芽期，对一切新奇的事物都充满好奇，喜欢可视化动态的物件，若能提供更具趣味性的阅读方式将促使少儿更加热爱阅读。

1. 可视化三维动画阅读

当少儿在阅读时，利用AR技术，通过扫描其所阅读的内容经由头戴式显示机器或移动终端虚拟显现书中所描述的场景。将书中的二维文字内容转化为三维立体动画，将单一的文字转化为形象动态的三维动画，使少儿进行可视化阅读。

2. 虚拟立体实验

AR技术同时可以应用于少儿的学习当中。例如，化学、物理等具有危险性的实验操作时，既要少儿充分学习理解实验的原理，又要保证其人身安全。

3. 古籍、古建筑、非物质文化遗产再现

AR技术可将古籍和非物质文化遗产，如京剧、粤剧、皮影戏等戏剧文化进行虚拟再现，并配合有关文字信息描述。

（二）虚拟个人专属馆员

1. 馆内智能导航

少儿无法准确地知晓图书馆构造，在无家长陪同的情况下而出现迷路的现象常常出现在少儿图书馆中。对此，可利用AR技术，通过每一个借书证的编码对应一个虚拟的个人专属馆员。在少儿扫证进馆的同时虚拟个人专属馆员启动工作。少儿可以与其进行交流，包括图书馆的借书还书流程、开闭关时间以及图书馆空间分布导航的功能，帮助少儿更加熟练地在图书馆中自由活动。

2. 读者素养教育

由于少儿年龄较小，心智尚未成熟，在图书馆内阅读时，经常将书籍乱堆乱放，随意涂抹勾画，造成了少儿图书馆书籍一直处于破损或遗失的状态中循环。针对这一现象，少儿馆可采用虚拟专属馆员的方式，模拟真人入馆培训一对一地对少儿进行服务，以小伙伴的对话模式渗透读者素养教育。

3. 馆内信息推送

利用 AR 技术的图书馆推送平台为读者提供崭新的体验模式，通过少儿读者的借阅记录分析得出该用户处于什么样的文化水平以及阅读偏好，进而向少儿读者推送更加符合其兴趣特点的书籍。

（三）指导图书归位排架

1. 读者查找所需书籍。

利用 AR 技术将虚拟场景与现实场景进行叠加，分别图书和读者，然后少儿用户可将所需书籍名称输入移动设备中，移动设备开始启动智能导航，在图书和读者之间建立一条路线，少儿读者根据路线的指引找到所需要的图书。

2. 馆员进行书籍归位排架

由于少儿馆常出现书籍归位不正确、书籍被堆放在书架空隙处等现象，大大增加了馆员归位书籍的工作量。利用增强现实技术中的全景显示技术，AR 设备可找到任何一本书所处的位置，通过书籍自身的编码判断该书是否处于正确的排架位置。

（四）少儿 AR 创客空间实验室

将 AR 技术引进创客空间中，为孩子们提供一个专属的空间，将飞机、轮船、星空等无法真实让少儿实验的物质虚拟显现，配合少儿进行迷你实验操作，这将更加有助于少儿知识的掌握和创意的迸发，同时培养孩子的社区意识，积极与小伙伴进行交流。AR 技术可以将不同地区小朋友传来的视频转化为三维立体动画，少儿通过射频设备扫描传送过来的二维资料，就可以观看立体动态的人物，聆听其他小朋友的创意。让孩子有与对方面对面交流的体验，更加全面地促进少儿的创新能力提高，从小接触最先进的网络技术，为今后的学习打下坚实的基础。

三、服务方式多元化，开展特色服务

（一）特色化馆藏建设

少儿是一个庞大的读者群体，他们对信息的需求，既有共性，又有多样性。少儿图书馆馆藏信息资源，如果互相重复，"一副面孔"，大量有特殊爱好、志趣的读者，对特殊信息的需求就无从寻觅、无法满足。这对他们爱好、志趣的健康发展当然不利。缺乏了吸引读者的亮点，不能及时为少儿读者提供喜闻乐见的或专业需要的文献，无法正常发挥少儿图书馆作为智力开发、信息传输基地的作用，事实上已与成人图书馆等同，面临被社会淡忘的尴尬境地。因此，高度重视馆藏的特色化已是刻不容缓的大事。

少儿图书馆特色信息资源建设，就是要通过协调分工，各自针对读者多种特殊信息需求，建设互不重复、自成体系的特色信息资源库，通过上网共享，较好地解决了少儿对信息需求的多样性、特殊性问题。

（二）开展各种活动，体现少儿图书馆真正的价值

为了吸引更多读者到馆，用各种方式去宣传少儿图书馆，开展各种活动，关键是开展小读者喜爱的活动。例如，与门户网站合作，开展网页制作比赛；依托电子阅览室，组织各种形式的少儿网络爱好者俱乐部和电脑绘画比赛；运用网络开展征文、知识竞赛等各种健康向上的交流活动和主题团队活动等，同时，可以充分利用少儿图书馆电子阅览室的公益性特点，大量开展免费或成本费上网，以此吸引我们的小读者，也可充分利用现代化交通工具，如流动图书车送书活动，以方便读者借阅。但在服务方式上还需开发新思路，如为学校教师、幼儿园教师、失足少年、残疾人、重点读者、少儿工作者邮寄借书、邮寄新书通报等。少儿图书馆的工作人员应随图书车深入社区、学校

等基层送书点，去推广、讲解少儿图书的优势和特点；要充分利用少儿图书馆网络，组织社区的学生、家长学习利用网络，让他们觉得网络是可以为少儿带来更宽广的学习环境和学习兴趣。总之，我们要采取各种手段吸引小读者，让广大读者能够从中得到真正的收获，实现少儿图书馆真正的价值。

（三）从服务工作上开发创新

1. 从服务时间上变革

最近从网上查询得知，全国各地少儿图书馆（室）的开放时间很不一致。有采用读者上学、我开放的时间，还有采用读者下学、我开放的时间，还有的兼顾二者：读者上下学都开放。统一读者开放时间，不仅能尽力满足需要阅读利用少儿图书馆文献的所有读者，而且，他们走到哪里都知道什么时间去少儿图书馆。这样做既方便了读者，同时也为少儿图书馆提升读者人气做了保证。

2. 改变新书入馆的工作流程，成立新书阅览室

过去新书到馆后至少需要一个月的时间进行分编、加工等工作。而变革后，只用1~2天的时间进行简单加工直接进入新书阅览室供读者阅览，新书在阅览室两个月左右再下架，进行分编和细加工等工作。这样做从管理上很费力，每本书都要搬运和加工整理两次，但可以使读者及时见到新书。

（四）借助社会力量充分发挥发挥志愿者优势

邀请文化界知名人士作为图书馆文化志愿者参与到图书馆服务中，如电视台主持人作为老师定期举办朗诵活动，为他们提供平台，利用他们的影响力带动更多的小读者走进图书馆，同时提高图书馆活动的影响力。与志愿者团队和具有文学素养的专业老师举办亲子阅读活动、培训讲座及大型比赛，让他们参与到图书馆少儿服务中，缓解少儿图书馆专业人员缺乏的问题，丰富图书馆少儿活动。最后就是让广大少儿成为图书馆的小小志愿者，组建图书馆小小志愿者团队，利用节假日和寒暑假协助工作人员整理图书、借阅咨询，让他们成为图书馆的小主人，从小培养他们热爱阅读、帮助他人、无私奉献的精神，让他们在图书馆中获得社会实践。

第六节 图书馆少儿服务新理念

一、活体图书馆：少儿图书馆读者服务新模式

（一）活体图书馆的兴起

作为一种全新的信息交流方式，活体图书馆以"真人图书"（真人图书）为阅读载体，促成人与人之间的直接对话，起到消除隔阂、减少偏见和憎恨的作用，实现人际间的宽容与和谐。最初的活体图书馆主要依附于音乐节、书展等大型活动。随着图书馆读者需求的变化，图书馆开始举办活体图书馆活动，且受到读者的广泛关注和参与。

（二）少儿图书馆开展活体图书服务的可行性

1. 富有亲和力、感染力和说服力的真人图书可满足少儿读者阅读需求

活体图书馆的图书是一个个鲜活的人，是有丰富思想内涵的专家、学者。少儿图书馆可组织一些乐意为少儿读者服务、具有较高文化素质的少儿服务工作者、大学生志愿群体作为真人图书，让少儿读者进行阅读。这种阅读方式是互动的，不仅可满足少儿读者的阅读需求，而且"真人图书"的所富有亲和力、感染力和说服力，深刻影响着少儿读者的阅读行为。

少儿图书馆开展活体图书馆服务，可帮助少儿消除不健康的心理问题，帮助少儿学会调节和控制消极情绪，改变自己的不良性格，发展良好的意志品质，培养他们从小树立正确的人生观、价值观。

2. 少儿图书馆具备开展活体图书馆服务的条件

在加强文化强国建设、推动社会主义文化大发展大繁荣的新形势下，国家加大了对图书馆经费的投入力度，少儿图书馆迎来了快速发展的大好时机。据统计，截至2009年底，我国共有县级以上公共图书馆2850家，其中独立建制的少儿图书馆有91家。天津、深圳、广州、大连等地区的少儿图书馆的购书经费超过百万元，湖南、温州、厦门等少儿图书馆的馆舍面积都超过

了我国少儿一级馆的评估标准。同时，少儿图书馆的专业人员配备较为合理，图书馆设施建设稳步推进，少儿图书馆开展活体图书馆服务优势明显。

3. 少儿图书馆具有来源广泛的真人图书

开展活体图书馆服务，需要大量真人图书的参与与支持。少儿图书馆可通过与学校等社会教育机构合作，邀请愿意为少儿服务的"真人图书"参与到图书馆的活动中来。同时，随着我国志愿服务事业的蓬勃发展，志愿者的身影越来越多地活跃在各个领域，他们用热情的服务为社会奉献着爱心。据统计，目前全国注册青年志愿者人数已达到3392万人，建立各类志愿服务站（服务中心、服务基地）17.5万个。志愿者参与少儿图书馆服务，已成为当今少儿图书馆服务一道亮丽的风景线。

二、3D 虚拟少儿图书馆服务平台的创建

技术已不再是阻碍实现虚拟服务的瓶颈，如美国的 Second Life，Unify 公司的游戏与仿真引擎已广泛应用。Web3D 技术也已非常成熟，用户无须下载庞大的客户端安装，通过浏览器登录即可使用，国内公共与高校图书馆有许多成功实践案例。关键是目前国内少儿图书馆界对 3D 虚拟少儿图书馆应该怎样规划建设、管理与服务缺乏概念。以下将从创建、应用、管理等层面对 3D 虚拟少儿图书馆平台功能进行探讨。

（一）趣味化场景角色和个性化创建

1. 场景选择

少儿图书馆可设计开发虚拟实体图书馆和虚拟科幻图书馆两种场景服务模式供读者选择，注册读者可选择其一作为"我的图书馆"服务界面，并可在今后进行场景间自由切换和做相应设置。前者是实体图书馆场景的虚拟镜像，全方位展示实体图书馆布局与功能，模拟和提供图书馆各类服务，使读者犹如置身于实体图书馆中，产生犹如"亲临"的感觉。虚拟科幻图书馆则是"新概念"馆舍场景，提供充满科幻情境的主题化馆舍场景和相应特色化

功能服务,如"星球图书馆""森林图书馆""海洋图书馆"等,以增强少儿读者兴趣,拓展他们的知识领域。

2. 角色扮演

多样化的角色扮演有助于发展健全的人格。在虚拟少儿图书馆中,扮演不同的角色可体验不同的情感世界。读者的虚拟人物角色可以是普通的读者,享受各类资源服务,也可以竞聘"馆长""部门主管"或"小小管理员"角色,体验管理图书馆、服务他人的辛劳与乐趣,从而了解图书馆,加深对图书馆的情感。

3. 个性创建

自由想象、自行决策、自主创建是虚拟少儿图书馆的一大亮点,平台为读者提供多任务创建功能,促进少儿读者创造力和个性化发展。阅读心得交流会、好书分享会或家长交流会等。这种个性化创建和功能应用,不仅让少儿读者的组织能力、宣传能力、互动交流能力得到了锻炼,更培育了自信,张扬了个性。

(二)游戏化控制、情景阅读和知识导航

1. 游戏化控制

网络游戏之所以受到少儿喜爱,是由于其绚丽的3D场景、人机对话、场景漫游、任务道具、等级晋升和自由操控功能给玩家以强烈的存在感、使命感和成就感,从而形成强烈的沉浸感和用户黏性。因此,3D虚拟少儿图书馆的场景和人物应实现游戏化的操作和控制,增强趣味性。

2. 情景化阅读

所谓"情景化阅读"是指以少儿读者为中心,设计多样化的虚拟场景阅读物,将图书、景象、情感等要素相结合,诱发阅读兴趣、启发阅读思维、培育阅读情感、丰富阅读知识的一种特殊服务形式。在3D虚拟少儿图书馆场景中,可设置丰富的情景知识阅读点,读者只要点击这些阅读点即可呈现与该事物相关的馆藏书籍、文字图片、音频视频介绍。

3. 便捷化借阅导航

3D 虚拟少儿图书馆中，读者不仅可以阅读影音并茂的动态 3D 图书资源，更可以通过这一系统非常便捷地借阅实体图书馆藏书。如今导航定位技术已进入寻常百姓的日常生活中，将导航技术和 3D 虚拟技术、RFID 技术相结合应用于馆藏资源查询和借阅服务中，将给少儿读者带来极大的便利。读者只要发出预借书单，即可获得所有要借图书在图书馆具体位置的三维导引图，并给出取书顺序和最佳路径指引。

（三）图书馆少儿服务与创客空间

1. 创客空间的概念

"创客"不能单纯把它当成一个名词，而应定义为一个类名词，但用法类似于名词。在此，"创客"的中心词是"创"，意为"具有创造性的""把创意变为现实的"。它有着如"食客""驴友"等的流行元素，而是类指一群并非电脑领域的黑客，能将创意变为现实，有着乐于分享创意、共同为人类创造美好事物的人生追求的人。"创客空间"的提出及其概念出自著名的《创客杂志》："它是一个真实存在的物理场所，一个具有加工车间、工作室功能的开发交流的实验室、工作室、机械加工室。"

2. 少儿图书馆引入创客空间的意义及初探

（1）有利于加强少儿读者及其家长的亲子互动

少儿图书馆引入创客空间能够提供视觉冲击及亲子动手的互动环境，以供孩子们和其家长进行设计及其他活动，实现亲子沟通与少儿个性、情感与活动体验的互动，有利于少儿知识的启蒙及对知识的探索、动手能力等多方面的培养。

（2）创新服务形式，吸引少儿读者走进图书馆

将创客空间这一全新的服务理念、视角、技术与方法引入少儿图书馆，不仅是其服务模式的创新和有益尝试，更能有效利用现有空间资源，变被动服务为主动服务。通过这种新型的创客空间服务形式，吸引更多的少儿群体走进图书馆，同时让本地区社会各阶层、不同教育背景、不同经济背景的人

群共享、体验这些利用大脑风暴创造的成果，最大限度地满足其个性化需求，鼓励参与互动，促进其自主学习与知识的探索创造，提高其信息素养能力，最终为全面提高少儿图书馆的服务水平打下坚实的基础。

（3）有利于提升少儿图书馆的核心竞争力

目前市场上存在着各种商业性的信息服务机构，相互之间的市场争夺异常激烈。少儿图书馆作为公益性服务机构，必须建立自建的核心竞争力。在当今严峻的形势下，将这种全新的创客空间服务理念引入少儿图书馆，是提高自己的核心竞争力，为少儿图书馆的发展注入新的活力的重要举措之一。从长远来看，把创客空间服务视为服务的新亮点和一项常规的重要工作来做，将是提高其所在地区信息中心地位、优势与社会影响力的重要举措，对于扶持当地创意产业的发展也有着隐形和长效的推动作用。创客空间的服务概念要求我们做到以下两点：一是及时了解和把握全球最新发展动态，时刻关注其少儿读者的迫切需求，敏锐洞察和借鉴相关优秀行业的发展策略；二是摒弃不合理的管理模式和落后的服务理念，不断完善自身服务体系和服务质量，向读者提供主动性服务。

三、更新服务理念，创新少儿工作

少儿图书馆是实施素质教育的重要基地，创新服务，除了要加强馆藏建设，做好导读工作外，还应不断在特色服务上下功夫来吸引读者。

（一）活动主题紧扣时代脉搏，切合社会热点

每年定期在读者中组织读书活动，如举办大型演讲比赛、征文活动，以及好书推荐读后感。

（二）走出馆门开辟具有时代特色的"第二课堂"

少儿图书馆要真正成为孩子们的课外基地，必须广开学校、家庭、社会和大众传媒之间的联系渠道；必须走出馆门，走进学校开辟"第二课堂"，努力为孩子们构建一个广阔的学习天地和良好的社会读书环境。如帮助少儿读者学会将书本的知识运用到生活中，在生活中寻找一个岗位、扮演一个角

色、获取一种感受、明白一种道理，养成一种品质。如开展"走向弱势群体，送上人间温情"的活动，带少儿读者送书到少儿福利院、到智障者残疾学校等，让少儿读者从小学会交往、学会合作、乐于助人，懂得以爱育爱，体验爱的力量。如举办"学名人业绩，悟名人品格，走名人之路"探索名人成长奥秘等主题鲜明、内容感人的活动，创设生动有趣的体验情境，让少儿读者在活动中达到心灵的沟通与情感的交流。另外也可组织少儿读者演课本剧，如"小马过河""司马光砸缸"等，通过这些课本剧在学校、社区和广场的演出，使少儿读者既受到正面的思想品德教育，又有文化娱乐和宣传推广少儿图书馆的积极作用。

（三）加强读者导读工作，有的放矢

阅读是少儿读者丰富知识、陶冶情操、锻炼思维、增长阅历的重要途径和手段。针对读者做好导读工作是每个少儿馆员的重要职责，也是衡量读者服务工作的重要标准。因此，我们要主动把导读与扩大素质教育成果联系起来，指导小读者阅读的方法，并培养小读者良好的阅读习惯，不断提高其阅读的兴趣和能力。依据到馆小读者的年龄、性格、文化程度、兴趣爱好以及生理心理差异，通过图书借阅情况统计、分析，以及细致的观察或采用与他们面对面交流的沟通方式，尽量了解和掌握他们的阅读取向、兴趣和需求，有针对性地向他们推荐书刊，对他们进行思想道德和科学文化教育，从而配合学校、家庭促进他们德智体美劳全面发展。

少儿读者大体分为幼儿、小学生、初中生，另外，一部分孕期准妈妈也会阅读少儿读物。为此，少儿工作者要着重加强宣传和引导，帮助小读者鉴选内容好、品位高的书籍，可以考虑开辟新书架，定期制作内容较详细的新书推荐专栏，专门为低幼读者选出低幼读物，用各种色标贴于书背以区分，既方便小读者取阅，又方便管理。暑期期间小读者的阅读量较大，可以集中推荐中外名著，以提高名著的利用率；也可以主动为家长推荐好书，同样能起到很好的效果。另外，通过组织趣味知识竞赛，让孩子们对知识产生浓厚的兴趣，变被动阅读为主动阅读，使他们认识到"开卷有益"，真正达到快乐阅读的目的。

（四）积极开展青少年爱国主义教育

在平时的导读工作中，还应有意识地进行小读者的爱国主义思想教育。比如，配合学校教学购置爱国主义思想教育丛书，为中小学生放映爱国主义影片，利用《读者园地》向读者宣传党的思想方针政策等。可以在党的生日、"八一"建军节、"十一"国庆节等节日或纪念日开设宣传专栏，进行革命传统教育。还可以邀请专家做报告，以"国庆周年纪念"为主题向小读者推荐英雄人物故事选、名人传记等书籍，在少儿中广泛开展爱国主义教育。

四、"快乐教育"——图书馆少儿服务新理念

公共图书馆在工作实践中应不断创新理念，开拓思路，以"快乐教育"活动为载体，开创图书馆少儿服务工作的新局面。

第一，"快乐教育"是对少儿进行思想道德教育的好形式、好载体，且应做到与时俱进。"快乐教育"适应了少儿生理和心理特点：好动、好奇、好玩是少儿的天性，我们只有抓住他们的天性，因势利导，就会收到事半功倍的效果。学知识，是一个"玩"的过程，需要源源不竭的好奇心，孩子们爱玩、享受玩的过程，就是因为好奇心的驱动，使孩子们在"快乐教育"中学知、明礼、励志、树荣、拒耻，这就是符合少儿成长的普遍规律，符合少儿社会教育的属性，孩子们喜欢这样的教育，我们应适应孩子们的要求，抓好"快乐教育"，营造和谐的氛围。在快乐教育中开展的文化娱乐、体育锻炼、观察认知、道德体验、综合实践等多种活动，这些活动广为孩子们喜爱，极有吸引力和凝聚力。

第二，在少儿读者服务实践工作中大力开展"快乐教育"。开展"快乐教育"，要形式多样，不拘一格，并且应精心打造自己的活动品牌。注重从孩子们的实际出发，掌握孩子们的生活、心理规律，了解孩子们要什么，热点问题是什么，区分不同年龄孩子们的特点，采取不同的教育方式、教育内

容。要建立开展"快乐教育"的有效运行机制。公共图书馆作为一所没有围墙的学校,在推广素质教育工作中首当其冲,更是担负着不可推卸的责任,要适应素质教育的需要,改进服务,增加馆藏,营造轻松愉快的学习环境,吸引广大少儿主动来图书馆这个知识的海洋中邀游、探索。同时图书馆抓住社会的热点问题,把教育扩大到每位家长及每个家庭,注意收藏家教方面的书籍,敞开办理家庭借书证,举办家庭讲座,召开家庭座谈会等活动不断推广"快乐教育"理念。通过这些活动,在加深父母和孩子关系的同时,密切读者与图书馆的关系。在提高家长自身素质的同时,孩子们的健康成长也有了可靠的保障。同时我们开设了各类免费培训班,每年定期举办不同主题的征文、猜谜、益智拼图比赛、国学礼仪讲座等形式多样的"快乐教育"活动,受到广大青少年的喜爱。

五、图书馆少儿服务新发展

(一)立足本土,创新服务

发展少儿服务必须尊重和符合教育规律和社会现状,如英国公共图书馆在服务少儿时将学龄前和学龄后的划分标准定为5岁,这一标准显然不能直接移植到我国使用。各种因素综合作用下,选择内生而非移植的服务发展路径才是我国公共图书馆少儿服务发展最为理智的选择。内生的发展路径意味着,形成对发展愿景和客观条件的清晰认识,找准自身优势资源与外部环境的契合点,从而走出具备自身特点的服务发展道路;而移植的服务发展路径意味着简单化的无视条件与约束的全盘照搬,从长期来看往往缺乏持久的生命力。因此,发展公共图书馆少儿服务首先应立足本土服务。

(二)广泛借鉴国外经验

发展公共图书馆少儿服务应广泛借鉴国外经验。在较长的历史发展过程中,世界范围内的公共图书馆服务在先进国家产生了众多值得借鉴学习的服务方式和服务经验。有研究者将美国公共图书馆少儿服务的特点归纳为九个方面:具有悠久的服务传统,重视服务指导工作,配备专业馆员并提出明确的素质要求，设立专门的服务空间和全面的建设要求，提供区别化和特色化的服务，鼓励青少年参与管理，重视少儿服务质量的评估，注重与外界的合作，开展少儿服务的教育。而英国公共图书馆开展少儿服务的经验有：减免少儿借阅过程中产生的费用，鼓励父母参与少儿阅读，根据少儿年龄层次提供阅读服务，注重图书馆与外界合作，开展全国性和地区性的阅读活动等。

我国公共图书馆应广泛借鉴这些先进经验，制定更加系统的少儿服务规划，开展范围更广、影响更大的活动项目，积极争取政策支持与经费资助，完善少儿服务政策与行业标准，培养具备专业素养的少儿服务人才，形成稳定、持续、有效的少儿服务促进机制。

（三）重视少儿数字化服务

发展公共图书馆少儿服务应重视少儿数字化服务。面向少儿的数字化服务可分为线上和线下服务两部分。线下服务的形式包括：综合运用电子阅读器、一体机、数字触摸屏等数字化设备为少儿读者提供数字化阅读体验，并适当结合图书、报纸、期刊等传统文献，营造虚拟与现实交织的阅读环境；设置寓教于乐的数字化互动装置；设置少儿专用电子阅览室等。

（四）发挥少儿图书馆的引领作用

发展公共图书馆少儿服务应通过少儿馆引领发展。我国独立建制的少儿图书馆长期以来专注于服务少儿，形成了深厚的经验积累与理论沉淀。应充分发挥少儿图书馆的引领作用，为有志于发展高质量少儿服务的公共图书馆提供业务促进和理论指导。

六、具体服务工作创新

面对现代信息技术的发展、市场经济的竞争，公共图书馆必须对现有少儿读者服务工作体系进行科学、有效的探索、创新，才能吸引更多的小读者走进图书馆，利用图书馆。

（一）创新少儿阅读环境

为方便少儿读者，在阅览室设置上，设立"藏、阅、借"合一的多功能少儿阅览室，实现藏书 100% 开架。阅览室的布置，要注重童趣，符合少儿喜欢新颖、好奇的特点，环境要优美、干净、整洁，色彩要明亮、鲜艳。努力营造"亲切、轻松温馨、和谐"的借阅氛围，充分调动少儿读者的阅读兴趣。

（二）调整藏书结构，为服务创新提供基础

为适应少儿读者不断增长的阅读需求，公共图书馆少儿读物种类和数量需要大幅度增加。针对少儿读者阅读往往带有很强的娱乐目的这一特点，要适度增加生动有趣的休闲娱乐类、漫画类书刊的入藏量；同时还要侧重加大视听型、光盘型、数字型文献的入藏力度，彻底改变馆藏单一的问题。

（三）改革和创新传统服务工作

转变和创新传统服务工作，不是否认传统服务工作，而是要进一步充实和加强传统服务工作，是在传统服务基础上的升华。

第一，为小读者提供更方便、更高效的服务。创新少儿读者服务工作，必须坚持一切以方便少儿读者为前提。尽量从方便读者的角度出发制定相关规则，比如允许家长代借代还图书，进一步延长开馆时间等，全方位为小读者提供更方便、周到、细致的服务，还要进一步加强网络建设，建立电子阅览室，为读者提供更广阔的阅读空间；开辟网上检索、借阅等服务途径，使服务手段更加完善。

第二，加强阅读辅导，培养小读者良好的阅读习惯。少儿喜欢读书，求知欲强，但读书盲目性大，不会阅读。这就要求少儿工作者在日常工作中注意与小读者们多沟通，熟悉并掌握少儿的阅读心理、特点，针对他们的阅览需求，为少儿推荐合适的书刊，同时，必须进一步加强阅读辅导工作，通过定期举办各种读书活动等方式，培养少儿阅读兴趣。

第三，针对少儿读者提供的服务，要充分体现人文关怀。少儿天真活泼、兴趣广泛、无拘无束、顽皮好动，这是他们最显著、最可爱的优点和特点，但有时也往往成为他们最恼人的缺点。为此，少儿工作者应具有父母般的爱心，幼儿园老师般的耐心，小学老师般的细心。不断强化服务意识，关心、呵护少儿，充分尊重他们的人格、尊严，积极主动为他们提供优质的服务。

参考文献

[1] 高馨.创新图书馆少儿服务之我见[C]全国中小型公共图书馆联合会2014年研讨会论文集.2014.

[2] 关欣,吴克杰.浅谈少儿图书馆服务工作的发展与走向[C]开放、创新、共享、发展:少儿图书馆论坛2009——"华北、东北、西北"地区少儿图书馆学术暨工作研讨会.2009.

[3] 李羽潇.阅读滋养童心——公共图书馆少儿阅读推广工作的开展与创新[C]中国西部公共图书馆联合会.2015.

[4] 刘亚旭.浅论少儿图书馆的建设和特色服务[C]中国社区和乡镇图书馆发展战略研讨会征.2007.

[5] 王磊.少儿图书馆品牌定位的思考[C]开放、创新、共享、发展:少儿图书馆论坛2009——"华北、东北、西北"地区少儿图书馆学术暨工作研讨会.2009.

[6] 蔡征平,陈薇.论新形势下的少儿图书馆读者服务工作[J].图书馆工作与研究,2006(6):110-112.

[7] 曹海霞.中美少儿图书馆服务比较研究[J].图书馆工作与研究,2010(5):109-112.

[8] 曾茹.关于公共图书馆少儿阅读需求变化的思考[J].江苏科技信息,2014(7):15-16.

[9] 曾真.公共图书馆少儿阅读活动创新的实践研究--以重庆市渝中区图书馆为例[J].开封教育学院学报,2017,37(7):225-226.

[10] 柴秋香.公共图书馆少儿思想道德教育探讨——以青海省图书馆为例[J].图书馆研究,2010,40(3):57-59.

[11] 陈伟丽,吴庆珍.少儿图书馆阅读服务工作的分析与思考[J].图书馆论坛,2012(4):132-135.

[12] 程娟,王玉林.基于AR技术的少儿图书创新设计策略[J].出版发行研究,2015(7):44-46.

[13] 崔芳,温凌云.公共图书馆少儿阅读推广多元合作模式探讨[J].图书馆研究,2014,44(4):61-64.

[14] 杜娟.针对少儿心理发展,谈少儿读者服务工作[J].西域图书馆论坛,2006(3):55-57.

[15] 傅伟.国外公共图书馆少儿服务实践与启示[J].图书馆工作与研究,2016,1(10):105-109.

[16] 管中宁.谈少儿图书馆品牌服务——以南宁市少儿图书馆为例[J].图书馆界,2014(1):82-83.

[17] 韩丹.浅议公共图书馆少儿阅读指导工作[J].学理论,2011(14):181-182.

[18] 贺晖.论公共图书馆如何利用信息技术创新少儿阅读服务[J].四川图书馆学报,2014(5):28-30.

[19] 胡亚玲.多元理念视域下少儿阅读推广策略探析[J].图书馆工作与研究,2016,1(8):117-120.

[20] 黄英勇.信息化时代公共图书馆少儿阅读服务创新举措[J].河南图书馆学刊,2015(6):133-134.

[21] 蒋恩智.社区乡镇图书馆少儿阅读服务研究[J].河北科技图苑,2015(1):91-93.

[22] 蒋永.探析少儿图书馆分级阅读指导的现状与策略[J].才智,2017(11).

[23] 孔彬.创新公共图书馆少儿服务举措思考[J].图书馆研究,2012,42(4):85-87.

[24] 李裴.浅谈公共图书馆少儿阅读指导与推广[J].图书情报导刊,2013,23(8):28-30.

[25] 李萍.提高少儿在公共图书馆的阅读质量[J].河南图书馆学刊,2017(9):22-24.

[26] 李雅,姜怡婷,季雨桐.基于双微平台的亲子阅读服务研究[J].大学图书情报学刊,2017,35(3):56-61.

[27] 梁雯雯.公共图书馆少儿数字阅读推广模式研究——以江苏少儿数字图书馆为例[J].新世纪图书馆,2015(8):62-65.

[28] 刘清.面向少儿个性化阅读需求的书目推荐服务[J].图书馆学刊,2015(6):103-105.

[29] 刘鑫.公共图书馆总分馆服务体系下的少儿阅读品牌活动建设--以苏州图书馆为例[J].河南图书馆学刊,2013(12):116-119.

[30] 刘洋.沁润书香,快乐阅读——少儿图书馆阅读推广的理论与实践[J].河南图书馆学刊,2017(9):133-134.

[31] 柳丹. 少儿阅读推广多元化发展研究[J]. 图书馆学刊,2016(11):110-111.

[32] 陆丹. 公共图书馆少儿阅读指导工作实践与思考[J]. 河南图书馆学刊,2013,33(5):75-76.

[33] 陆康. 新形势下公共图书馆少儿阅读推广策略研究[J]. 河南图书馆学刊,2017(3):8-9.

[34] 马浩楠. 少儿益智游戏类图书的构成与独特作用[J]. 通化师范学院学报,2011,32(6):103-104.

[35] 潘丽敏. 亲子阅读机构的服务模式及其与公共图书馆的合作[J]. 国家图书馆学刊,2015,24(6):109-112.

[36] 任东升.3D 虚拟少儿图书馆创建与服务构想[J]. 图书馆学研究,2016(6):94-97.

[37] 任敏. 我国公共图书馆少儿服务现状分析与对策[J]. 国家图书馆学刊,2009(2):63-66.

[38] 沈婕. 浅谈少儿图书馆的社会责任[J]. 西北成人教育学院学报,2013(5):89-90.

[39] 石玢. 公共图书馆少儿服务工作可持续发展探析[J]. 图书馆研究,2011,41(3):75-77.

[40] 孙颉,原保忠. 日本少儿阅读的发展及启示[J]. 图书馆,2011(4):93-95.

[41] 孙丽. 少儿图书馆服务效能提升管见[J]. 图书馆学刊,2017(6):89-91.

[42] 孙鹏飞. 图书馆少儿阅读推广探析[J]. 图书情报导刊,2017(2):9-13.

[43] 孙威. 试论少儿阅读习惯的培养[J]. 河南图书馆学刊,2011(4):121-123.

[44] 王骏. 试论公共图书馆少儿服务工作的可持续发展[J]. 才智,2015(32).

[45] 王利伟. 发达国家社区图书馆少儿服务及其启示[J]. 图书馆工作与研究,2014,1(1):94-97.

[46] 王祎. 活体图书馆:少儿图书馆读者服务新模式[J]. 图书馆研究,2012,42(5):67-69.

[47] 王跃虎. 图书馆的分类及发展趋势研究[J]. 图书情报知识,2012(2):34-45.

[48] 魏建国. 全媒体时代少儿图书馆网络化信息服务模式的创新[J]. 河北科技图苑,2011,24(5):59-61.

[49] 吴建中. 再议图书馆发展的十个热门话题[J]. 中国图书馆学报,2017,43(4):4-17.

[50] 吴志鸿,高春玲. 图书馆与少儿阅读:使命与思考——基于阅读素养的视角[J]. 图

书与情报,2013(2):11-16.

[51] 熊萍.公共图书馆少儿服务发展路径研究[J].图书馆工作与研究,2015,1(11):88-90.

[52] 杨柳.公共图书馆少儿阅读服务趋势探析[J].图书馆,2011(3):117-119.

[53] 殷伟燕.公共图书馆少儿服务创新思考[J].河南图书馆学刊,2013(8):128-129.

[54] 于娟.公共图书馆开展少儿服务的几点思考[J].图书情报工作,2015(s1):104-106.

[55] 张静茹,徐红昌.公共图书馆少儿阅读推广及其策略研究[J].图书馆研究,2015,45(2):54-57.

[56] 张丽.公共图书馆少儿服务的法律规范问题研究[J].图书馆建设,2010(2):54-58.

[57] 招燕飞.公共图书馆少儿阅读活动组织模式创新与开展形式[J].图书情报导刊,2016,1(3):71-73.

[58] 赵延芹.浅析以少儿心理特征为基础的少儿图书选题策划[J].新闻研究导刊,2016,7(19).

[59] 赵云平.为孩子们打造阅读的乐园——少儿图书馆读书活动之思考[J].图书馆工作与研究,2009(7):108-110.

[60] 周萍,陈雅.我国公共图书馆总分馆建设模式比较研究[J].新世纪图书馆,2018(2):69-75.

[61] 朱红涛.国家图书馆社会形象定位研究[J].国家图书馆学刊,2013,22(6):46-52.

[62] 单冬雪.亲子阅读活动中的家长角色研究[D].长春:东北师范大学,2014.

[63] 蒋爱平.当前我国少儿科普图书出版的趣味性问题研究[D].武汉:华中科技大学,2016.

[64] 金红匣.中日少儿图书馆读者服务比较研究[D].哈尔滨:黑龙江大学,2013.

[65] 李婷.少儿阅读视角下文学类少儿图书的出版对策研究[D].北京印刷学院,2013.

[66] 孙一枚.当前我国少儿图书出版发展问题研究[D].保定:河北大学,2007.

[67] 苑红梅.公共图书馆少儿阅读推广服务模式研究[D].长春:吉林大学,2017.